Chateaub

Jules Lemaître

Alpha Editions

This edition published in 2024

ISBN : 9789357962841

Design and Setting By
Alpha Editions
www.alphaedis.com
Email - info@alphaedis.com

Contents

PREMIÈRE CONFÉRENCE

ENFANCE ET JEUNESSE.—LE VOYAGE EN AMÉRIQUE

Chateaubriand! Quelles images fait surgir aussitôt ce nom sonore? Une magnifique série d'attitudes et de costumes. Un enfant rêveur, dans les bruyères, autour d'un vieux château... Un jeune officier français chez les Peaux-Rouges, parmi des sauvagesses charmantes, dans la forêt vierge... Un livre qui fait rouvrir les églises et sortir les processions... Le clair de lune, la cime indéterminée des forêts, l'odeur d'ambre des crocodiles... Un écrivain jaloux de la gloire de Napoléon... Un royaliste qui sert le roi avec la plus dédaigneuse fidélité... Un vieillard sourd près du fauteuil d'une vieille dame, belle et aveugle... Un tombeau dans les rochers sur la mer...

Quoi encore? Il avait la plus belle tête du monde, et dont on ne conçoit les cheveux que fouettés par le vent. Il a su exprimer avec des mots plus de sensations qu'on n'avait fait avant lui. Il est l'homme qui a «renouvelé l'imagination française» (Faguet). Il est le père du romantisme et de presque toute la littérature du dix-neuvième siècle. Et il est l'inventeur d'une nouvelle façon d'être triste.

Et puis? En ce qui regarde sa gloire, sa chance est inouïe, presque égale à celle de l'Empereur. Il est, entre nos grands écrivains, le seul qui soit pleinement «à cheval» sur deux mondes, le seul qui ait appartenu à l'ancien régime et au nouveau, le seul qui ait presque autant vécu dans l'un que dans l'autre, le seul aussi qui ait tant voyagé et qui ait vu tant d'aspects de la terre. Il est né en 1768, dix ans avant la mort de Voltaire et de Rousseau. Il est mort en 1848, quand Taine et Renan écrivaient déjà. Nos pères auraient pu le voir entrer à l'Abbaye-aux-Bois.

Comme l'ancienne France et la nouvelle, il a connu le dur passage de l'une à l'autre; il en a souffert dans son âme et dans sa chair. Il a vu la Révolution et il a vu l'Empire. Son génie a reçu de la réalité les plus beaux ébranlements. Il a «bâillé sa vie», c'est entendu; mais nul n'a été plus aimé, et nul n'a plus joui de sa gloire et de sa tristesse. Orgueil, désir, ennui, c'est toute son âme. Il nous a légué des façons de sentir où nous trouvons encore des délices.

Voilà, sommairement, ce que Chateaubriand est pour nous, et ce qu'il était pour moi, avant que j'eusse entrepris de l'étudier de plus près. Je ne sais pas du tout si nous découvrirons en lui quelque chose de plus, ou bien autre chose. Nous verrons bien. Sa bibliographie est énorme. Je n'ai pas tout lu, il s'en faut. Je ne vous promets pas d'être complet; je ne vous promets pas d'être original: je ne puis vous assurer que ma sincérité. Ce que je vous propose, en somme, c'est une libre promenade à travers la vie et l'œuvre de Chateaubriand.

Naturellement, je me servirai beaucoup des *Mémoires d'outre-tombe*, surtout pour ses commencements, sur lesquels nous n'avons que son témoignage. Je m'en servirai avec la prudence qui convient: car, lorsqu'il nous raconte son enfance, il a déjà quarante ans. Mais aussi la façon dont il voit l'enfant qu'il a été nous fait mieux connaître l'homme.

Le 4 septembre 1768 naissait, à Saint-Malo, dans une rue sombre et étroite, appelée la rue des Juifs, le chevalier François-Auguste de Chateaubriand. «Il était presque mort quand il vint au jour.» «Le mugissement des vagues soulevées par une bourrasque annonçant l'équinoxe d'automne empêcha d'entendre ses cris... Le bruit de la tempête berça son premier sommeil... Le Ciel sembla réunir ces diverses circonstances pour placer dans son berceau une image de ses destinées.» Bref, Chateaubriand naquit sans aucune simplicité.

Des neuf enfants nés avant lui, un frère et quatre sœurs survivaient, lorsque, comme il dit, «la vie lui fut infligée». Ne faites pas attention et ne vous désolez pas; cette vie fut, en effet, l'une des plus magnifiques que l'on connaisse, et Dieu sait s'il en a joui! Sauf à l'armée de Condé, après sa blessure, puis à Londres, et peut-être beaucoup plus tard, dans l'extrême vieillesse, je ne crois pas qu'il ait excessivement souffert. Il a été triste, oui; mais être triste, c'est tout autre chose: c'est même, pour lui, presque le contraire.

Il dit encore: «Il est probable que mes quatre sœurs durent leur existence au désir de mon père d'avoir son nom assuré par l'arrivée d'un second garçon; je résistais; j'avais aversion pour la vie.» Son père et sa mère ne l'avaient donc pas désiré pour lui-même. Il n'a pas été extrêmement aimé par eux. Il les a peu aimés. Son père, cadet d'une famille ancienne, et qui avait réparé la fortune de la maison par le commerce en temps de paix et la course en temps de guerre, était un sinistre vieux gentilhomme; sa mère, une dame grondeuse et avare. «Mon père était la terreur des domestiques, ma mère le fléau.» D'ailleurs «une véritable sainte», dit-il autre part: car ça n'empêche pas.

Cui non risere parentes... «Celui à qui ses parents n'ont pas souri ne fut jamais admis à la table d'un dieu ni au lit d'une déesse.» Cela ne fut point vrai de Chateaubriand, qui, certes, s'assit aux banquets des olympiens et connut les amours des déesses mortelles. La rudesse même et la solitude de son enfance et ce Combourg avare de sourires préparaient en lui ce génie par où il devait régner et plaire. «Cette dure éducation, dit-il, a imprimé à mes sentiments un caractère de mélancolie.»

«On me livra, dit-il encore, à une enfance oisive.» Oisive, mais libre et très peu surveillée. À Saint-Malo, il pousse comme il plaît à Dieu, il vagabonde, se bat et polissonne tout le jour. C'est un gamin un peu court, avec une grosse tête, robuste et dru. Je crois bien qu'il exagère, lorsqu'il dit: «J'étais surtout désolé, quand je paraissais déguenillé au milieu des enfants, fiers de leurs habits neufs et de leur braverie», ou bien, le jour de sa première communion, à Dol: «Mon bouquet et mes habits étaient moins beaux que ceux de mes compagnons.» (Pourquoi? était-il si pauvre? ou sa mère si indifférente?) ou enfin: «Une pierre m'atteignit si rudement (dans une rixe entre galopins) que mon oreille gauche, à moitié détachée, tombait sur mon épaule» (il a cette manie de grossir tout ce qui le touche). Mais il eut, certainement, une enfance tumultueuse, à plaies et à bosses, et qui fait songer à l'enfance de son compatriote Duguesclin.

Il fit des études décousues à Dol, à Rennes, à Dinan. C'était un enfant très orgueilleux et très passionné, en même temps que farouche et rêveur. Tout, dit-il, était passion chez lui, en attendant les passions mêmes. Il faut lire sa résistance délirante, un jour qu'il a été condamné à recevoir le fouet: «L'idée de la honte n'avait point approché de mon éducation sauvage: à tous les âges de ma vie, il n'y a point de supplice que je n'eusse préféré à l'horreur d'avoir à rougir devant une créature vivante.» Chez lui, ce que j'appellerai la crise de la première communion et ensuite la crise de la puberté furent d'une extrême violence. Je ne sais ce qu'il avait caché en confession; sûrement autre chose qu'une désobéissance ou un larcin de confiture. Le prêtre le devine et insiste; l'enfant avoue... «Je n'aurai jamais un tel moment dans ma vie... Je sanglotais de bonheur.» Or, cette même année, le hasard avait fait tomber entre ses mains un Horace complet. En outre, il dérobe un Tibulle. Le quatrième livre de *l'Enéide* et le sixième de *Télémaque* le troublent plus que de raison. Des sermons mêmes de Massillon sur *la Pécheresse* et sur *l'Enfant prodigue*, il tirait des émotions sensuelles.

Et bientôt, revenu à Combourg, ce sont des songeries ardentes, et des courses folles dans les bois. «... J'entrevis que d'aimer et d'être aimé d'une manière qui m'était inconnue devait être la félicité suprême... Je me composai une femme de toutes les femmes que j'avais vues...» C'est ici que se place le développement fameux sur la «sylphide», le fantôme d'amour, sur la «charmeresse qui le suit partout» et qui «varie au gré de sa folie». Morceau de rhétorique, mais ardente vers la fin, et mélangée de quelques traits plus précis: «Mes yeux se creusaient, je maigrissais, je ne dormais plus; j'étais distrait, triste, ardent, farouche. Mes jours s'écoulaient d'une manière sauvage, bizarre, insensée, et pourtant *pleine de délices*.» Il nous dit aussi que sa ferveur religieuse se ralentit alors; et je le crois sans peine.

À Combourg, où il a presque toujours passé ses vacances, il fait, ses premières études finies, un séjour un peu long. Combourg est un sombre château féodal parmi des étangs et des landes. Combourg est lugubre, mais d'un grand aspect et qui tout de même le remplit d'orgueil. Les soirs d'hiver, après le souper, dans la grande salle éclairée d'une seule chandelle, pendant que le père maniaque fait invariablement les cent pas, la mère et les enfants demeurent silencieux devant la vaste cheminée; puis le chevalier va se coucher dans un donjon isolé, où «il ne perd pas un murmure des ténèbres». Mais, le jour, il fait ce qu'il veut, et, pour se consoler, il a ses quatre sœurs et surtout Lucile.

Lucile est une étrange fille, belle, pâle, avec «quelque chose de rêveur et de souffrant». «Tout lui était souci, chagrin, blessure... À dix-sept ans, elle déplorait la perte de ses jeunes années... Elle avait des songes prophétiques.» Tous deux font ensemble d'interminables promenades et s'échauffent sur la littérature. Ils traduisent ensemble les plus beaux et les plus désespérés passages de Job et de Lucrèce sur la vie. Elle écrit de petits poèmes en prose, «d'une sensibilité passionnée». Il lui raconte tout ce qu'il rêve; elle lui dit: «Tu devrais peindre tout cela.» Ils s'amusent et s'entraînent tous deux à être tristes de cette tristesse «qui a fait, dit-il, mon tourment et *ma félicité*».

Comment, ayant cette amie à son côté, en vient-il à songer au suicide? Il ne l'explique que par ces mots: «Lucile était malheureuse, ma mère ne me consolait pas, mon père me faisait éprouver les affres de la vie.» Et il est vrai que ce fut, plutôt qu'un suicide, une sorte de défi à la destinée. Il possédait un fusil de chasse dont la détente était usée: «Je chargeai ce fusil..., je l'armai, j'introduisis le bout du canon dans ma bouche, je frappai la crosse contre terre, je réitérai plusieurs fois; le coup ne partit pas, l'apparition d'un garde suspendit ma résolution.» Peut-être bien qu'il n'avait pas frappé la crosse très fort... Puis il raconte cela vingt-cinq ans après. Enfin, ce fut tout au moins une manière de jouer assez dangereusement avec la mort. Mais je ne puis m'empêcher de croire qu'il a triché.

Comme il rêvait et désirait tout, et qu'en outre il répugnait à toute discipline, il ne sut pas choisir son métier et sa vie. On avait pensé à faire de lui un marin: il s'était dérobé. Ensuite il avait dit qu'il serait prêtre, mais bientôt il ne voulut plus. «Abbé, je me parus ridicule.»—«Je dis donc à ma mère que je n'étais pas assez fortement appelé à l'état ecclésiastique.» En quoi il ne se trompait pas. Alors il déclara qu'il irait au Canada défricher des forêts, ou aux Indes chercher du service chez quelque rajah. Projet vague et admirable. Son père demanda simplement pour lui un brevet de sous-lieutenant au régiment de Navarre.

Après quelques mois de garnison à Cambrai, il vient à Paris et y fait d'abord un peu la figure du Huron de Voltaire, ou plutôt celle que, dans les *Natchez*, il prêtera à Chactas visitant Paris. Il est présenté au roi, suit la chasse à Versailles. Il retrouve à Paris deux de ses sœurs: Julie, devenue madame de Farcy, élégante et brillante,—et Lucile. Il s'attache à Malesherbes, dont son frère est devenu le parent par son mariage avec une Rosambo.—Son père meurt en 1786.

On était à la veille de la Révolution: «Tout était dérangé dans les esprits et dans les mœurs... Les magistrats tournaient en moquerie la gravité de leurs pères... Le prêtre, en chaire, évitait le nom de Jésus-Christ et ne parlait que les divers récits des voyageurs «anglais, hollandais, français, russes, suédois, danois»; qu'ils s'inquiétaient du chemin à suivre par terre pour attaquer le rivage de la mer polaire; qu'ils devisaient des difficultés à surmonter, des précautions à prendre, et que Malesherbes lui disait: «Si j'étais plus jeune, je partirais avec vous.»

On conçoit que Malesherbes, l'aimant bien et craignant pour lui s'il restait à Paris, l'engageât dans ce magnifique «divertissement» d'un voyage d'exploration (peut-être l'excellent homme feignit-il de croire à l'utilité et au sérieux de ce projet). Les grands explorateurs, Cook et Lapeyrouse, étaient à la mode. On continuait à s'occuper beaucoup de l'Amérique, depuis la guerre de l'Indépendance. Mais au reste, si Chateaubriand rêve de voyage, il rêve surtout, et par là même, de littérature. Il a lu en 1787 *les Études de la nature*, de Bernardin de Saint-Pierre, et le roman de *Paul et Virginie*, qui en est un épisode. La nature des tropiques, et les papayers et les pamplemousses l'ont enchanté. Il aura aussi sa nature à lui et sa palette pour la peindre, aux bords de l'Ohio. Puis, il est plein de Jean-Jacques. Il va, «au delà des mers, contempler le plus grand spectacle qui puisse s'offrir à l'œil du philosophe; méditer sur l'homme libre de la nature et sur l'homme libre de la société, placés l'un près de l'autre sur le même sol». (Introduction à *l'Essai*.) Paul et Virginie sont déjà de petits sauvages, ignorants, hors de la civilisation, affranchis de préjugés, innocents et vertueux; mais ce sont des petits sauvages blancs. Il trouvera mieux avec les Iroquois et les Muscogulges. Car, à cette heure-là, il a toutes les illusions de son temps. «La révolution, dit-il, marchait à grands pas: les principes sur lesquels elle se fondait étaient les miens; mais je détestais les violences», etc... Il était alors incroyant: «De chrétien zélé que j'avais été, j'étais devenu un esprit fort, c'est-à-dire un esprit faible. Ce changement dans mes opinions religieuses s'était opéré par la lecture des livres philosophiques.»

C'est donc un disciple et un admirateur de Rousseau et de Bernardin qui part pour l'Amérique. C'est un fils de marin, qui rêve voyages de découvertes. Et c'est aussi un jeune homme triste et singulier, qui porte au fond de son cœur, comme il dit, «un désespoir sans cause».

Et voici une hypothèse complémentaire (elles sont toutes permises, puisque, sur sa jeunesse, nous ne savons rien que par lui). En 1790, il mène une vie fort dissipée. Les deux premières lettres que nous ayons de lui (au chevalier de Châtenet) sont d'un très mauvais ton. Ce Châtenet voudrait épouser Lucile. Le chevalier de Chateaubriand lui écrit: «... J'ai rempli tous mes engagements auprès de ma sœur. Elle t'attend de pied ferme pour continuer le roman.» Et plus loin: «Ménage-la, si tu la séduis, mon cher Châtenet; songe que c'est une vierge.»—Et, dans la deuxième lettre au même: «Je suis fâché qu'Eugénie (sans doute une camarade) m'ait mal jugé; elle est la première personne qui m'ait reproché le défaut de sensibilité.» Si, par sensibilité, elle entendait la tendresse, peut-être Eugénie ne se trompait-elle pas tant. Donc il s'amuse; et il a des dettes, notamment une «dette d'honneur» qui se monte à cinq mille livres environ. Et M. Victor Giraud nous a raconté en détail comment, pour payer ses dettes, le chevalier de Chateaubriand plaçait des bas de fil, et même dans son régiment.

Dans ces conditions, M. de Malesherbes a dû le presser de partir et, si j'ose dire, l'expédier en Amérique, paternellement, comme on y expédiait souvent les mauvais sujets.

Donc il s'embarque à Saint-Malo au printemps de 1791. Il voyage avec l'abbé Nagot, supérieur de Saint-Sulpice et quelques séminaristes, qui vont à Baltimore. Un de ces séminaristes, l'abbé de Mondésir, interrogé cinquante ans plus tard, se souvient surtout des allures excentriques et tumultueuses et des «menteries incroyables» du chevalier de Chateaubriand, qui lui est apparu (on le sent) comme une espèce de fou. (Je vous renvoie encore à M. Victor Giraud, *Nouvelles Études sur Chateaubriand.*)

Le chevalier de Chateaubriand s'arrête, aux Açores (Santa-Cruz), aux îles de Saint-Pierre et de Miquelon. Il manque, paraît-il, de se noyer ou d'être mangé par un requin en se baignant dans la mer. Il débarque à Baltimore, va en voiture à Philadelphie où il est reçu par Washington.

Je dois dire qu'il a beau, dans ses *Mémoires*, fortifier cette entrevue d'un parallèle oratoire entre Washington et Bonaparte, elle est plus comique que grandiose...

Il nous dit fièrement: «Je n'étais pas ému... Visage d'homme ne me troublera jamais.» Allons, tant mieux. Une petite servante l'introduit. Washington est de grande taille, «d'un air calme et froid plutôt que noble». Le jeune chevalier de Chateaubriand lui explique tant bien que mal le motif de son voyage. «Il m'écoutait avec une sorte d'étonnement.» (Vous verrez qu'il y avait de quoi.) «Je m'en aperçus, et je lui dis avec un peu de vivacité: Mais il est moins difficile de découvrir le passage du nord-ouest que de créer un peuple comme vous l'avez fait.—*Well, well, young man!* Bien, bien, jeune homme! s'écria-t-il en me tendant la main.»

Qu'est-ce que le chevalier avait donc raconté à Washington? Et que voulait-il au juste? Voici (et c'est le fameux plan arrêté avec M. de Malesherbes, qui, à ce qu'il me semble, «en avait de bonnes»): «Je voulais, dit-il, marcher à l'ouest» (en partant de Baltimore) «de manière à intersecter la côte nord-ouest au-dessus du golfe de Californie» (c'est-à-dire traverser l'Amérique du Nord dans sa plus grande largeur, et la plupart des grands lacs et les montagnes Rocheuses), «de là, suivant le profil du continent, et toujours en vue de la mer, je prétendais reconnaître le détroit de Behring, doubler le dernier cap septentrional de l'Amérique, descendre à l'est le long des rivages de la mer

Polaire et rentrer dans les États-Unis par la baie d'Hudson, le Labrador et le Canada.»

C'est effrayant! Voilà ce qu'il avait rêvé de faire, il y a cent vingt ans, les mains dans ses poches. Comme il le dit avec une drôlerie qu'il ne paraît pas soupçonner: «Quels moyens avais-je d'exécuter cette prodigieuse entreprise? Aucun.» Il en prend d'ailleurs très vite son parti: «J'entrevis que le but de ce premier voyage serait manqué... et, en attendant l'avenir, je promis à la poésie ce qui serait perdu pour la science.» Et alors au lieu de ce qu'il devait faire, voici ce qu'il fait (assure-t-il).

De Philadelphie, une diligence le conduit à New-York. Puis il va en bateau, sur l'Hudson, jusqu'à Albany. Là, il engage un Hollandais qui parle plusieurs dialectes indiens, et, par des régions encore sauvages, mais non complètement inhabitées, il se dirige vers le Niagara.

Il entre dans la forêt vierge. Il y rencontre un hangar où un petit Français, M. Violet, ancien marmiton au service du général Rochambeau, apprenait à danser à une vingtaine d'Iroquois. Il achète des Indiens un habillement en peau d'ours; il y ajoute la calotte de drap rouge à côtes, la casaque, la ceinture, la corne pour rappeler les chiens, la bandoulière des coureurs de bois. «Mes cheveux flottaient sur mon cou découvert; je portais la barbe longue; j'avais du sauvage, du chasseur et du missionnaire. On m'invita à une partie de chasse qui devait avoir lieu le lendemain pour dépister un carcajou.» Il est parfaitement heureux.

Il arrive au lac des Onondagas. Il rend visite au sachem, qui parle anglais et entend le français. Il suit une route tracée par des abattis d'arbres; il est reçu dans des fermes de colons, où il y a des meubles d'acajou, un piano, des tapis, des glaces, et où les filles de la maison chantent du Paisiello ou du Cimarosa.

Il atteint le Niagara. En voulant descendre dans le lit de la cataracte, il tombe sur une saillie de rocher, où il se casse le bras gauche, raconte-t-il. Il demeure douze jours chez de bons Indiens. Puis, son Hollandais le quitte. Alors il «s'associe à des trafiquants qui partaient pour descendre l'Ohio». Avant de partir, il «jette, dit-il, un coup d'œil sur les lacs du Canada». (Un coup d'œil, qu'entend-il par là? Les lacs du Canada ne sont pas des mares).

Il arrive à Pittsbourg, au confluent de Kentucky et de l'Ohio. Tout de suite après, il nous décrit le confluent de l'Ohio et du Mississipi. Mais une nouvelle compagnie de trafiquants, venant de chez les Creeks dans les Florides, lui permet de la suivre. «Nous nous acheminâmes vers les pays connus sous le nom général des Florides.» Cela, par terre, en «suivant des sentiers». Mais aussitôt, sans qu'on sache comment, il se retrouve sur l'Ohio. Il aborde avec ses trafiquants une île située dans un des lacs que l'Ohio traverse. Il s'y amuse

~ deux jeunes Floridiennes, «issues d'un sang mêlé de Chiroki

...re devient de plus en plus vague. «Je me hâtai de quitter le désert...
...repassâmes les montagnes Bleues... J'avisai au bord d'un ruisseau une
...aison américaine, ferme à l'un de ses pignons, moulin à l'autre. J'entrai
demander le vivre et le couvert, et fus bien reçu.» C'est tout. Où ce ruisseau?
Où cette maison américaine? Nous ne savons pas. J'ai envie de dire:—Lui
non plus, soyez tranquilles.

Dans cette ferme, coup de théâtre. Il trouve un journal anglais qui lui apprend
la fuite du roi et son arrestation à Varennes, et la formation de l'armée des
princes. Subitement, il prend la résolution de retourner en France. Il revient
à Philadelphie, et s'embarque pour le Havre le 10 décembre 1791.

Il avait passé, d'après les dates qu'il nous donne lui-même, exactement cinq
mois en Amérique. Il y avait fait, en voiture, à cheval et en bateau, avec des
guides, dans des régions connues, une excursion que tout Européen robuste
pouvait accomplir. M. Joseph Bédier paraît avoir démontré dans ses *Etudes
critiques*, en se servant du texte même du *Voyage en Amérique* et des *Mémoires
d'outre-tombe*, que Chateaubriand n'a pu visiter aucune des régions où se
dérouleront plus tard ses romans; qu'il les a décrites surtout d'après le
Français Charlevoix et l'Anglais Bartram, mais qu'il n'a pu voir les Florides ni
même le Mississipi; et qu'il a été tout au plus au Niagara. Or, le *Voyage en
Amérique* étant son premier ouvrage, M. de Chateaubriand aurait donc débuté
dans la littérature par un mensonge, et par un mensonge qu'il a soutenu
imperturbablement toute sa vie: car il ne cesse dans presque tous ses écrits
(*Essai sur les Révolutions*, *Génie du christianisme*, *Itinéraire*), et dans ses articles et
dans ses lettres privées, de rappeler son séjour chez les bons sauvages de la
Louisiane. Mais M. l'abbé Bertrin a défendu Chateaubriand, et, il me semble,
avec succès sur quelques points. Il reste seulement qu'on démêle fort mal son
itinéraire à partir du Niagara et que, souvent, il s'arrange pour nous faire
croire qu'il a vu beaucoup plus de pays qu'il n'en a visité en effet.

Quel qu'ait été son voyage, il en rapporte une masse de notes, une suite de
descriptions déjà soignées et achevées, et probablement une première
ébauche des énormes *Natchez*.

Ces notes et ces descriptions, il en transporte une partie, en 1822, dans le
manuscrit des *Mémoires d'outre-tombe*. Le reste, il le publie, en 1827, sous le titre
de *Voyage en Amérique*. Mais les morceaux insérés dans les *Mémoires* ont été
sûrement retouchés ou même «récrits» par l'auteur; ils sont, à n'en pas douter,
de sa dernière et souveraine manière. Au contraire, le *Voyage en Amérique*
semble bien être la reproduction à peu près intacte du premier manuscrit;
donc, comme je le disais, le premier livre de Chateaubriand. Il est intéressant
à ce titre.

L'auteur est déjà un fort brillant écrivain. Il est plein, nous le savons, de Jean-Jacques et de Bernardin. Comme peintre, il les égale, il ne les dépasse pas: ce qui n'a rien de surprenant, car il n'a que vingt-deux ou vingt-trois ans. Mais c'est déjà fort beau, vraiment.

> Liberté primitive, je te retrouve enfin! Je passe comme cet oiseau qui vole devant moi, qui se dirige au hasard et n'est embarrassé que du choix des ombrages. Me voilà tel que le Tout-Puissant m'a créé, souverain de la nature, porté triomphant sur les eaux, tandis que les habitants du fleuve accompagnent ma course, que les peuples de l'air m'enchantent de leurs hymnes, que les bêtes de la terre me saluent, que les forêts courbent leur cime sur mon passage. Est-ce sur le front de l'homme de la société ou sur le mien qu'est gravé le sceau immortel de notre origine? Courez vous enfermer dans vos cités, allez vous soumettre à vos petites lois, etc.

Il me semble que voilà d'excellent Rousseau.

De même:

> Cette terre commence à se peupler... Les générations européennes seront-elles plus vertueuses et plus libres sur ces bords que les générations américaines qu'elles auront exterminées? Des esclaves ne laboureront-ils point la terre sous le fouet de leur maître, dans ces déserts où l'homme promenait son indépendance? Des prisons et des gibets ne remplaceront-ils point la cabane ouverte et le haut chêne qui ne porte que le nid des oiseaux? La richesse du sol ne fera-t-elle point naître de nouvelles guerres? Le Kentucky cessera-t-il d'être la terre du sang, et les édifices des hommes embelliront-ils mieux les bords de l'Ohio que les monuments de la nature?

Et encore:

> Pourquoi trouve-t-on tant de charme à la vie sauvage?... Cela prouve que l'homme est plutôt un être actif qu'un être contemplatif, que dans sa condition naturelle il lui faut peu de chose, et que la simplicité de l'âme est une source inépuisable de bonheur.

(À moins, toutefois, qu'il ne regarde les choses presque uniquement pour les décrire, qu'il n'ait dans son bagage un encrier, une plume et de gros cahiers de papier, et que, sous la hutte de l'Indien, il ne passe plusieurs heures par jour à aligner des phrases artificieuses et savantes dont il attend la renommée et l'admiration des hommes,—comme faisait le chevalier de Chateaubriand: et c'est là sa principale manière de trouver à la vie sauvage «tant de charme».) Et voici d'excellent Bernardin de Saint-Pierre, avec peut-être quelque chose de plus vif dans le pittoresque:

> À quelque distance du rivage, à l'ombre d'un cyprès chauve, nous remarquâmes de petites pyramides limoneuses qui s'élevaient sous l'eau et montaient jusqu'à sa surface. Une légion de poissons d'or faisait en silence les approches de la citadelle. Tout à coup l'eau bouillonnait; les poissons d'or fuyaient. Des écrevisses armées de ciseaux, sortant de la place insultée, culbutaient leurs brillants ennemis. Mais bientôt les bandes éparses revenaient à la charge, faisaient plier à leur tour les assiégés, et la brave mais lente garnison rentrait à reculons pour se réparer dans la forteresse.

Ou bien:

> De toutes les parties de la forêt, les chauves-souris accrochées aux feuilles élèvent leur chant monotone: on croirait ouïr un glas continu.

Ou encore:

> Les canards branchus, les linottes bleues, les cardinaux, les chardonnerets pourpres brillent dans la verdure des arbres; l'oiseau whet-shaw imite le bruit de la scie, l'oiseau-chat miaule, et les perroquets qui apprennent quelques mots autour des maisons les répètent dans les bois.

Déjà, pourtant, certaines inventions verbales et certaines harmonies présagent, semble-t-il, le Chateaubriand futur:

> Minuit. Le feu commence à s'éteindre, le cercle de sa lumière se rétrécit. J'écoute: un calme formidable pèse sur ces forêts; on dirait que des silences succèdent à des silences. Je cherche vainement à entendre dans un tombeau universel quelque bruit qui décèle la vie. D'où vient ce soupir? D'un de mes compagnons: il se plaint, bien qu'il sommeille. Tu vis, donc tu souffres: voilà l'homme.

Ce n'est pas mal, pour un garçon de vingt-deux ans. Mais peut-être a-t-il un peu arrangé cela pour l'édition de 1827. Avec lui, on ne sait jamais.

Nous l'avons laissé au moment où il s'embarquait, pour le Havre. Il nous dit que ce départ soudain fut le résultat d'un débat de conscience, qu'il lui parut que c'était pour lui un devoir de revenir au secours du roi, «quoique les Bourbons n'eussent pas besoin d'un cadet de Bretagne». Mais, un peu plus loin, à l'heure de rejoindre l'armée des princes, il prévoit toutes les objections qu'on peut lui faire et s'apprête à les réfuter, fort posément et du ton d'un homme qui ne se fait point d'illusions. Cela ne lui apparaissait donc pas, en tout cas, comme un devoir si impérieux. Je crois que, tout simplement, il en avait assez de l'Amérique, comme peut-être, lorsqu'il était parti pour l'Amérique, il en avait assez de la France. C'était une âme invinciblement inquiète.

Un peu avant d'aborder à Saint-Malo, il est assailli par une terrible et fort belle tempête, qui accroît son magasin de sensations et d'images.

Puis il s'en va à Saint-Malo et se marie.

Pourquoi? pourquoi? pourquoi? C'est affreusement simple. Il s'est aperçu qu'il n'avait pas assez d'argent pour rejoindre les princes. «On me maria, dit-il, afin de me procurer le moyen de m'aller faire tuer pour une cause que je n'aimais pas.» Il épouse une orpheline, mademoiselle Céleste Buisson de la Vigne, «blanche, délicate, mince et fort jolie», qu'il avait aperçue trois ou quatre fois, et dont «on estimait la fortune de cinq à six cent mille francs». C'était donc un mariage riche. Mais il se trouva que la fortune de sa femme était en rentes sur le clergé: «La nation se chargea de les payer à sa façon...» Il faudra emprunter; un notaire lui procurera dix mille francs. Au moment de partir, il les jouera, et les perdra, sauf quinze cents francs. C'est avec ces quinze cents francs qu'il partira pour l'armée des princes. Ce n'était pas la peine de prendre femme pour cela... Il faut dire que c'est sa sœur Lucile qui l'a voulu marier. Peut-être verrons-nous plus tard les raisons qu'elle en avait.

À peine marié, il quitte sa jeune femme. Il l'oubliera totalement pendant douze ans. Avant son départ, il revoit à Paris M. de Malesherbes et lui soumet ses scrupules sur l'émigration. Car, dit-il, «mon peu de goût pour la monarchie absolue ne me laissait aucune illusion sur le parti que je prenais.» M. de Malesherbes répond à ses objections. «Il me cita des exemples embarrassants. Il me présenta les Guelfes et les Gibelins s'appuyant des troupes de l'empereur ou du pape; en Angleterre les barons se soulevant contre Jean sans Terre; enfin, de nos jours, il citait la république des États-Unis implorant le secours de la France.» Mais Chateaubriand nous donne ensuite le vrai mobile de son acte: «Je ne cédai réellement qu'au mouvement de mon âge, au point d'honneur.» Deux décrets ayant déjà frappé les émigrés, «c'était dans ces rangs déjà proscrits, dit-il, que j'accourais me placer... La menace du plus fort me fait toujours passer du côté du plus faible». Là, il ne ment pas. L'orgueil, l'impossibilité de «subir», l'impossibilité d'être longtemps avec la masse, le besoin d'être seul ou avec le petit nombre... ce sera toujours sa vraie, sa seule vertu.

Il sort de Paris le 15 juillet 1792 avec son frère le comte de Chateaubriand. Ils avaient deux passeports pour Lille. Ils passent par Tournay, par Bruxelles, «quartier général de la haute émigration», où «des femmes les plus élégantes de Paris et les hommes les plus à la mode, ceux qui ne pouvaient marcher que comme aides de camp, attendaient dans les plaisirs les moments de la victoire»; il laisse son frère à Bruxelles, traverse Liège, Aix-la-Chapelle, Cologne, Coblentz, Trêves, où il rejoint l'armée des princes. L'ordre est de marcher sur Thionville (où commande Wimpfen). L'armée royaliste y arrive le 1er septembre.

«Auprès de notre camp indigent et obscur en existait un autre brillant et riche. À l'état-major on ne voyait que fourgons remplis de comestibles; on n'apercevait que cuisiniers, valets, aides de camp.» Le «camp indigent et obscur» se composait de gentilshommes pauvres classés par provinces et servant en qualité de simples soldats, qui détestent l'autre camp, celui des élégants et des gentilshommes de cour. Ainsi, la partie rurale et pauvre de l'armée des émigrés avait pour l'autre partie quelques-uns des sentiments des révolutionnaires eux-mêmes. En somme, cette armée ne semble pas avoir eu la foi.

Chateaubriand raconte tout cela fort gaiement. «Nous surgîmes invaincus à Thionville, car chemin faisant nous ne rencontrâmes personne.» Monsieur et le comte d'Artois se montrent, font la reconnaissance de la place, somment en vain Wimpfen, et disparaissent. Tout cela ne paraît pas très sérieux. On commence le siège, on fait quelques travaux et quelques démonstrations, on reçoit quelques bombes. On fait la cuisine, on lave son linge, on couche sous la tente. La vie est un peu dure, mais fort convenable à des hobereaux chasseurs. Derrière le camp s'est formée une espèce de marché ou de foire. Les paysans amènent des quartauts de vin; on fait frire des saucisses et sauter des crêpes. Des paysannes vendent du lait. On boit et on mange ferme en racontant des histoires. «Cette vie de soldat, dit Chateaubriand, est très *amusante*; je me croyais encore parmi les Indiens.»

Je ne pense pas que personne ait jamais plus clairement senti l'ironie et la folie des choses, l'envers des grands sentiments et des grands desseins, la misère des coulisses de l'histoire; ait tour à tour mieux connu la joyeuse absurdité de tout, plus joui d'être vidé de toute croyance et raillé plus sinistrement que le chevalier de Chateaubriand devant Thionville. «Je me souviens d'avoir dit à mon camarade Ferron que le roi périrait sur l'échafaud et que, vraisemblablement, notre expédition devant Thionville serait un des principaux chefs d'accusation contre Louis XVI.» Il avait donc, s'il faut l'en croire, le sentiment de tuer allègrement son roi en mangeant des saucisses à la foire, auprès du camp.

Mais, un jour que, recru de fatigue, il dormait presque sous les roues des affûts où il était de garde, un obus lui envoya un éclat à la cuisse droite. «Réveillé du coup, mais ne sentant point la douleur, je ne m'aperçus de ma blessure qu'à mon sang. J'entourai ma cuisse de mon mouchoir... Pendant ce temps-là, le sang coulait à torrents dans les prisons de Paris: ma femme et mes sœurs étaient plus en danger que moi.» Et voilà des émotions.

Quelques heures après, on lève le siège et l'on part pour Verdun. Sa blessure ne lui permettant de marcher qu'avec douleur, Chateaubriand se traîne comme il peut à la suite de sa compagnie, qui bientôt se débande. Le plan du chevalier est de parvenir à Ostende et de s'embarquer pour Jersey, où il trouvera son oncle Bédée. Tout cela avec dix-huit livres tournois dans sa poche. Miné de fièvre, puis atteint d'une «petite vérole confluente», boitillant sur sa béquille, ses cheveux pendant sur son visage que masquent sa barbe et ses moustaches, la cuisse entourée d'un torchis de foin, une couverture de laine par-dessus son uniforme en loques; guettant sur les routes les charrettes des paysans; couchant où il peut; de fossé en fossé, de grange en grange et de charrette en charrette, il arrive à Namur, puis à Bruxelles où il retrouve son frère et reçoit quelques soins; puis à Ostende par les canaux; nolise avec quelques Bretons une barque pontée, couche dans la cale sur des galets, fait relâche à Guernesey, où un prêtre émigré lui lit les prières des agonisants et où le capitaine le fait débarquer sur le quai pour qu'il ne meure pas à bord. (Tout cela, à ce qu'il raconte.) Mais il rembarque le lendemain (car il a un tempérament de fer) et tombe enfin, à Saint-Hélier, chez son oncle Bédée. Il y demeure quatre mois entre la vie et la mort, et il apprend, dans son lit de malade, la mort de Louis XVI. Quand il peut marcher, il arrête sa place dans un paquebot et débarque à Southampton le 17 mai 1793.

Il n'a pas vingt-cinq ans; et l'on peut dire que, pour ce qui est de voir, de sentir et d'être ému, il n'a pas perdu son temps.

Sans doute une vie ordinaire et tout unie peut contenir des sentiments violents, et des drames de l'esprit ou du cœur; et sans doute, d'autre part, il y avait eu dans notre littérature (au dix-septième siècle même) de beaux aventuriers, et qui avaient vu bien des choses étonnantes, et qui n'en avaient rien tiré du tout. Mais, étant données l'imagination et la sensibilité natives de Chateaubriand, il n'est évidemment pas indifférent qu'il ait eu la jeunesse follement secouée que nous venons de voir, plutôt que la jeunesse extérieurement tranquille et quasi sédentaire d'un Corneille, si vous voulez, ou d'un Bossuet, ou même d'un Racine... Le vagabondage de Jean-Jacques explique beaucoup du génie de Jean-Jacques. Pareillement, et mieux encore, le génie propre de Chateaubriand a été mis en branle par les agitations de son corps et s'est nourri des aventures de ses yeux et de tous ses sens.

Une enfance sauvage, violente et rêveuse dans les landes et sur les grèves; un suicide à pile ou face; un passage subit de la plus pure Bretagne d'ancien régime au Paris qui se divertit, puis au Paris révolutionnaire; huit mois sur la mer et dans les solitudes neuves de l'Amérique; un mariage aussitôt oublié;

quelques mois de guerre civile «amusante» (c'est lui qui l'a dit), et enfin, pour une fois, la vraie souffrance, la détresse entière, le désespoir total, la mort vue de tout près, en sorte que l'idée de la mort, de la douleur, du néant de toutes choses achèvera toujours la beauté de ses tableaux et que la tristesse en aiguisera toujours le charme sensuel... Certes voilà un écrivain d'imagination à qui les souvenirs et les munitions ne manqueront pas.

Et si vous croyez que je ne l'aime pas tel qu'il est, combien vous vous trompez!

DEUXIÈME CONFÉRENCE

L'ESSAI SUR LES RÉVOLUTIONS

Je continuerai à vous parler librement de Chateaubriand (en me servant, d'ailleurs, de Chateaubriand lui-même). Joubert écrivait, un jour, à Molé: «Il y a un point essentiel, et dont il faut, préalablement, convenir entre nous: c'est que nous l'aimerons toujours, coupable ou non coupable; que, dans le premier cas, nous le défendrons; dans le second, nous le consolerons. Cela posé, jugeons-le sans miséricorde, et parlons-en sans retenue.»

Puisqu'il est bien convenu que nous l'aimons, nous aussi, j'accepte le pacte proposé par Joubert. Car enfin, est-ce pour ses vertus que nous l'aimons? Un peu, car il en a; mais c'est beaucoup plus pour certains de ses défauts, ou plutôt pour les causes profondes dont ils sont les effets; pour sa puissance de désir et de dégoût; pour son imagination, son orgueil, son ennui, et parce que toute cette ardeur et toute cette tristesse, il les a traduites par des mots qui nous sont un enchantement. Je lui en suis très reconnaissant; mais que voulez-vous? On n'a pas toujours le besoin absolu de respecter ceux qu'on aime, ou, si vous voulez, on n'aime pas ceux-là seulement qu'on respecte.

Le voilà donc arrivé à Londres. Il est toujours malade; il tousse, il a des sueurs et des crachements de sang. Des amis le traînent de médecin en médecin. On lui dit qu'il peut durer quelques mois, peut-être un an ou deux, s'il renonce à toute fatigue. Et alors, certain de sa fin prochaine, ce garçon de vingt-quatre ans décide d'écrire, avant de mourir, un ouvrage sur la Révolution et de dire sa pensée sur l'histoire et sur la vie.

Mais il faut vivre. On s'entr'aide assez volontiers chez les émigrés. Presque tous travaillent. «Les uns se sont mis dans le commerce des charbons; les autres font avec leurs femmes des chapeaux de paille; les autres enseignent le français qu'ils ne savent pas.» «Ils sont tous très gais.» Le chevalier fait la connaissance de Peltier, principal rédacteur des *Actes des apôtres*, et ambassadeur du roi d'Haïti auprès de George III; une espèce de bohème «qui n'avait pas précisément de vices, mais qui était rongé d'une vermine de petits défauts». Il confie à Peltier son plan d'un *Essai sur les Révolutions*. Peltier a subitement foi dans ce garçon, qui, évidemment, ne ressemble pas à tout le monde. Il s'écrie: «Ce sera superbe!», lui loue une chambre chez son imprimeur, et lui procure des traductions du latin et de l'anglais.

Chateaubriand travaille le jour à ses traductions et la nuit à son grand ouvrage. Il fuit, par fierté, les émigrés riches. Il se saoûle de tristesse dans de solitaires promenades à Kensington et à Westminster. Mais Peltier, distrait, l'oublie. Un jour vient où il n'a plus de quoi manger. «... Cinq jours s'écoulèrent de la sorte. La faim me dévorait; j'étais brûlant, le sommeil m'avait fui; je suçais des morceaux de linge que je trempais dans l'eau; je mâchais de l'herbe et du papier. Quand je passais devant des boutiques de boulanger, mon tourment était horrible.» Nous le croyons parce qu'il le dit. Il avait refusé le schilling quotidien que le gouvernement anglais donnait aux émigrés pauvres. Mais pourtant il n'était pas sans recours au monde, puisque, le jour suivant, étant allé voir son compatriote Hingant, et l'ayant trouvé tout sanglant d'un suicide manqué, il s'adresse alors, et utilement, à M. de Barentin, émigré important, et que, dans le même moment, il reçoit quarante écus de son oncle Bédée. Comment donc expliquer les morceaux de linge qu'il suçait, et l'herbe et le papier? Par une sorte d'apathie et d'immobilité dans le désespoir, par ce qu'il appelle plus loin cet «esprit de retenue et de solitude intérieure», qui l'avait empêché de faire des démarches très simples, et par exemple de se rappeler à l'attention de l'imprimeur Baylis et de Peltier.

Pour ménager les quarante écus de l'oncle, il habite une mansarde dont la lucarne donne sur un cimetière, et où il couche sans draps, et, quand il fait froid, met sur sa couverture un habit et une chaise. Heureusement Peltier se ressouvient de lui et le «déniche dans son aire». Il lui propose d'aller à Beecles, dans les environs de Londres, déchiffrer de vieux manuscrits français pour une société d'antiquaires, moyennant deux cents guinées. En réalité, le chevalier était appelé dans cette ville, non comme paléographe, mais pour y enseigner le français dans un petit collège. (Anatole Le Braz, *Au pays d'exil de Chateaubriand*). Il accepte, se fait habiller de neuf, se présente chez le ministre de Beecles, et est bien accueilli par les gentilshommes du canton. La santé lui revient, il parcourt le pays à cheval, va sans doute reprendre goût à la vie, car il a vingt-cinq ans.

Mais là, il apprend la mort du comte de Chateaubriand, son frère, et de la comtesse de Chateaubriand, et celle de Malesherbes et de madame de Rosambo, tous guillotinés le même jour. Il apprend que sa mère a été conduite du fond de la Bretagne dans les prisons de Paris, et que sa femme et sa sœur Lucile attendent leur sentence dans les cachots de Rennes.

Or, il avait fait la connaissance, à Bungay, proche de Beecles, d'un ministre anglais, M. Ives, brave homme et savant homme, mari d'une charmante femme et père d'une jolie fille de quinze ans, Charlotte, excellente musicienne. Charlotte est touchée par les malheurs du jeune étranger. Elle le questionne sur la France, sur la littérature, lui demande des plans d'études, traduit avec lui le Tasse et joue du piano pour lui. Une chute de cheval, qui l'oblige à rester quelque temps chez les Ives, resserre l'intimité. Il se laisse aller à ce charme... Mais un jour madame Ives, en fort bons termes, et délicats et touchants, lui offre la main de Charlotte... «De toutes les peines que j'avais endurées, celle-là me fut la plus sensible et la plus grande. Je me jetai aux genoux de madame Ives; je couvris ses mains de mes baisers et de mes larmes. Elle croyait que je pleurais de bonheur, et elle se mit à sangloter de joie... Elle appela son mari et sa fille. «Arrêtez! m'écriai-je, je suis marié!» Il s'en était tout à coup ressouvenu, et sans plaisir.

(Cette Charlotte Ives se mariera, sera lady Sulton; et, vingt ans plus tard, en 1822, elle ira trouver Chateaubriand, ambassadeur à Londres, se fera reconnaître, échangera avec lui des souvenirs mélancoliques et tendres, et finalement le priera (car elle ne perd pas la tête) de s'intéresser à son fils aîné et de le recommander à Canning. Et Chateaubriand nous racontera cette scène d'une façon touchante, certes, mais sans doute en la romançant un peu. Et encore, je n'en sais rien. Je dis cela parce qu'il romance tout, quelquefois sans s'en apercevoir.)

Il revient à Londres, de plus en plus triste. Mais il se remet au travail. Il écrivait, en pensant à Charlotte; l'idée lui était venue, nous dit-il, «qu'en acquérant du renom, il rendrait la famille Ives moins repentante de l'intérêt qu'elle lui avait témoigné». Mais il écrivait surtout parce qu'il avait la passion d'écrire et parce qu'il voulait la gloire. Il voulait la gloire, bien qu'il se crût désespéré; et il écrivait sur la Révolution, parce qu'il n'aurait pu sans doute écrire sur autre chose, parce que c'était la Révolution qui avait bouleversé sa vie, qui la lui avait faite tragique et sinistrement variée, et qu'elle l'avait mis dans cet état de sombre exaltation, où, la mémoire débordant d'images fortes et le cœur de fortes émotions, il ne se pouvait plus contenir et se sentait capable de peindre l'univers et à la fois d'expliquer l'histoire humaine et d'en montrer l'absurdité. «L'*Essai*, dit-il, offre le *compendium* de mon existence, comme poète, moraliste, publiciste, politique.» Fils d'un père hypocondre, frère d'une sœur à demi folle et qui se tuera, il avait, dans une série de secousses de sa sensibilité, vu la plus vieille France et fait, dans la plus mélancolique nature, des orgies de solitude; vu la royauté de Versailles, le Paris aimable, le Paris sanglant et l'immense Révolution, la mer, les paysages de glace, la forêt vierge et les fleuves d'Amérique, la guerre civile, l'émigration pauvre de Londres; connu la misère, la souffrance physique, la maladie à bien des reprises, les approches de la mort, même la faim; et il venait d'avoir sa première peine d'amour, je crois. Et, plein de tout cela, il se soulageait en écrivant douze ou quinze heures par jour.

À cette époque, la confusion de ses pensées est extrême. En même temps qu'il hait la Révolution qui l'a chassé et dépouillé et qui lui a tué une partie des siens; en même temps qu'il la voit telle qu'elle fut à l'intérieur, c'est-à-dire atroce et faite par des scélérats qui étaient presque tous des hommes médiocres, la Révolution à l'extérieur l'éblouit par la grandeur inouïe et l'imprévu de son action; et,—vingt-huit ans plus tard,—après avoir parlé de l'exécution de son frère et de l'emprisonnement de sa mère, il se ressouviendra encore de son éblouissement; il nous dira «des combats gigantesques de la Vendée et des bords du Rhin; les trônes croulant au bruit de la marche de nos armées...; le peuple déterrant les monarques à Saint-

Denis et jetant la poussière des rois morts aux visages des rois vivants pour les aveugler; la nouvelle France, glorieuse de ses nouvelles libertés» (car il paraît y croire encore en 1816), «fière même de ses crimes, stable sur son propre sol tout en reculant ses frontières, doublement armée du glaive du bourreau et de l'épée du soldat». Certes il est royaliste, mais sans joie et sans amour.

Pareillement, sur la religion, il est divisé contre lui-même. S'il a cessé de croire d'assez bonne heure, il se souvient d'avoir cru, il a gardé le respect de l'Église et la sensibilité chrétienne. Mais d'autre part,—nous l'avons vu et nous le verrons mieux encore,—il est nourri de Rousseau, qu'il considère comme un dieu, et dont l'*Émile* lui paraît un «livre sublime». Et, d'autre part encore, s'il se retrouve souvent déiste et spiritualiste à la manière de Jean-Jacques, il glisse d'autres fois au matérialisme, il croit à la plus sombre fatalité ou, plus simplement, il ne croit à rien, sinon à la tristesse et à l'absurdité de tout. En somme (comme il le dira lui-même dans l'*Essai*, I, 22) «il ne sait pas ce qu'il croit et ce qu'il ne croit pas». Sa tête est un chaos. Il avait fait autrefois des mathématiques et de l'art naval. Puis il avait lu prodigieusement: toute la bibliothèque grecque et latine, je pense, et tous les livres importants du dix-huitième siècle et surtout les encyclopédistes. Un monde de lectures par-dessus un monde d'impressions personnelles.

Ce jeune homme malheureux et atteint «d'une forte encéphalite», pour parler comme Renan, intitule son «pourana»: *Essai historique, politique et moral sur les Révolutions anciennes et modernes considérées dans leurs rapports avec la Révolution française.* Rien de moins.

On voit assez clairement, il me semble, comment cette idée était venue à ce jeune homme. Il est orgueilleux, il se pique de philosophie et de sang-froid. Il réagit et se raidit contre sa destinée. Un homme qui a vu tant de choses, qui a demeuré chez les sauvages, ne s'étonne plus guère. Le monde est grand, la durée est inépuisable. Cette Révolution qui, tout en le réduisant, lui, à la misère et à l'exil, a changé l'Europe, ce n'est rien. Du moins ce n'est rien de nouveau ni d'extraordinaire. On a déjà vu des choses toutes pareilles. Il n'y a pas de quoi «se frapper»; il s'agit seulement d'en tirer des leçons s'il est possible.

Et il nous expose ainsi l'objet de son livre.

«I. Quelles sont les révolutions arrivées autrefois dans les gouvernements des hommes? Quel était alors l'état de la société, et quelle a été l'influence de ces révolutions sur l'âge où elles éclatèrent et les siècles qui les suivirent?

«II. Parmi ces révolutions en est-il quelques-unes qui, par l'esprit, les mœurs et les lumières du temps, puissent se comparer à la révolution actuelle de la France?»

Il se pose encore d'autres questions: «Quelles sont les causes de cette dernière révolution? Le gouvernement de la France est-il fondé sur de vrais principes et peut-il subsister? S'il subsiste, quel en sera l'effet sur les nations de l'Europe?» etc... Mais il n'a le temps de répondre qu'aux deux premières questions,—en six cent quatre-vingts pages, il est vrai.

Les trois cents premières pages, surtout, sont un parallèle constant, curieux, ingénieux, mais évidemment forcé, surprenant, quelquefois même déconcertant, et çà et là ahurissant, entre les révolutions grecques et la Révolution française, et entre les personnages de celle-ci et de celles-là. C'est d'un homme qui a le sentiment de la vie à un prodigieux degré, et qui la retrouve et qui la voit à travers les siècles, et qui, ainsi, comprend le passé par le présent. Et c'est peut-être là le don royal, je ne dis pas de l'érudit, mais de l'historien. C'est, un peu, Pascal parlant de Platon et d'Aristote: «On ne se les imagine qu'avec de grandes robes de pédants. C'étaient des gens honnêtes et, comme les autres, riant avec leurs amis, etc.» C'est aussi, un peu, Renan, dans son *Histoire d'Israël*, comparant les prophètes à nos journalistes révolutionnaires. Mais le jeune Chateaubriand (il a peut-être reçu de Plutarque cette manie des parallèles) poursuit les analogies dans le détail et en trouve ou en invente tant qu'il veut, et ne tient aucun compte des différences religieuses, économiques ou géographiques ni de l'insuffisance de nos informations sur la vie de l'antiquité. De là des rapprochements d'une amusante extravagance, bien que tout n'y soit pas absurde, et qu'il s'y rencontre des lueurs, et que, souvent aussi, il ne faille sans doute y voir que des satires ou flétrissures détournées des contemporains, par la peinture de leurs «doubles» de jadis. Quelques exemples, pour vous indiquer le ton et le genre d'agrément:

> À la tête des montagnards (à Athènes) on distinguait Pisistrate: brave, éloquent, généreux, d'une figure aimable et d'un esprit cultivé, il n'avait de Robespierre que la dissimulation profonde, et de l'infâme d'Orléans que les richesses et la naissance illustre...

> Il semble qu'il y ait des hommes qui renaissent à des siècles d'intervalle pour jouer, chez différents peuples et sous différents noms, les mêmes rôles dans les mêmes circonstances: Mégaclès et Tallien en offrent un exemple extraordinaire. Tous deux redevables à un mariage opulent de la considération attachée à la fortune, tous deux placés à la tête du parti modéré dans leurs nations respectives, ils se font tous deux remarquer par la versatilité de leurs principes et la ressemblance de leurs destinées. Flottant, ainsi que le révolutionnaire français, au gré d'une humeur capricieuse, l'Athénien fut d'abord subjugué par le génie de Pisistrate,

parvint ensuite à renverser le tyran, s'en repentit bientôt après; rappela les montagnards, se brouilla avec eux, fut chassé d'Athènes, reparut encore, et finit par s'éclipser tout à coup dans l'histoire; sort commun des hommes sans caractère; ils luttent un moment contre l'oubli qui les submerge, et soudain s'engloutissent tout vivants dans leur nullité.

(Vous voyez que Chateaubriand, à vingt-cinq ans, a déjà sa plume.)

Autre exemple: le chapitre sur Sparte et les jacobins. Il y a là, sur les jacobins, disciples de Lycurgue et imitateurs des Spartiates, des remarques bien curieuses. Le jeune Chateaubriand dit fort bien—cent ans avant Taine—que «la voie spéculative et les doctrines abstraites» sont pour beaucoup dans les causes de la Révolution, et que c'est même là son trait distinctif. Il dit encore: «La grande base de leur doctrine était le fameux système de perfection, savoir que les hommes parviendront un jour à une pureté inconnue de gouvernements et de mœurs.»

Ce «système de perfection», Chateaubriand promet de le développer «dans la seconde partie du cinquième livre de cet *Essai*». Malheureusement, il n'a pas écrit ce cinquième livre. Il nous dit seulement ici, dans une note: «Ce système, sur lequel toute notre révolution est suspendue (*sic*), n'est presque point connu du public. Les initiés à ce grand mystère en dérobent religieusement la connaissance aux profanes. J'espère être le premier écrivain sur les affaires présentes qui aura démasqué l'idole. Je tiens le secret de la bouche même du célèbre Chamfort, qui le laissa échapper devant moi un matin que j'étais allé le voir. Ce système de perfection a obtenu un grand crédit en Angleterre.» N'oublions pas que l'Angleterre fut la patrie de la franc-maçonnerie, et signalons cette note de Chateaubriand aux historiens qui pensent que la Révolution française a été secrètement une œuvre maçonnique.

C'est pour réaliser ce «système de perfection» que les jacobins ont voulu tout détruire afin de tout changer. («Il était absurde de songer à une démocratie sans une révolution complète du côté de la morale.») Et dans quelles circonstances! Écoutez le jeune émigré:

Attaquée par l'Europe entière, déchirée par des guerres civiles, agitée de mille factions, ses places frontières ou prises ou saccagées, sans soldats, sans finances, hors un papier discrédité qui tombait de jour en jour, le découragement dans tous les états et la famine presque assurée: telle était la France, tel le tableau qu'elle présentait à l'instant même qu'on méditait de la livrer à une révolution générale. Il fallait remédier à cette complication de maux; il fallait établir à la fois par un miracle la République de

Lycurgue chez un vieux peuple nourri sous une monarchie, immense dans sa population et corrompu dans ses mœurs; et sauver un grand pays sans armées, amolli dans la paix et expirant dans les convulsions politiques, de l'invasion de cinq cent mille hommes des meilleures troupes de l'Europe. Ces forcenés seuls pouvaient en imaginer les moyens et, ce qui est encore plus incroyable, parvenir en partie à les exécuter: moyens exécrables sans doute, mais, il faut l'avouer, d'une conception gigantesque.

Sans doute, trente ans plus tard, rééditant l'*Essai* et l'accompagnant de notes expiatoires, il écrivait au bas de la page que je viens de citer: «Je mets à tort sur le compte d'une poignée d'hommes sanguinaires ce qu'il faut attribuer à la nation.» Mais, vers la même époque, ayant à raconter la Révolution dans ses *Mémoires*, il en parle encore avec une horreur incurablement mêlée d'admiration.

Quoi d'étonnant? En même temps que le jeune Chateaubriand composait son *Essai*, Joseph de Maistre rédigeait ses *Considérations sur la France*. Et ce grave Savoyard, de quinze ans plus âgé que Chateaubriand, et bien meilleur catholique, écrivait que, seule, la folie furieuse de «l'infernal Comité de salut public» avait pu conserver la France pour le roi. Il disait: «Qu'on y réfléchisse bien, on verra que, le mouvement révolutionnaire une fois établi, la France et la monarchie ne pouvaient être sauvées que par le jacobinisme.» Et encore: «Lorsque d'aveugles factieux décrètent l'indivisibilité de la République, ne voyez que la Providence qui décrète celle du royaume.»

Joseph de Maistre introduit ici une pensée qui n'est point dans Chateaubriand: il voit dans les jacobins les instruments d'une puissance qui en savait plus qu'eux. Et, d'autre part, cette interprétation du rôle des jacobins ne l'empêche point de voir et de définir avec une sagacité aiguë l'erreur fondamentale de la Révolution. N'importe: les victoires révolutionnaires l'ont presque autant ébloui que le chevalier de Chateaubriand.

Les victoires révolutionnaires ont réjoui même les émigrés. Plus tard, elles couvriront et feront bénéficier de leur prestige l'histoire même intérieure de la Révolution; elles détourneront l'attention de ses crimes et de la malfaisance de ses principes et assureront et prolongeront jusqu'à nous sa légende. Chateaubriand flétrira tant qu'on voudra les atrocités de la Terreur: jamais, et non pas même quand il servira le roi, il ne détestera la Révolution, ni même ne se déprendra de ses dogmes.

En continuant à feuilleter l'*Essai*, nous arrivons à un parallèle du «siècle de Solon» et du dix-huitième siècle français, qui est d'une fantaisie assez inattendue. Cela commence par un morceau de bravoure: *Caractère des Athéniens et des Français*, brillant et un peu facile. Puis, l'auteur pousse son parallèle dans le détail, et en profite pour déballer en citations ses souvenirs de lecture. Il est du dix-huitième siècle à ce point qu'il écrit tranquillement: «*Homère* a donné Virgile à l'antique Italie et le Tasse à la nouvelle, *Voltaire à la France...*» Il rapproche le chantre octogénaire de Téos et le vieillard de Ferney; Simonide et M. de Fontanes, qu'il appelle le Simonide français; Sapho et Parny, qu'il nomme «de Tibulle de la France et le seul élégiaque que la France ait encore produit»; Ésope et M. de Nivernais; les élégies morales de Solon et *l'Ode sur l'homme* de Jean-Baptiste Rousseau; les hymnes de Tyrtée et les odes républicaines d'Écouchard-Lebrun et la *Marseillaise*, qu'il cite presque entièrement et dont il parle presque avec admiration: «Le lyrique a eu le grand talent d'y mettre de l'enthousiasme sans paraître ampoulé»; il rapproche enfin une chanson en l'honneur d'Harmodius et d'Aristogiton et une épitaphe à la louange de Marat.

Puis il passe aux philosophes. Il met en parallèle les «sages» et les «encyclopédistes»; Thalès, Solon, Périandre et Jean-Jacques Rousseau, Montesquieu, Chamfort. Il rapproche une lettre d'Héraclite refusant l'hospitalité du roi de Perse et une lettre de Jean-Jacques refusant l'hospitalité du roi de Prusse, et donne l'avantage à Jean-Jacques «pour la mesure». Là, il se souvient que Héraclite et Rousseau furent persécutés... Et le voilà pyrrhonien par indignation: «Nous ne pouvons souffrir ce qui s'écarte de nos vues étroites, de nos petites habitudes... Ceci est bien, ceci est mal, sont les mots qui sortent sans cesse de notre bouche. De quel droit osons-nous prononcer ainsi? Avons-nous compris le motif secret de telle action? Misérables que nous sommes, savons-nous ce qui est bien, ce qui est mal?»

Et un peu plus loin il redouble. Après avoir dit que les sages de la Grèce voulaient que le gouvernement découlât des mœurs, au lieu que nos philosophes veulent faire découler les mœurs du gouvernement (et ainsi «les premiers disaient aux peuples: Soyez vertueux, vous serez libres, et les seconds: Soyez libres, vous serez vertueux»), il s'enfonce de nouveau dans la négation. Les mœurs, dit-il, sont l'obéissance à ce «sens intérieur» qui nous montre l'honnête et le déshonnête, pour faire celui-là et éviter celui-ci. Mais ce sens intérieur, «qui sait jusqu'à quel point la société l'a altéré? Qui sait si des préjugés, si inhérents à notre constitution que nous les prenons souvent pour la nature même, ne nous montrent pas des vices et des vertus là où il n'en existe pas?... Si cette voix de la conscience n'était elle-même...? Mais gardons-nous de creuser plus avant dans cet épouvantable abîme.»

Ce sont audaces de très jeune homme. Peut-être que, la nuit où il s'abandonnait à ce désespoir philosophique, le pauvre garçon avait particulièrement froid dans sa mansarde. Mais enfin il n'est pas inutile de savoir qu'il a passé par là. D'autant que plus tard, et jusqu'à sa mort, un quasi nihilisme sera souvent chez lui comme à fleur de phrase.

Il cherche alors les effets des révolutions de la Grèce sur le reste du monde antique, et, parce qu'il les cherche, il les trouve, mais souvent cela lui donne bien du mal.

Il a bien de la peine aussi à poursuivre son parallèle entre les nations de l'antiquité et celles d'aujourd'hui. Par exemple, à quoi ressemble l'Égypte? À l'Italie moderne. Pourquoi? Comment? C'est que, comme l'Italie moderne (celle de 1792), «l'antique royaume des Sésostris, gouverné en apparence par des monarques, en réalité par un pontife maître de l'opinion, se composait de magnificence et de faiblesse». Puis, «c'est sur les bords du Nil que les philosophes de l'antiquité allaient puiser la lumière, c'est sous le beau ciel de Florence que l'Europe barbare a rallumé le flambeau des lettres». Voilà.— Pour Carthage, c'est plus facile: le parallèle avec l'Angleterre s'impose. Et, pour démontrer que le gouvernement anglais et le gouvernement carthaginois, c'est la même chose, le jeune Chateaubriand imite Montesquieu et se donne des airs de profondeur. Puis il compare Annibal et Marlborough, Hannon et Cook, et rapproche le *Périple* d'Hannon de quelques pages de Cook sur les îles Sandwich.

Ici, une page révélatrice. Il vient d'opposer à l'ignorance d'Hannon la science de Cook. Mais tout à coup:

> Cependant, il faut l'avouer, ce que nous gagnons du côté des sciences, nous le perdons en sentiment. L'âme des anciens aimait à se plonger dans le vague infini; la nôtre est circonscrite par nos connaissances. Quel est l'homme sensible qui ne s'est trouvé souvent à l'étroit dans une petite circonférence de quelques millions de lieues? Lorsque, dans l'intérieur du Canada, je gravissais une montagne, mes regards se portaient toujours à l'ouest, sur les déserts infréquentés qui s'étendent dans cette longitude. À l'orient, mon imagination rencontrait aussitôt l'Atlantique, des pays parcourus, et je perdais mes plaisirs. Mais, à l'aspect opposé, il m'en prenait presque aussi mal. J'arrivais incessamment à la mer du Sud, de là en Asie, de là en Europe, de là... J'eusse voulu pouvoir dire, comme les Grecs: «Et là-bas! là-bas! la terre inconnue, la terre immense!»

Cela est bien de lui. C'est en somme ce vaste désir d'inexploré qui lui a fait entreprendre, à vingt-cinq ans, ce voyage de l'esprit à travers le monde ancien et le monde moderne, et chercher des visions dans le temps, comme il avait cherché des images dans l'espace. Il est remarquable que le premier ouvrage de ce jeune homme insatiable, un ouvrage qui devait avoir cinq gros volumes, ait été une espèce d'histoire universelle, et une histoire universelle par rapport à la Révolution française—donc par rapport à lui-même, puisqu'il devait à la

Révolution l'ébranlement de son âme, et son exil, et ses douleurs et sa froide mansarde,—de sorte qu'en cette histoire il ramenait à soi et en quelque façon résorbait et engloutissait les siècles et l'univers pour son plaisir.

Il continue à rapprocher, à rapprocher éperdûment: la Scythie et la Suisse et leurs «trois âges», c'est à savoir la Scythie et la Suisse pauvres et vertueuses; la Scythie et la Suisse philosophiques; la Scythie et la Suisse corrompues; puis la Macédoine et la Prusse; Tyr et la Hollande; la Perse et l'Allemagne, et même le *Mahabarata* et la *Messiade* de Klopstock, et même le roi Darius et l'empereur Joseph!

Des chapitres ne craignent pas de s'intituler: «Influence de la Révolution républicaine de la Grèce sur la Perse, et de la Révolution républicaine de la France sur l'Allemagne.—Déclaration de la guerre médique (505 av. J.-C.); déclaration de la guerre présente, 1792.—Portrait de Miltiade, portrait de Dumouriez.—Bataille de Marathon, bataille de Jemmapes.—Campagne de la 4e année de la 74e olympiade, campagne de 1793.—Consternation à Athènes et à Paris.—Bataille de Salamine, bataille de Maubeuge.—Mardonius et Cobourg.—Pausanias et Pichegru.—Bataille de Platée, bataille de Fleurus.» Ce sont des gageures, d'où il se tire à peu près, puisqu'il dit ce qu'il veut. Et cela ne prouve rien, sinon que les passions des hommes sont toujours à peu près les mêmes, ce que l'on savait.

Cela nous mène à la fin du premier volume de la réédition de 1826. Dans un dernier chapitre que Chateaubriand, trente ans après l'avoir écrit, appelle «une sorte d'orgie noire d'un cœur blessé et d'un esprit malade», il se soulage et dit tout. À quoi ont servi ces révolutions dont il vient de retracer l'histoire? «Est-il une liberté civile? J'en doute. Les Grecs furent-ils plus heureux, furent-ils meilleurs après leur révolution? Non.» Puis il médite:

> Malgré mille efforts pour pénétrer dans les causes des troubles des États, on sent quelque chose qui échappe; un je ne sais quoi, caché je ne sais où, et ce je ne sais quoi paraît être la raison efficiente de toutes les révolutions... Ce principe inconnu ne naît-il point de cette vague inquiétude, particulière à notre cœur, qui nous fait nous dégoûter également du bonheur et du malheur, et nous précipitera de révolution en révolution jusqu'au dernier siècle? Et cette inquiétude, d'où vient-elle à son tour? Je n'en sais rien; peut-être de la conscience d'une autre vie; peut-être d'une aspiration secrète vers la divinité. Quelle que soit son origine, elle existe chez tous les peuples. On la rencontre chez le sauvage et dans nos sociétés. Elle s'augmente surtout par les mauvaises mœurs et bouleverse les empires.

Il en trouve, dit-il, une preuve bien frappante dans les causes de notre révolution. La révolution était inévitable, à cause de l'immoralité et de l'égoïsme des individus et à cause des «folies et des imbécillités» de l'ancien régime, dont il fait le plus sombre des tableaux. Mais la Révolution a été abominable à son tour. Vouloir établir la démocratie chez un peuple corrompu, cela est fou. Lui aussi a cru à la démocratie; peut-être que ses opinions actuelles (le royalisme) ne sont que «le triomphe de sa raison sur son penchant».—«En ce qui le regarde comme individu», toutes les constitutions lui sont parfaitement indifférentes:

> Nous nous agitons aujourd'hui pour un vain système, et nous ne serons plus demain! Des soixante années que le ciel peut-être nous destine à traîner sur ce globe, nous en dépenserons vingt à naître et vingt à mourir, et la moitié des vingt autres s'évanouira dans le sommeil. Craignons-nous que les misères inhérentes à notre nature d'homme ne remplissent pas assez ce court espace sans y ajouter des maux d'opinion?

Et plus loin: «La liberté politique n'est qu'un songe, un sentiment factice que nous n'avons point... Tant que nous ne retournerons pas à la vie du sauvage, nous dépendrons toujours d'un homme. Et qu'importe alors que nous soyons dévorés par une cour, par un directoire, par une assemblée du peuple?... Tout gouvernement est un mal, tout gouvernement est un joug.» Toutefois, il vaut mieux obéir à un roi qu'à une multitude ignorante.

Tel est, vers 1795, le royalisme de Chateaubriand. Et tel il sera toujours, même sous la Restauration: «Un triomphe de sa raison sur son penchant.»

Au deuxième volume de l'*Essai*, l'auteur reprend infatigablement ses inutiles parallèles. Mais les boutades, les poussées d'humeur, les confessions directes ou indirectes deviennent de plus en plus nombreuses.

> J'avoue (dit-il), que je crois en théorie au principe de la souveraineté du peuple; mais j'ajoute aussi que, si on le met rigoureusement en pratique, il vaut beaucoup mieux pour le genre humain redevenir sauvage et s'enfuir tout nu dans les bois.

Il se fait de Périclès une image charmante et déjà renanienne, oserai-je dire, et où il met beaucoup de lui-même: «Périclès avait pris le vrai sentier pour arriver au bonheur. Traitant le monde selon sa portée, lorsque la nécessité le forçait d'y paraître, il s'y présentait avec des idées communes et un cœur de glace. Mais le soir, renfermé secrètement avec Aspasie et un petit nombre d'amis choisis, il leur découvrait ses opinions cachées et un cœur de feu.»

Tel sans doute il était lui-même quelquefois, avec des amis, le soir, dans quelque taverne de Londres. Plus tard, Sainte-Beuve dira: «Il y avait un Chateaubriand secret aussi lâché et débridé de ton que l'autre l'était peu, mais celui-là connu seulement d'un très petit nombre dans l'intimité.»

En 1796-97, l'espèce humaine lui fait horreur; il déborde d'amertume et de fiel. À propos de Denys de Syracuse:

> Toujours bas, nous rampons sous les princes dans leur gloire et nous leur crachons au visage lorsqu'ils sont tombés... Qu'eût dû faire Denys dans ses revers? Il eût dû se retirer dans quelque lieu sauvage pour gémir sur ses fautes passées et surtout pour cacher ses pleurs; ou plutôt il pouvait, comme les anciens, se coucher et mourir. Un homme n'est jamais très à plaindre lorsqu'il a le droguiste ou le marchand de poignards à sa porte, et qu'il lui reste quelques *mines*.

L'étrange garçon! Après ce chapitre sur Denys de Syracuse, après une longue énumération de tous les princes fugitifs, depuis Thésée jusqu'aux Bourbons, il s'arrête comme n'en pouvant plus, et il écrit une méditation qu'il dédie «aux infortunés».

Il cherche quelles doivent être les règles de conduite dans le malheur. La première règle est de cacher ses pleurs. Car le misérable n'est qu'un objet de curiosité ou un objet d'ennui. La seconde règle, qui découle de la première, «consiste à s'isoler entièrement. Il faut éviter la société lorsqu'on souffre, parce qu'elle est l'ennemie naturelle des malheureux; sa maxime est: l'infortuné coupable. Je suis si convaincu de cette vérité sociale, que je ne passe guère dans les rues sans baisser la tête.» Troisième règle: «Fierté intraitable. L'orgueil est la vertu du malheur... On se familiarise aisément avec le malheureux; et il se trouve dans la dure nécessité de se rappeler sa dignité d'homme, s'il ne veut que les autres l'oublient.»

Et maintenant, «que faudrait-il faire pour soulager ses chagrins?» La réponse nous indique très précisément comment le jeune Chateaubriand soulageait les siens, et en somme comment il vivait à Londres.

«Un livre vraiment utile aux misérables, ce sont les Évangiles.» Le malheureux doit éviter les jardins publics, le fracas, le grand jour; le plus souvent, même, il ne sortira que la nuit. Ainsi faisait-il. Un soir, il va s'asseoir au sommet d'une colline, qui domine la ville; il regarde les lumières des maisons. «Ici, il voit éclater le réverbère à la porte de cet hôtel, dont les habitants, plongés dans les plaisirs, ignorent qu'il est un misérable, occupé seul à regarder de loin la lumière de leurs fêtes, lui qui eut aussi des fêtes et des amis!» Il ramène ensuite ses regards sur quelque petit rayon tremblant dans une pauvre maison écartée du faubourg, et il dit: «Là, j'ai des frères.» Voilà un son de voix, un accent, qui ne sont pas très communs dans Chateaubriand.

Il recommande la solitude dans la nature. «Que celui que le chagrin mine s'enfonce dans les forêts.» Il recommande aussi, comme Rousseau, la botanique. Puis, au retour, la lecture: «Un livre qu'on a eu bien de la peine à se procurer, un livre qu'on tire précieusement du lieu obscur où on le tenait caché, va remplir ces heures de silence.» Enfin, «peut-être aussi, lorsque tout repose, entre deux ou trois heures du matin, au murmure des vents et de la pluie qui battent contre vos fenêtres, écrivez-vous ce que vous savez des hommes». Et c'est en effet à ces heures-là surtout que le pauvre garçon écrivait: c'est à ces heures-là, au bruit du vent, «auprès d'un humble feu et d'une lumière vacillante» qu'il a tracé les lignes que je viens de vous lire.

Et la méditation finit d'une façon brève et terrible sur cette phrase: «Mais, après tout, il faut toujours en revenir à ceci: sans les premières nécessités de la vie, point de remèdes à nos maux.»

N'oublions jamais qu'à l'origine de l'œuvre de Chateaubriand, il y a eu sept années de misère à Londres et une longue débauche presque ininterrompue de solitude et de tristesse.

Après ce chapitre: *Aux Infortunés*, le voilà, encore une fois, courageusement reparti pour ses parallèles. Il compare les destinées et les morts d'Agis de Sparte, de Charles Ier d'Angleterre et de Louis XVI. Il recommence à comparer les philosophes grecs et les philosophes modernes. Il rapproche Platon, Fénelon, Rousseau. La *République* et le *Télémaque* ont du bon: mais l'*Émile*! «Le sage doit regarder cet écrit de Jean-Jacques comme un trésor. Peut-être n'y a-t-il dans le monde entier que cinq ouvrages à lire: l'*Émile* en est un.» Pourquoi? Parce que Rousseau «a brisé l'édifice de nos idées sociales»; parce qu'il a montré «que nous existions comme dans une espèce de monde factice». «L'étonnement dut être grand lorsque Rousseau vint à jeter parmi ses contemporains abâtardis l'homme vierge de la nature.»

Jusque-là, Chateaubriand n'est, en effet, qu'un disciple de Rousseau. On peut croire qu'il est resté, comme son maître, vaguement chrétien. Mais tout à coup, sans qu'on s'y attende, sans que le dessein général de son livre paraisse l'y obliger, il se met à nous faire l'histoire du paganisme, puis l'histoire du christianisme. C'est donc pour nous dire des choses qui lui tiennent au cœur. Or, après avoir parlé de Jésus dans le même esprit que Jean-Jacques (quoique beaucoup plus froidement), il intitule un chapitre: *la Chute du christianisme s'accélère*; puis, il se donne le froid plaisir de résumer, contre le christianisme, contre son histoire, son dogme et sa discipline, les objections de Voltaire, de Diderot et des encyclopédistes. Il nous avertit, il est vrai, qu'«il n'y est pour rien», et qu'il ne fait que «rapporter les raisonnements des autres»; mais attendez.

Sur un exemplaire que Sainte-Beuve a eu entre les mains, et où Chateaubriand avait noté de sa main les modifications à faire pour une seconde édition, il avait ajouté aussi, en guise de commentaire, «ses plus secrètes pensées», que voici.

À côté de ces mots du texte imprimé: «Je suis bien fâché que mon sujet ne me permette pas de rapporter les raisons victorieuses avec lesquelles les Abadie, les Bergier, les Warburton ont combattu leurs antagonistes (les incrédules) et d'être obligé de renvoyer à leurs ouvrages», il met en marge: «Oui, qui ont débité des platitudes, mais j'étais bien obligé de mettre cela à cause des sots». En regard de ce texte: «Dieu, la matière, la fatalité, ne font qu'un», il écrit: «Voilà mon système, voilà ce que je crois. Oui, tout est chance, hasard, fatalité dans ce monde, la réputation, l'honneur, la richesse, la vertu même: et comment croire qu'un Dieu intelligent nous conduit? Voyez les fripons en place, la fortune allant au scélérat, l'honnête homme volé, assassiné, méprisé. Il y a peut-être un Dieu, mais c'est le Dieu d'Épicure; il est trop grand, trop heureux pour s'occuper de nos affaires, et nous sommes laissés sur ce globe à nous dévorer les uns les autres.» En regard de ce texte: «Père des miséricordes... soit que tu m'aies destiné à une carrière immortelle, soit que je doive seulement passer et mourir...», il écrit: «Quelquefois je suis tenté de croire à l'immortalité de l'âme, mais ensuite la raison m'empêche de l'admettre. D'ailleurs pourquoi désirerais-je l'immortalité? Il paraît qu'il y a des peines mentales totalement séparées de celles du corps, comme la douleur que nous sentons à la perte d'un ami, etc... Or, si l'âme souffre par elle-même, indépendamment du corps, il est à croire qu'elle pourra souffrir également dans une autre vie; conséquemment, l'autre monde ne vaut pas mieux que celui-ci. Ne désirons donc point survivre à nos cendres; mourons tout entiers, de peur de souffrir ailleurs. Cette vie-ci doit corriger de la manie d'*être*». Enfin, en regard de ce texte: «Dieu, répondez-vous, vous a fait libre. Ce n'est pas là la question. A-t-il prévu que je tomberais, que je serais à jamais malheureux? Oui, indubitablement. Eh bien, votre Dieu n'est plus qu'un tyran horrible et absurde», il écrit: «Cette objection est insoluble et renverse de fond en comble le système chrétien. Au reste, personne n'y croit plus.»

Bref, il nie le Dieu-Providence, l'immortalité de l'âme et le christianisme lui-même. Et ailleurs, non plus dans les notes de l'«exemplaire confidentiel», mais dans le livre imprimé, il se demande: «Quelle sera la religion qui remplacera le christianisme?» Il avoue qu'il n'en sait rien. S'élèvera-t-il un homme qui se mettra à prêcher un culte nouveau? Mais les nations seront trop indifférentes en matière religieuse et trop corrompues. «La religion nouvelle mourra dans le mépris.» Ou bien, «ne serait-il pas possible que les peuples atteignissent à un degré de lumière et de connaissances morales suffisant pour n'avoir plus besoin de culte?» Mais non. Le plus probable est que les nations «retourneront tour à tour dans la barbarie...» jusqu'à ce qu'elles en émergent de nouveau, «et ainsi de suite dans une révolution sans terme».

Et cela le mène à ces conclusions:

> Déjà nous possédons cette importante vérité, que l'homme, faible dans ses moyens et dans son génie, ne fait que se répéter sans cesse; qu'il *circule* dans un *cercle*, dont il tâche en vain de sortir...—Il s'ensuit qu'un homme bien persuadé qu'il n'y a rien de nouveau en histoire perd le goût des innovations, goût que je regarde comme un des plus grands fléaux qui affligent l'Europe en ce moment.

Et alors le flot d'amertume se précipite: Liberté! le grand mot! et qu'est-ce que la liberté politique? Je vais vous l'expliquer. Un homme libre à Sparte veut dire un homme dont les heures sont réglées comme celles de l'écolier sous la férule, etc. «On s'écrie: Les citoyens sont esclaves, mais esclaves de la loi. Pure duperie de mots. Que m'importe que ce soit la loi ou le roi qui me traîne à la guillotine? On a beau se torturer, faire des phrases et du bel esprit, le plus grand malheur des hommes, c'est d'avoir des lois et un gouvernement.»

Enfin:

> Soyons hommes, c'est-à-dire libres; apprenons à mépriser les préjugés de la naissance et des richesses, à nous élever au-dessus des grands et des rois, à honorer l'indigence et la vertu; donnons de l'énergie à notre âme, de l'élévation à notre pensée; portons partout la dignité de notre caractère, dans le bonheur et dans l'infortune; sachons braver la pauvreté et sourire à la mort; mais pour faire tout cela, il faut commencer par cesser de nous passionner pour les institutions humaines, de quelque genre qu'elles soient. Nous n'apercevons presque jamais la réalité des choses, mais leurs images réfléchies faussement par nos désirs... Tandis que nous nous berçons ainsi de chimères, le temps vole et la tombe se ferme tout à coup sur nous. Les hommes sortent du néant et y retournent: la mort est un grand lac creusé au milieu de la nature; les vies humaines, comme autant de fleuves, vont s'y engloutir... Profitons donc du peu d'instants que nous avons à passer sur ce globe pour connaître au moins la vérité. Si c'est la vérité politique que nous cherchons, elle est facile à trouver. Ici un ministre despote me bâillonne, me plonge au fond des cachots, où je reste vingt ans sans savoir pourquoi; échappé de la Bastille, plein d'indignation, je me précipite dans la démocratie, un

anthropophage m'y attend à la guillotine. Le républicain, sans cesse exposé à être pillé, volé, déchiré par une populace furieuse, s'applaudit de son bonheur; le sujet, tranquille esclave, vante les bons repas et les caresses de son maître. O homme de la nature! c'est toi seul qui me fais me glorifier d'être homme! Ton cœur ne connaît point la dépendance, tu ne sais ce que c'est que de ramper dans une cour ou de caresser un tigre populaire. Que t'importent nos arts, notre luxe, nos villes? As-tu besoin de spectacle, tu te rends au temple de la nature, à la religieuse forêt...

Et cela continue; et le dernier chapitre est le récit d'une «Nuit chez les sauvages de l'Amérique».

Ainsi conclut le jeune émigré. Et il ne vous échappera point que ce «retour à la nature», c'est, en un sens, le suprême désespoir philosophique, puisque c'est la négation de l'utilité de toute l'œuvre humaine.

L'*Essai* parut en 1797; les notes marginales sont probablement de 1798. Il est important de savoir que Chateaubriand a pensé ainsi, qu'il a été incrédule et révolté, et à peu près nihiliste, non par une passagère chaleur du sang, mais avec insistance et réflexion pendant plusieurs années de sa jeunesse, et jusqu'à la veille du moment où il conçut le *Génie du christianisme*.

Plus tard, en 1811, à l'occasion de son élection à l'Académie, ses ennemis rappelleront qu'il pensa comme les encyclopédistes. On opposera l'incroyance de l'homme aux théories de l'écrivain religieux; on parlera d'hypocrisie. Chateaubriand laissera le soin de sa défense à un jeune homme, Damaze de Raymond.

Mais en 1826, en pleine Restauration, sans nécessité, il me semble, et même au risque de troubler des âmes en faisant connaître davantage un livre qu'il réprouvait, il donne lui-même une réédition de l'*Essai sur les Révolutions*. Il y met une habile préface où il explique dans quelles conditions l'ouvrage a été écrit, où il en montre les contradictions et où il exagère quelque peu ce qui s'y trouve encore de christianisme. Il accompagne le texte de notes très nombreuses et fort plaisantes. Il se critique, se réfute, se condamne, se gourmande et se raille avec beaucoup de bonne grâce et un air de charmante franchise. Il a, sur sa vanité et sa fatuité de jeune homme, des réflexions piquantes (qui d'ailleurs s'appliqueraient encore mieux à bien des passages des *Mémoires d'outre-tombe*). Mais souvent, à propos de quelque chapitre particulièrement éloquent dans son âcre misanthropie, il se laisse désarmer. «Me louerai-je? J'en ai bien envie; la colère de ces pages m'a amusé; je les avais complètement oubliées.» Ou bien: «Voilà certes un des plus étranges chapitres de tout l'ouvrage, et peut-être un des morceaux les plus extraordinaires qui soient jamais échappés à la plume d'un écrivain... C'est du

Rousseau, c'est du René, c'est du dégoût de tout, de l'ennui de tout.» En somme, il se reconnaît avec plaisir dans ce premier ouvrage; et même il est content que l'on sache qu'il a été ce jeune homme troublé et révolté et qu'il a senti et pensé comme cela. Il a voulu que ses impiétés même ne fussent point abolies, et que l'on connût clairement qu'il n'avait pas toujours été bon chrétien. Au fait, si l'on ne connaissait pas, par ce livre, le jeune homme qu'il avait été, on comprendrait moins le vieillard si profondément désenchanté qu'il fut. Et, après 1830, quand il sera publiquement l'ami de Carrel, de Béranger, de Lamennais, il sera ravi, nous le verrons, d'avoir écrit l'*Essai*, et fier de ce volumineux péché de jeunesse.

TROISIÈME CONFÉRENCE

LES NATCHEZ.—ATALA

Chateaubriand nous dit dans les *Mémoires d'outre-tombe:* «Il est certain que, si l'*Essai* fut un moment connu, il fut presque aussitôt oublié: une ombre subite engloutit le premier rayon de ma gloire.» Cela dut lui être dur; car, naturellement, il avait espéré la gloire et la fortune. Mais, comme il ne connut pas tout de suite cet insuccès, il n'en ressentit que peu à peu l'amertume. Il eut d'ailleurs des compensations. S'il ne réussit pas en France, l'*Essai* fit du bruit dans le monde des émigrés: il scandalisa quelque peu; mais cela même ne nuisit point à l'auteur. Chez les personnes victimes de catastrophes extraordinaires, jetées violemment hors des conditions de leur vie normale, comme les émigrés, il se produit souvent une sorte de relâchement des principes, une disposition au scepticisme par désespoir habituel (elles en ont tant vu!). Beaucoup d'émigrés purent goûter l'*Essai* pour ses hardiesses mêmes et ses négations.

Puis, des revues anglaises en parlèrent avec éloge. Chateaubriand devint presque un personnage; «la haute émigration le recherca». Pauvre et inconnu, il avait été d'une fierté ombrageuse, et cramponné à sa solitude. Recherché, il se laissa faire. Il fit un chemin, comme il dit, «de rue en rue», et, s'éloignant du canton de l'émigration pauvre de l'est, «il arriva, de logement en logement, jusqu'au quartier de la riche émigration de l'ouest, parmi les évêques, les familles de cour et les colons de la Martinique.» Il fait des connaissances: Christian de Lamoignon, Malouet, le chevalier Panat, homme de goût par profession et qui avait «une réputation méritée d'esprit, de malpropreté et de gourmandise»; Montlosier, «féodalement libéral, aristocrate et démocrate, esprit bizarre» dont il fait un portrait vraiment prodigieux; l'abbé Delille, à la tête de singe, qui lisait ses vers comme un ange, mais que madame Delille souffletait quand il n'était pas sage; l'abbé Caron, mesdames de Caumont et de Gontaut; madame de Boignes, alors très jeune et extrêmement jolie; enfin Fontanes, qu'il avait déjà rencontré.

Tout de même, son *Essai* n'a aucun succès à Paris. Qu'à cela ne tienne! Ce sera donc un autre livre qui lui donnera la gloire. Il renonce à écrire les trois derniers volumes annoncés de l'*Essai*. Mais il reprend (nous sommes en 1799) le manuscrit de 2.383 pages in-folio (paraît-il) qu'il avait rapporté d'Amérique. Avec cela, il fait les *Natchez,* dont *Atala* et *René* sont des épisodes. C'était un dessein formé depuis longtemps: «J'étais encore très jeune lorsque je conçus l'idée de faire l'épopée de *l'homme de la nature* (toujours l'influence de Rousseau) et de peindre les mœurs des sauvages, en les liant à quelque événement connu.»

Mais, lorsqu'en 1800 il quitta l'Angleterre pour rentrer en France, il n'osa pas se charger d'un trop lourd bagage et laissa à Londres le manuscrit des *Natchez*, sauf *Atala* et *René* et quelques descriptions de l'Amérique:

> Quelques années s'écoulèrent avant que les communications avec la Grande-Bretagne se rouvrissent. Je ne songeai guère à mes papiers dans le premier moment de la Restauration; et d'ailleurs, comment les retrouver? Ils étaient restés renfermés dans une malle, chez une Anglaise qui m'avait loué un petit appartement à Londres. J'avais oublié le nom de cette femme; le nom de la rue et le numéro de la maison où j'avais demeuré étaient également sortis de ma mémoire.

Il y a là un détachement, ou une insouciance, qui ne sent pas son homme de lettres. Chateaubriand était également capable et de cette insouciance et de la plus monstrueuse vanité.

Malgré tant de difficultés, il paraît qu'on retrouva la rue, la maison, les enfants de l'hôtesse, et le manuscrit des *Natchez*. L'auteur les «corrigea», on ne peut pas savoir dans quelle mesure, et les fit paraître dans l'édition de ses œuvres complètes (1836).

———

Je devrais peut-être vous parler de *René* dès aujourd'hui: mais, si je le faisais, les *Natchez* vous paraîtraient ensuite d'un intérêt un peu languissant; et, d'ailleurs, si la première version de *René* doit être antérieure aux *Natchez*, comme je le montrerai, la version parfaite, celle que nous possédons leur est certainement postérieure. Au surplus, je réserverai, dans les *Natchez*, la plus grande partie de ce qui se rapporte à cet étrange René et au développement de son caractère.

Donc, parlons des *Natchez*. C'est l'œuvre d'un jeune disciple de Rousseau, qui a vu du pays; c'est un poème épique; c'est un roman historique et exotique; c'est un conte philosophique; c'est je ne sais quoi encore. Cela fait songer, un assez long moment, au Huron de Voltaire, et à toutes les histoires de sauvages et d'hommes de la nature qui ont charmé le dix-huitième siècle; cela fait penser quelquefois, pour le «style poétique», aux *Incas* de Marmontel; pour le «merveilleux» à Milton et à Klopstock; et enfin, pour la mélancolie et le goût de la tristesse, à certaines lettres du jeune Saint-Preux dans la *Nouvelle Héloïse*, et à *Werther*, paru en 1774. C'est d'ailleurs, quant aux événements, et sauf les quatre livres du voyage de Chactas en Europe, une série presque ininterrompue de malheurs prodigieux et, proprement, d'horreurs.

Je crois qu'on lit fort peu les *Natchez*, car ce n'est pas une joie; je crois qu'on les lit encore moins que le reste de l'œuvre de Chateaubriand (les *Mémoires* exceptés, bien entendu). Il n'est donc pas inutile que je vous fasse, de la fable, un petit exposé, qui sera court, et très simplifié, je vous en préviens: car ce récit de 580 fortes pages est faiblement ordonné, assez souvent confus et quelque peu obscur, et plein d'effets répétés.

René, venant du Fort Rosalie (qui est un poste français) arrive chez les Natchez pour se faire sauvage. Il se présente au vieux sachem Chactas, qui lui demande son histoire. «Mais le frère d'Amélie répond d'une voix troublée: Indien, ma vie est sans aventures, et le cœur de René ne se raconte point.» Il supplie Chactas de le faire admettre au nombre des guerriers Natchez et de l'adopter lui-même pour son fils. Chactas y consent et offre à René «la calebasse de l'hospitalité, où six générations avaient bu l'eau d'érable». Puis, c'est le calumet de la paix, et la chanson de l'hospitalité «dansée par une jeune fille aux bras nus». Et tout ceci n'est pas sans grâce et rappelle, avec d'autres rites, les scènes de l'*Odyssée* où l'hospitalité est offerte aux voyageurs.

Or, au même moment, le capitaine français Chépar, qui commande le Fort Rosalie, vient passer une revue de ses troupes tout près du village des Natchez, afin de les décider aux concessions de terrains que les blancs leur demandent. Et alors, c'est la plus condamnable orgie du style dit «poétique» de ce dix-huitième siècle dont le jeune Chateaubriand est encore jusqu'aux moelles. L'auteur invoque la Muse, «fille de Mnémosyne à la longue mémoire, âme du trépied de Delphes et des colombes de Dodone», pour n'oublier aucun des capitaines et des bataillons qui vont défiler tout à l'heure. Et cela est à la fois un peu comique et assez amusant, parce que le jeune auteur a beaucoup plus d'imagination et d'invention verbale que les Delille en vers et que les Marmontel en prose.

Est-ce que ceci n'est pas ingénieux:

> Ils portent un tube enflammé, surmonté du glaive de Bayonne; leur vêtement est celui du lys, symbole de l'honneur virginal de la France.

Mais est-ce que ceci n'est pas charmant:

> Ces guerriers couvrent leur front du chapeau gaulois, dont le triangle bizarre est orné d'une rose blanche qu'attacha souvent la main d'une vierge timide, et que surmonte de sa cime légère un gracieux faisceau de plumes.

Et ceci encore:

> L'armée entière s'ébranle; ses pas égaux mesurent la marche que frappent les tambours. Les jambes noircies des soldats ouvrent et ferment une longue avenue, en se croisant comme les ciseaux d'une jeune fille qui découpe d'ingénieux

ouvrages. Par intervalles, les caisses d'airain que recouvre la peau de l'onagre se taisent au signe du géant qui les guide; alors mille instruments, fils d'Éole, animent les forêts, tandis que les cymbales du nègre se choquent dans l'air et *tournent comme deux soleils.*

Et enfin ceci n'«enfonce»-t-il pas tous les Delille et même tous les Écouchard-Lebrun:

Tour à tour l'armée s'allonge et se resserre, tour à tour s'avance et se retire: ici, elle se creuse comme la corbeille de Flore; là elle s'enfle comme les contours d'une urne de Corinthe... Les capitaines font prendre aux bataillons toutes les figures de l'art d'Uranie: ainsi des enfants étendent des soies légères sur leurs doigts légers, sans confondre ou briser le dédale fragile; ils le déploient en étoile, le dessinent en croix, le ferment en cercle et l'entr'ouvrent doucement sous la forme d'un berceau.

Comme il s'amuse!

Ici, nous apprenons que Satan veut empêcher l'Évangile de s'étendre dans le nouveau monde et, pour cela, unir tous les Indiens idolâtres afin d'exterminer les chrétiens. Puis, nous faisons la connaissance de la belle et douce Céluta, de la charmante petite Mila, et du bon et simple Outougamiz, frère de Céluta. Puis, Satan va trouver la Renommée et la prie de répandre de faux bruits et de semer les mensonges et les calomnies afin de brouiller davantage les Peaux-Rouges et les blancs. Et cela nous touche peu.

Après que René s'est plongé dans les flots du Meschacebé, a respiré l'odeur des sassafras et des liquidambars et est rentré dans sa cabane, Céluta lui prépare un repas et dissimule peu son amour pour le mélancolique jeune homme. Le bon Outougamiz conclut avec lui un pacte d'amitié. Mais le sombre Ondouré, amoureux de Céluta, essaye d'assassiner René et le manque. Les deux hommes luttent corps à corps («tels, sur les rivages du Nil ou dans les fleuves des Florides, deux crocodiles se disputent au printemps une femelle brillante»); et René terrasse son adversaire, qui ne lui pardonnera point.

À ce moment, le jeune Chateaubriand, se souvenant de Milton et de Klopstock et éprouvant le besoin d'être sublime, nous transporte dans le Paradis. L'ange de l'Amérique s'entretient solennellement avec le chérubin Uriel des choses du nouveau monde. Et sainte Geneviève de Paris et sainte Catherine des Bois, patronne du Canada, traversent la région éthérée pour aller trouver la Vierge:

Elles s'étaient alarmées des malheurs dont Satan menaçait l'empire français en Amérique: un même mouvement de charité les emportait aux célestes habitacles pour implorer la miséricorde de Marie. Tristes autant que des substances spirituelles peuvent ressentir notre douleur, elles versaient ces larmes intérieures dont Dieu a fait présent à ses élus; elles éprouvaient cette sorte de pitié que l'ange ressent pour l'homme, et qui, loin de troubler la pacifique Jérusalem, ne fait qu'ajouter aux félicités qu'on y goûte.

Comment cela? Quel est ce sadisme angélique? Mystère.

Les deux saintes continuent leur chemin. Tantôt «elles s'ouvrent une voie au travers des sables d'étoiles; tantôt elles coupent les cercles ignorés où les comètes promènent leurs pas vagabonds.» Elles frôlent l'essieu commun de tous les univers créés... «À distance égale, le long de cet axe, sont assis trois esprits sévères: le premier est l'ange du passé; le second, l'ange du présent; le troisième, l'ange de l'avenir. Ce sont ces trois puissances qui laissent tomber le temps sur la terre: car le temps n'entre point dans le ciel et n'en descend point.» Qu'est-ce à dire? «Ces choses-là sont rudes», pour parler comme Victor Hugo.

Les saintes traversent les régions platoniciennes où sommeillent les âmes qui n'ont pas encore subi la vie mortelle. Elles arrivent enfin à la Jérusalem céleste. Là elles rencontrent le bienheureux Las Cases et les martyrs canadiens, qui se pressent sur les pas des deux vierges. Le roi saint Louis se joint à eux. Et tout le cortège «va chercher le trône de Marie».

Ici, une chose extraordinaire et jolie (d'ailleurs conforme au dogme): «Seule de tous les justes, Marie a conservé un corps.» Elle a seule un corps parmi les saints, dont les corps attendent dans la terre le jugement dernier, tandis que son corps, à elle, a été enlevé au ciel aussitôt après sa mort. Mais surtout je crois que le chevalier s'est dit: «Celle-là, nous l'aimons; et comment la concevrions-nous? Et que pouvons-nous aimer, qui ne soit de chair? Et d'ailleurs, si elle n'avait pas de corps, comment et avec quels ressouvenirs aurait-elle pitié, puisque la pitié est sa fonction? S'il ne prêtait un corps à Marie, le poète ne pourrait pas dire: «Une tendre compassion pour les hommes, dont elle fut la fille, une patience, une douceur sans égale rayonnent sur le front de la Mère du Sauveur.» Et enfin, qui prierait la Vierge Marie, si elle n'avait éternellement la figure d'une femme? Mais il en résulte ceci d'étrange, que le paradis, c'est, dans une immensité immatérielle, seul visible, seul tangible, un corps féminin...

Voilà du «merveilleux chrétien». Et c'est merveilleux en effet. Et c'est charmant. Le culte de la Vierge est presque toute la religion de beaucoup de catholiques. Une jeune femme disait: «Je ne crois pas à Dieu, mais je crois à la sainte Vierge.»

Marie répond aux deux saintes, aux martyrs et au roi Louis: «Vos prières ont trouvé grâce à mon oreille; je vais monter au trône de mon fils.» Et elle part «comme une colombe qui prend son vol». Et Marie,—qui seule des justes a un corps, ne l'oublions pas,—approche du Calvaire *immatériel*. Mais dans cet autre monde ces petites contrariétés n'ont aucune importance.

«La Charité ouvre sans effort le rideau de l'éternité. Le Sauveur apparaît à Marie... Qui pourrait redire l'entretien de Marie et d'Emmanuel?»— Évidemment, ce n'est pas nous.—Puis le Père, le Fils et l'Esprit se consultent... Et «le Souverain du Ciel permet à Satan un moment de triomphe pour l'expiation de quelques fautes particulières.» Ce n'était peut-être pas la peine de mettre en mouvement, pour un si médiocre oracle, l'ange de l'Amérique, et le chérubin Uriel, et Catherine, et Geneviève, et les martyrs canadiens, et Las Cases, et saint Louis et la Vierge Marie.

Nous redescendons chez les Natchez. Chactas adopte officiellement René, malgré l'opposition d'Ondouré. Puis, pendant une chasse au castor, il fait à René le récit de ses aventures.

Ici se plaçait, dans le premier manuscrit des *Natchez*, l'histoire d'Atala. Mais, dans la version publiée en 1836, l'auteur suppose cette histoire connue, et Chactas ne commence son récit qu'à partir du moment où il a quitté le Père Aubry.

Il raconte qu'il s'est mis à l'école de la guerre chez les Iroquois; qu'un missionnaire lui a appris la langue française, et qu'un jour, envoyé comme interprète avec une députation iroquoise pour négocier avec les blancs, il a été arrêté, comme suspect de trahison, par le gouverneur des Français et envoyé au bagne de Toulon; qu'ensuite, son innocence ayant été reconnue par le nouveau gouverneur du Canada, il est allé à Paris, puis à Versailles pour être présenté au roi Louis XIV.

Et ainsi, de descriptions du monde invisible qui rappelaient *le Paradis perdu* et *la Messiade* et qui appartenaient au «genre sublime», nous passons à une sorte de conte philosophique et à quelque chose qui n'est pas extrêmement différent de l'*Ingénu* de Voltaire,—pour revenir ensuite à une manière d'épopée, qui n'est vraiment pas le contraire des *Incas* de Marmontel.

Le voyage de Chactas en France est agréable. Chactas, qui avait déjà appris le français chez les Iroquois, a eu tout le temps de se perfectionner au bagne: il est donc assez invraisemblable de l'entendre appeler un carrosse une «hutte roulante», le cocher «guide du traîneau», Paris le «grand village», une église la «cabane des prières», etc... Mais cela est amusant. Et la venue de Chactas à Paris et à Versailles n'est point une invention absurde: car nous savons que, sans compter le doge de Gênes, les Turcs et l'ambassade siamoise, on montrait souvent des «curiosités» à la cour de Louis XIV.

Une bonne partie du rôle de Chactas rappelle celui du Huron par la constatation étonnée de tout ce qui, à Paris et à Versailles, dans les lois et dans les mœurs, s'éloigne de la raison, de la justice, et de la nature. Même, Chactas a peut-être plus de verdeur dans la naïveté et un accent plus «révolutionnaire» que le Huron. La présentation de Chactas et de ses compagnons à Louis XIV est vraiment savoureuse:

> Ononthio (le gouverneur du Canada) nous présenta au grand chef (Louis XIV) en disant: «Sire, les sujets de Votre Majesté...» Je me tournai vers les chefs des Cinq Nations et leur expliquai la parole d'Ononthio. Ils me répondirent: «C'est faux», et ils s'assirent à terre, les jambes croisées. Alors, m'adressant au premier sachem (toujours Louis XIV): «Puissant Soleil, lui dis-je, Ononthio vient de prononcer une parole qu'un génie ennemi lui aura sans doute inspirée: mais toi qu'Athaïnsie (la vengeance) n'a pas privé de sens, tu es trop prudent pour te persuader que nous sommes tes esclaves.» À ces paroles, qui sortaient ingénument de mes lèvres, il se fit un mouvement dans la hutte (cette hutte est le palais de Versailles). Je continuai mon discours: «Chef des chefs, tu nous as retenus dans la hutte de la servitude (au bagne) par la plus indigne trahison... Cependant la grandeur de notre âme veut que nous t'excusions, car le souverain Esprit ôte et donne la raison comme il lui plaît, et il n'y a rien de plus insensé et de plus misérable qu'un homme abandonné à lui-même. Enterrons donc la hache... et puisse notre union durer autant que la terre et le soleil! J'ai dit.» En achevant ces mots, je voulus présenter le calumet de la paix au Soleil; mais sans doute quelque génie frappa ce chef de ses traits invisibles, car la pâleur étendit son bandeau blanc sur son front: on se hâta de nous emmener dans une autre partie de la cabane. Là, nous fûmes entourés d'une foule curieuse; les jeunes gens surtout nous souriaient avec complaisance, plusieurs nous serrèrent secrètement la main.

Cela est, avec plus de couleur, du meilleur Voltaire des *Contes*, du meilleur Montesquieu des *Lettres persanes*, à plus forte raison du meilleur Saint-Lambert des *Fables orientales*. C'est dans le même esprit que Chactas assiste aux fêtes de Versailles, visite l'Académie, le Palais de Justice, etc... Le palais de

Versailles lui inspire des propos de ce genre: «Ce palais n'a-t-il coûté ni sueurs ni larmes? Ah! qu'il serait grand ici, le bruit des pleurs, si jamais il commençait à se faire entendre!» Chactas voit passer une chaîne de protestants condamnés aux galères; il assiste à la pendaison d'un pasteur condamné à mort pour rupture de ban. («La mort le lia par la cime, comme une gerbe moissonnée.») Chactas est aussi abondant que le Huron contre la révocation de l'Édit de Nantes et les dragonnades.

À vrai dire, c'est entièrement, c'est absolument l'esprit de Voltaire. Chateaubriand rassemble autour de son sauvage tous les grands hommes et toutes les femmes charmantes du siècle de Louis XIV; et l'homme de la nature démêle et admire les avantages et la douceur d'une société brillante. La Bruyère lui fait un petit résumé des absurdités et des gloires du siècle. Puis Fénelon, ce Fénelon tant aimé des philosophes, lui fait la plus suave apologie de la civilisation, à qui nous devons les arts, et aussi des vertus nouvelles. «Si les vertus sont des émanations du Tout-Puissant; si elles sont nécessairement plus nombreuses dans l'ordre social que dans l'ordre naturel, l'état de la société qui nous rapproche davantage de la Divinité est donc un état supérieur à celui de la nature.» (Mais alors, cette glorification de l'homme naturel que devaient être les *Natchez*?) En somme, les trois personnages qui tour à tour expliquent à Chactas la société du temps de Louis XIV, c'est La Bruyère, c'est Fénelon, et c'est Ninon de Lenclos. Cette spirituelle ikouessen (courtisane) ayant demandé à Chactas «ce qu'il a trouvé de plus sensé parmi nous», Chactas lui répond: «Mousse blanche des chênes qui sers à la couche des héros, les galériens et les femmes comme toi me semblent avoir toute la sagesse de la nation.» En ces années-là (1797-99) celui qui écrira tout à l'heure *le Génie du christianisme* est donc encore essentiellement un homme du dix-huitième siècle, et du dix-huitième siècle tout entier: car, si le voyage de Chactas en France est écrit dans l'esprit de Voltaire, presque tout le reste du roman est écrit dans l'esprit de Jean-Jacques, si ce n'est que l'optimisme de l'auteur a de fortes distractions.

Chactas se rembarque donc pour le Canada, fait naufrage, séjourne chez les Esquimaux, puis chez les Sioux qui voudraient le retenir et faire de lui leur chef, arrive enfin chez les Natchez, où il retrouve ses amis Outougamiz, Céluta, Mila, son vieux camarade Adario, et René.

Mais le calme dure peu. Parce que René, ignorant les coutumes, a tué dans une chasse des femelles de castor, les Illinois déclarent la guerre aux Natchez. René part avec les guerriers de la tribu de l'Aigle. Chépar, le commandant français, profite de l'incident pour sommer les Natchez de céder leurs terres. Chactas se rend, pour négocier, au Fort Rosalie, où on le garde comme prisonnier.

Et cependant, les Français et les Natchez se rencontrent. Et c'est alors une description «poétique» de bataille, à la manière de Virgile plutôt que d'Homère, avec des morts d'une pittoresque horreur, où le poète paraît se divertir effroyablement. Exemples:

> La hache du sachem, atteignant Adémar au visage, lui enlève une partie du front, du nez et des lèvres. Le soldat reste quelque temps debout, objet affreux, au milieu de ses compagnons épouvantés: tel se montre un bouleau dont les sauvages ont enlevé l'écorce au printemps; le tronc mis à nu et teint d'une sève rougie se fait apercevoir de loin parmi les arbres de la forêt. Adémar tombe sur son visage mutilé et la nuit éternelle l'environne.

Ou bien:

> Tani est frappé d'un globe d'airain à la tête; son crâne emporté se va suspendre par la chevelure à la branche fleurie d'un érable.

Ou bien:

> ...La membrane qui soutenait les entrailles de Lameck est rompue; elles s'affaissent dans les aines, lesquelles se gonflent comme une outre. L'Indien se pâme avec d'accablantes douleurs, et un dur sommeil ferme ses yeux.

Ou encore:

> Une balle lancée au hasard lui crève le réservoir du fiel. Le guerrier sent aussitôt sur sa langue une grande amertume; son haleine expirante fait monter, comme par le jeu d'une pompe, le sang qui vient bouillonner à ses lèvres.

Etc., etc... Car Chateaubriand a l'imagination facilement cruelle.

La bataille se prolonge sans résultat. Alors le roi des Enfers, «jugeant le combat arrivé au point nécessaire pour l'accomplissement de ses desseins» (nous ne voyons pas bien pourquoi), songe à séparer les combattants. Pour cela, il va trouver dans sa grotte le démon de la nuit, qui est un démon-femme. L'auteur nous en fait une description voluptueuse, dont se souviendra, je crois, Alfred de Vigny dans *Eloa*:

> La reine des ténèbres était alors occupée à se parer. Les songes plaçaient des diamants dans sa chevelure azurée; les mystères couvraient son front d'un bandeau; et les amours, nouant autour d'elle les crêpes de son écharpe, ne laissaient paraître qu'une de ses mamelles, semblable au globe de la

lune; pour sceptre, elle tenait à la main un bouquet de
pavots... Ce démon de la nuit avait toutes les grâces de l'ange
de la nuit; mais, comme celui-ci, il ne présidait point au
repos de la vertu, et ne pouvait inspirer que des plaisirs ou
des crimes.

(Ainsi Vigny, faisant parler son languissant et mélancolique Satan:

Je leur donne des nuits qui consolent des jours.

Je suis le roi secret des secrètes amours...

Ce démon de la nuit va faire la nuit et l'orage sur le champ de bataille. Le
combat cesse, on échange les prisonniers, une trêve d'un an est conclue. Et
là-dessus Chateaubriand remise décidément son «merveilleux» chrétien,
jusqu'aux *Martyrs*.

Mais vous vous rappelez peut-être cette tribu de l'Aigle qui est partie contre
les Illinois. Elle rentre dans ses huttes, laissant René aux mains de l'ennemi.
René va subir les plus affreux supplices, lorsqu'il est sauvé par Outougamiz
qui survient mystérieusement et qui ramène René, blessé et malade, à travers
des périls extraordinaires (et cela forme, je pense, une des parties les moins
ennuyeuses du roman).

Ici finit le douzième livre de l'épopée. Le reste n'est point divisé en «livres»
et (c'est l'auteur qui nous en prévient) est écrit «sur le ton de la simple
narration». Pas tant que cela: mais enfin le style de cette seconde partie des
Natchez est un peu moins tendu. Pourquoi cette différence? Chateaubriand
ne nous le dit pas. Je crois que, tout simplement, travaillant sur l'énorme
manuscrit primitif des *Natchez*, il n'a eu le temps et le courage d'élever au ton
de l'épopée que la première moitié de son roman peau-rouge.

Je reprends mon exposé. Par reconnaissance pour Outougamiz, René épouse
Céluta, qu'il n'aime point. Elle lui donne une fille, qu'il nomme Amélie
(retenez ce point). Or, un jour, des soldats viennent pour arrêter le sachem
Adario et René, dénoncés aux Français par le traître Ondouré. René est
absent; mais Adario est emmené au Fort Rosalie et condamné à être vendu
comme esclave avec sa femme et ses enfants.

On ne sait pas où est René. Outougamiz et Mila se mettent à sa recherche, et
le trouvent méditant, au bord d'un fleuve, dans une caverne où sont des
tombeaux. René leur tient des propos assez pareils à ceux d'Hamlet. Quand

il apprend ce qui s'est passé, il s'en va, sur sa pirogue, à la Nouvelle-Orléans, proposer sa tête en échange de celle d'Adario.

Là, tout le monde se retrouve: Chactas, Céluta, Mila, Outougamiz, qui n'ont pas voulu abandonner René. René est en prison; on lui fait son procès, on le condamne à être transporté en Europe. Puis, on lui fait grâce: il faut dire qu'Adélaïde, la fille du gouverneur, s'intéresse à lui. Mais, dénoncé de nouveau, il s'enfuit de la Nouvelle-Orléans en y laissant Céluta malade.

Rentré chez les Natchez, René apprend par un missionnaire, le père Souël, la mort de la sœur Amélie de la Miséricorde. Il «éprouve d'abord un véritable délire»; puis, s'étant calmé, le frère d'Amélie, «sous un sassafras, au bord du Meschacebé», assis entre Chactas et le Père Souël, «leur révèle la mystérieuse douleur qui empoisonna son existence».

(Et ici, paraît-il, se plaçait, dans le premier manuscrit des *Natchez*, le récit qui fut publié plus tard sous le titre de *René*.)

À ce moment, le traître Ondouré envoie René traiter avec les Illinois. Puis, dans le conseil, il accuse René de toutes les trahisons, propose de le tuer à son retour avec les autres blancs établis sur les terres des Natchez, et fait adopter son opinion par le conseil.

Cependant Céluta, que nous avons laissée à la Nouvelle-Orléans avec son enfant, rentre à son tour chez les Natchez à travers mille effroyables dangers dont elle est sauvée par une bonne négresse. Elle retrouve Mila et Outougamiz mariés, et pleins d'angoisse. L'intérêt tragique des deux cents dernières pages consiste en ceci: René, qui est toujours chez les Illinois, reviendra-t-il avant le jour marqué pour le massacre des blancs? Dans ce cas, il est perdu. Mais comment l'avertir de ne pas rentrer? Outougamiz est d'ailleurs lié par le secret qu'Ondouré a fait jurer à tous les guerriers avant de leur faire connaître la décision du conseil.

(Entre temps, la pauvre douce petite sauvagesse Céluta reçoit de René une lettre où il lui explique sans nécessité son affreux caractère, et que nous retrouverons.)

Naturellement, la fatalité veut que René revienne le jour même du massacre et soit assassiné par Ondouré sur le seuil de sa hutte. Ondouré viole Céluta évanouie, et s'enfuit. Céluta se réveille et, dans les ténèbres, s'assied sur le cadavre de René. Mila et Outougamiz entrent dans la cabane et cherchent en tâtonnant le foyer. Outougamiz fait de la lumière:

> Trois cris horribles s'échappent à la fois du sein de Céluta, de Mila et d'Outougamiz. La cabane inondée de sang, quelques meubles renversés par les dernières convulsions du cadavre, les animaux domestiques montés sur les sièges

et sur les tables pour éviter la souillure de la terre; Céluta assise sur la poitrine de René, et portant les marques de deux crimes qui auraient fait rebrousser l'astre du jour; Mila, debout, les yeux à moitié sortis de leur orbite; Outougamiz le front sillonné comme par la foudre, voilà ce qui se présentait aux regards!

(Il faut bien dire que beaucoup de pages des *Natchez* sont de ce ton détestable.)

Tous les colons sont massacrés. Mais Outougamiz tue Ondouré d'un coup de hache. Céluta s'aperçoit qu'elle est enceinte des œuvres du monstre. Une nuit, les Natchez déterrent les os de leurs morts, les chargent sur leurs épaules et prennent la route du désert. Outougamiz meurt. Quelques jours après Céluta met au monde une fille qu'elle allaite sans la regarder. Heureusement cet enfant meurt: aussitôt Céluta et Mila se précipitent dans une cataracte, laissant aux soins du plus vieux sachem la petite Amélie, la fille de René.

Voilà, très en abrégé, l'action de cet étrange roman. L'auteur avait conçu, vous vous en souvenez, «d'idée de faire l'épopée de l'homme de la nature» qu'il jugeait, dans l'*Essai*, plus vertueux et plus heureux que l'homme civilisé. Mais on dirait que sa disposition d'âme a changé à mesure qu'il écrivait. Le personnage le plus scélérat du poème est un homme de la nature. Sauf quelques descriptions de fêtes, de moissons ou de chasses, ce poème est constamment atroce. Les bons sauvages, la douce et résignée Céluta, la vive petite Mila, Outougamiz le simple, l'excellent Chactas y sont malheureux à peu près sans interruption. C'est une suite de tableaux affreux... Je ne vous ai parlé ni de la mort du vieux chef supplicié par les Illinois, ni du vieil Adario étranglant son petit-fils pour qu'il ne soit pas esclave, ni d'Akantie, la maîtresse jalouse d'Ondouré, jetée par lui dans un marécage où pullulent les serpents venimeux, ni de tant d'autres horreurs. L'épouvante et la souffrance physique jouent un rôle accablant dans cette histoire (un peu comme dans l'atroce et naïve *Chute d'un ange*). Toujours le pire arrive. Tout le monde est torturé dans son cœur et dans sa chair. Et sans doute cet étalage d'horreurs mélodramatiques suppose un désir un peu enfantin d'étonner et de frapper: mais il suppose aussi chez l'auteur, à cette époque, un fond sincère d'imagination sombre et maladive. Avec les deux volumes de l'*Essai sur les Révolutions*, les deux volumes des *Natchez* forment la plus grande masse de pages désespérées par où un écrivain de génie ait jamais débuté. Peu à peu, cette mélancolie deviendra, en quelque façon, voluptueuse: mais on sentira toujours qu'à l'origine de l'œuvre écrite de Chateaubriand, il y a les années de Londres.

Environ deux ans après.—Chateaubriand a commencé (nous verrons comment) d'écrire *le Génie du christianisme*. Il a passé, le plus naturellement du monde, de «l'épopée de l'homme de la nature» à l'apologie de la religion chrétienne. Il est rentré en France. Il y a trouvé des amis que séduit sa personne et qui croient à son génie. Son *Essai sur les Révolutions* n'a pas eu de succès, mais a été lu de quelques-uns, de ceux qui comptent. On parle beaucoup de son futur grand ouvrage, dont *Atala* ainsi que *René* (chose inattendue) doivent faire partie. Une lettre au *Mercure* sur le livre de madame de Staël (*De la littérature considérée dans ses rapports avec la morale*) «le fait tout à coup sortir de l'ombre», comme il dit. Et enfin, soit parce que des épreuves d'*Atala* avaient été en effet dérobées, soit plutôt qu'il lui semble bon de préparer le public, par un récit d'une émotion voluptueuse, à goûter sa pieuse apologétique, il écrit le 31 mars 1801 au *Journal des Débats* et au *Publiciste*:

> Citoyen, dans mon ouvrage sur *le Génie du christianisme* ou *les Beautés poétiques et morales de la religion chrétienne*, il se trouve une section entière consacrée à la poétique du christianisme. Cette section se divise en trois parties: poésie, beaux-arts, littérature, sous le titre d'*Harmonies de la religion avec les scènes de la nature et les passions du cœur humain*... Cette partie est terminée par une anecdote extraite de mes voyages en Amérique et écrite sous les huttes mêmes des sauvages. Elle est intitulée *Atala*, etc. Quelques épreuves de cette petite histoire s'étant trouvées égarées, pour prévenir un accident qui me causerait un tort infini, je me vois obligé de la publier à part, avant mon grand ouvrage.

Atala parut en avril 1801, et Chateaubriand entra soudainement dans la gloire.

Atala était précédée d'une préface importante. L'auteur n'y semble pas ignorer son originalité. Il dit:

> Je ne sais si le public goûtera cette histoire qui sort de toutes les routes connues, et qui présente une nature tout à fait étrangère à l'Europe. Il n'y a point d'aventures dans *Atala*. C'est une sorte de *poème*, moitié descriptif, moitié dramatique: tout consiste dans la peinture de deux amants qui marchent et causent dans la solitude; tout gît dans le tableau des troubles de l'amour au milieu du calme des déserts et du calme de la religion. J'ai donné à ce petit ouvrage les formes les plus antiques (?); il est divisé en *prologue*, *récit* et *épilogue*, etc.

Par «poème», il entend sans doute un ouvrage où tout est subordonné à l'impression de beauté. Il ajoute, ce qui est neuf et vient à propos après les fades déluges de larmes et l'horrible sensibilité du dix-huitième siècle:

> Je dirai encore que mon but n'a pas été d'arracher beaucoup de larmes; il me semble que c'est une dangereuse erreur, avancée, comme tant d'autres, par M. de Voltaire, que les bons ouvrages sont ceux qui font le plus pleurer. Il y a tel drame dont personne ne voudrait être l'auteur et qui déchire le cœur bien autrement que l'*Énéide*... Les vraies larmes sont celles que fait couler une belle poésie; il faut qu'il s'y mêle autant d'admiration que de douleur.

Cela est excellent; et cela s'applique si bien à toute l'œuvre de Chateaubriand lui-même, qui n'est guère touchante, mais qui est belle et surtout riche en prestiges.

Enfin, l'auteur n'a plus du tout confiance en Rousseau, et semble même lui avoir retiré sa sympathie: «Au reste, je ne suis point, comme M. Rousseau, un enthousiaste des sauvages» (il l'avait été); «et, quoique j'aie peut-être autant à me plaindre de la société que ce philosophe avait à s'en louer, je ne crois point que la pure nature soit la plus belle chose du monde. Je l'ai toujours trouvée fort laide partout où j'ai eu l'occasion de la voir... Avec ce mot de nature, on a tout perdu.» Ainsi Chateaubriand prépare habilement son rôle de défenseur du christianisme.

Sainte-Beuve, dans *Chateaubriand et son groupe*, consacre quatre leçons entières à *Atala*. Il la rapproche de *Paul et Virginie*; il la rapproche de Théocrite. Il compare les manières de Jean-Jacques, de Saint-Pierre, de Chateaubriand et de Lamartine; il compare les funérailles d'Atala et celles de Manon Lescaut. Il critique la critique de l'abbé Morellet, etc... Bref, il ne nous laisse pas grand'chose à dire... Mais qu'importe, s'il nous laisse quelque chose à sentir?

Rappelons d'abord la fable, cela est nécessaire.

Le récit est fait à René par le vieux Chactas des *Natchez*. Chactas raconte la grande aventure de sa jeunesse quand il ne comptait encore que «dix-sept chutes de feuilles». Son père, le guerrier Outalissi, de la nation des Natchez, alliée aux Espagnols, l'a emmené à la guerre contre les Muscogulges, autre nation puissante des Florides. Outalissi étant mort dans le combat, un vieil Espagnol, Lopez, de la ville de Saint-Augustin, adopte le jeune Chactas et essaye de l'initier à la vie civilisée. Mais, au bout de «trente lunes», Chactas s'ennuie et ne peut plus rester. Un matin il remet ses habits de sauvage et déclare à Lopez qu'il veut reprendre sa vie de chasseur. Il part, s'égare dans les bois, est pris par un parti de Muscogulges et de Siminoles: il confesse hardiment son origine et sa nation: «Je m'appelle Chactas, fils d'Outalissi, fils de Miscou, qui ont enlevé plus de cent chevelures aux héros muscogulges.» Le chef, nommé Simaghan, lui dit: «Réjouis-toi; tu seras brûlé au grand village.»

Une nuit que Chactas est assis près du «feu de la guerre» avec le chasseur commis à sa garde, une jeune femme à demi voilée vient s'asseoir à ses côtés. C'est Atala, fille de Simaghan.

La tribu est toujours en marche. Mais, le soir, Atala vient visiter le prisonnier à la dérobée; elle trouve moyen d'éloigner le guerrier qui le garde; elle lui détache ses liens, et ils vont ensemble se promener dans la forêt. Et chaque soir Chactas revient s'asseoir auprès de son arbre, parce qu'il ne veut pas fuir sans Atala et qu'elle hésite à le suivre.

Un soir enfin elle se décide. Chactas fuit avec sa libératrice dans le désert. Mais il ne peut rien comprendre aux contradictions d'Atala, qui l'aime et le repousse. Pendant un grand orage, elle soulage son cœur et raconte son histoire à son ami. Atala est chrétienne. Elle n'est pas, comme on le croit, la fille de Simaghan; elle est la fille de Lopez, de ce vieil Espagnol qui fut le bienfaiteur de Chactas. Ces souvenirs les attendrissent. «Atala n'offre plus qu'une faible résistance.» À ce moment, ils sont rencontrés par le Père Aubry, qui a fondé près de là une colonie d'Indiens convertis au christianisme. Il conduit les deux jeunes gens dans son ermitage.

Mais Atala est mourante. Elle s'est empoisonnée pendant l'orage... «Ma mère, explique-t-elle, m'avait conçue dans le malheur... et elle me mit au monde avec de grands déchirements d'entrailles; on désespéra de ma vie. Pour sauver mes jours, ma mère fit un vœu, elle promit à la reine des anges que je lui consacrerais ma virginité si j'échappais à la mort.» Et plus tard, lorsque Atala eut seize ans, sa mère lui dit avant de mourir: «Songe que je me suis engagée pour toi, et que, si tu ne tiens pas ma promesse, ce sera moins toi qui seras punie que ta mère, dont tu plongeras l'âme dans les tourments éternels.» Et Atala s'est donc empoisonnée, craignant de manquer à son vœu et, par là, de damner sa mère. Le Père Aubry lui apprend qu'elle pouvait être relevée de son vœu: mais il n'est plus temps; elle va mourir. Le Père Aubry la console, et calme le désespoir de Chactas par de magnifiques discours. Elle meurt; vous connaissez le récit de ses funérailles.

Voilà l'histoire. Elle devait trouver place, vous vous le rappelez, dans la quatrième partie du *Génie du christianisme*. Mais, à vrai dire, elle ne serait pas autrement chrétienne sans les discours du Père Aubry. Le christianisme d'Atala n'est qu'une sorte de fétichisme. Si les deux amants ne rencontraient pas le vieux missionnaire, si Atala cédait pendant l'orage, et si elle mourait ensuite dans la forêt (désespérée et ravie d'avoir manqué à son vœu), l'histoire d'Atala pourrait finir comme celle de Manon Lescaut. (Oh! cette mort et cet enterrement de Manon, rappelez-vous! La sublime chose! et sans l'ombre d'effort! «Je la perdis, je reçus d'elle des marques d'amour au moment même qu'elle expirait. Je demeurai deux jours et deux nuits avec la bouche attachée sur le visage et sur les mains de ma chère Manon... J'ouvris une large fosse, j'y plaçai l'idole de mon cœur... Je me couchai ensuite sur la fosse, le visage tourné vers le sable, et fermant les yeux avec le dessein de ne les ouvrir jamais.»)

Chateaubriand dit qu'*Atala* «sort de toutes les routes connues». Il faut s'entendre. L'histoire d'Atala n'est peut-être pas, en soi, une merveille d'invention. Dans les ennuyeux *Incas* de Marmontel, aux chapitres XXVII et XXVIII, l'Espagnol Alonzo s'éprend de Cora, l'une des vierges sacrées qui vivent dans le temple du soleil. Et Cora aime aussi Alonzo. Alonzo enlève Cora à la faveur du désordre que répand dans le temple l'éruption du volcan de Quito. Les deux jeunes gens fuient ensemble, comme Chactas et Atala. Ils mangent des choses très exotiques, «de doux savinte, la palta, la moelle du coco». Lorsque Cora s'est donnée, elle est dévorée de remords, car elle était, comme Atala, tenue par un vœu: «Délices de mon âme, mon cher Alonzo... un devoir sacré, un devoir terrible m'enchaîne... Voici le moment d'un éternel adieu... En me dévouant aux autels, mes parents répondirent de ma fidélité. Le sang d'un père, d'une mère, est garant des vœux que j'ai faits. Fugitive et parjure, je les livrerais au supplice: mon crime retomberait sur eux et ils en porteraient la peine: telle est la rigueur de la loi.—Ô Dieu!—Tu frémis?» Alonzo la reconduit sagement dans l'asile des vierges. Il la retrouve un peu plus tard; elle est enceinte, elle va être condamnée à mort: mais il s'accuse lui-même, la défend et la sauve par l'éloquence de ses propos philosophiques et de ses invectives contre le fanatisme et l'intolérance.

Eh bien, l'histoire d'*Atala* aussi, comme tant d'histoires du dix-huitième siècle, pouvait simplement être un exemple des dangers du fanatisme ignorant. Vers la fin du récit, après qu'Atala a révélé son vœu, Chactas, serrant les poings et regardant le missionnaire d'un air menaçant, s'écrie: «La voilà donc, cette religion que vous m'avez tant vantée! Périsse le serment qui m'enlève Atala! Périsse le Dieu qui contrarie la nature! Homme! prêtre! qu'es-tu venu faire dans ces forêts?—Te sauver! dit le vieillard.» Et, à partir de là, l'histoire devient à peu près chrétienne, en dépit du furieux désespoir, déjà byronien, qui ressaisit un moment la jeune muscogulge. Mais enfin, sans le Père Aubry, *Atala* pourrait être, par l'esprit, un conte de Marmontel ou de Saint-Lambert. Et il est vrai qu'il y a le Père Aubry: mais, même avec le Père Aubry, on voit qu'après tout, si la religion console par des phrases harmonieuses Atala et Chactas, c'est elle qui a causé leurs malheurs et tué Atala.

Et l'on peut dire encore: On trouverait baroque la sympathie de Chateaubriand pour ces Peaux-Rouges aux profils de vieilles femmes (braves, mais si cruels et si vilainement tatoués); mais en réalité ces Peaux-Rouges ne nous apparaissent pas un seul moment comme des Peaux-Rouges. Atala, d'ailleurs, «pas plus que Chactas, n'a une physionomie une et reconnaissable. C'est un mélange d'impressions, d'observations déjà raffinées et de sentiments qui veulent être primitifs» (Sainte-Beuve). «Ils sont trop civilisés pour des sauvages; leur langage mêle constamment et sans aucune mesure la naïveté des races primitives aux idées abstraites et générales des Européens du dix-neuvième siècle» (Vinet). Sans compter une «couleur locale vraiment trop faite exprès». Oui, Sainte-Beuve a raison, Vinet a raison; je dirai même: quand on lit les critiques du sec et spirituel abbé Morellet, on trouve que, les trois quarts du temps, l'abbé Morellet a raison. Seulement...

Seulement, écoutez ceci:

> Tout à coup, j'entendis le murmure d'un vêtement sur l'herbe et une femme, à demi voilée, vint s'asseoir à mes côtés... Je crus que c'était la vierge des dernières amours, cette vierge qu'on envoie au prisonnier de guerre pour enchanter sa tombe. Dans cette persuasion, je lui dis en balbutiant et avec un trouble qui, pourtant, ne venait pas de la crainte du bûcher: «Vierge, vous êtes digne des premières amours, et vous n'êtes pas faite pour les dernières... Comment mêler la mort et la vie? Vous me feriez trop regretter le jour...» La jeune fille me dit alors: «Je ne suis point la vierge des dernières amours. Es-tu chrétien?» Je répondis que je n'avais point trahi les génies de ma cabane. À ces mots, l'Indienne eut un mouvement involontaire. Elle me dit: «Je te plains de n'être qu'un méchant idolâtre. Ma mère m'a faite chrétienne; je me nomme Atala, fille de Simaghan aux bracelets d'or et chef des guerriers de cette troupe. Nous nous rendons à Apalachucla, où tu seras brûlé.» En prononçant ces mots, Atala se lève et s'éloigne.

Plus loin:

> Ces mots attendrirent Atala. Ses larmes tombèrent dans la fontaine. «Ah! repris-je avec vivacité, si votre cœur parlait comme le mien! Le désert n'est-il pas libre?... Ô fille plus belle que le premier songe de l'époux! ô ma bien-aimée, ose suivre mes pas...» Atala me répondit d'une voix tendre: «Mon jeune ami, vous avez appris le langage des blancs; il est aisé de tromper une Indienne.—Quoi! m'écriai-je, vous m'appelez votre jeune ami. Ah! si un pauvre esclave...—Eh bien, dit-elle en se penchant sur moi, un pauvre esclave...» Je repris avec ardeur: «Qu'un baiser l'assure de ta foi!» Atala écouta ma prière. Comme un faon semble pendu aux fleurs de lianes roses, qu'il saisit de sa langue délicate dans l'escarpement de la montagne, ainsi je restais suspendu aux lèvres de ma bien-aimée.

Ou bien encore, écoutez ces phrases:

> ... Des serpents verts, des hérons bleus, des flamants roses, de jeunes crocodiles s'embarquent passagers sur ces vaisseaux de fleurs, et la colonie, déployant au vent ses voiles d'or, va aborder endormie dans quelque anse retirée du fleuve...

> ... De l'extrémité des avenues, on aperçoit des ours, enivrés de raisins, qui chancellent sur les branches des ormeaux...

(Tout cela, pas vrai: mais qu'importe?)

> ... Je leur disais: «Vous êtes les grâces du jour, et la nuit vous aime comme la rosée...»

> ... La nuit était délicieuse. Le Génie des airs secouait sa chevelure bleue, embaumée de la senteur des pins, et l'on respirait la faible odeur d'ambre qu'exhalaient les crocodiles couchés sous les tamarins des fleuves. La lune brillait au milieu d'un azur sans tache, et sa lumière gris de perle descendait sur la cime indéterminée des forêts. Aucun bruit ne se faisait entendre, hors je ne sais quelle harmonie lointaine qui régnait dans la profondeur du bois: on eût dit que l'âme de la solitude soupirait dans toute l'étendue du désert.

Ne vous y trompez point, de telles choses n'avaient pas encore été écrites. Vous ne les trouverez pas chez Jean-Jacques, et non pas même chez Bernardin de Saint-Pierre. Cela était nouveau, et cela sans doute fut aussitôt reconnu et aimé parce que cela était déjà dans les sensibilités du temps: mais enfin cela était dit pour la première fois. De même, par exemple, qu'*Andromaque*, en 1668, exprima tout à coup les passions de l'amour comme on ne l'avait pas fait encore: ainsi, en 1801, *Atala* se trouva exprimer les formes et les couleurs,—avec une sensualité mêlée de rêve,—comme on ne les avait pas encore exprimées.

«Mêlée de rêve», ai-je dit. «Le génie des airs secouait sa chevelure bleue... L'âme de la solitude soupirait...» Ainsi encore, dans les *Natchez*: «Je m'assieds sur des pierres polies par la douce lime des eaux... *La solitude de la terre et de la mer était assise à ma table.*» Chateaubriand a vécu neuf ans à Londres; il connaissait très bien les poètes anglais: n'y aurait-il pas, dans cette union fréquente d'images extrêmement précises et de vagues symboles, quelque influence de la poésie anglaise?

Joubert écrivit: «Ce livre-ci n'est point un livre comme un autre... Il y a un charme, un talisman qui tient aux doigts de l'ouvrier... Le livre réussira, parce qu'il est de l'enchanteur.»

Atala (et certaines pages des *Natchez*) atteignent déjà le suprême degré dans l'art de jouir, par le style, des formes, des couleurs et des sons. Un siècle après, cet art ne sera pas dépassé. «Le pélican, le cou reployé, le bec reposant comme une faux sur sa poitrine, se tenait immobile à la pointe d'un rocher.» Dans les siècles des siècles, on ne fera pas mieux *voir* le pélican. «Quel dessein n'ai-je point rêvé? Quel songe n'est point sorti de ce cœur si triste?» On ne dira jamais, ni en mots plus doux, l'éternel désir.

Telle qu'elle est, *Atala* peut se relire encore avec délices. Mais quelle audacieuse habileté d'avoir publié avant *le Génie du christianisme* et *pour y préparer*, ce voluptueux poème de la nature, de l'amour, du sang et de la mort! Ah! cet écrivain qui nous émeut si profondément, et dans nos sens autant que dans notre cœur, et qui promène son archet sur toutes nos fibres... Ah! comme il va nous parler de la religion, ma chère!

QUATRIÈME CONFÉRENCE

RENÉ

René passe pour une date importante de notre histoire littéraire. Rien n'empêche de dire que tout le romantisme vient de *René*. René est un type, René est un des noms le plus souvent cités pour signifier un état d'esprit qui a été à la mode pendant une grande partie du siècle dernier, et qui, d'ailleurs, n'a point disparu, et qui est sans doute immortel. Or, *René* est un petit livre bizarre de quarante pages, où il n'y a peut-être pas plus de cinquante lignes qui aient été neuves à leur moment. Mais il est vrai qu'elles y sont.

René parut pour la première fois en 1802, dans le *Génie du christianisme*. Qu'avait affaire René avec le reste de l'ouvrage, avec la démonstration des «beautés poétiques et morales de la religion chrétienne»? L'auteur nous le dit dans sa *Défense*, *René*, comme *Atala*, «tend à faire aimer la religion, et à en démontrer l'utilité.» Il prouve «invinciblement, et la nécessité des cloîtres pour certains malheurs de la vie..., et la puissance d'une religion qui peut seule fermer les plaies que tous les baumes de la terre ne sauraient guérir». L'auteur a voulu peindre aussi les funestes conséquences de ces «rêveries criminelles... introduites parmi nous par J.-J. Rousseau, et de l'amour outré de la solitude».

Et comment a-t-il conçu le sujet de cette nouvelle? Afin d'inspirer plus d'éloignement pour le cas de René, il a pensé, nous dit-il, qu'il devait prendre la punition de ce jeune homme «dans le cercle de ces malheurs épouvantables qui appartiennent moins à l'individu qu'à la famille de l'homme» (?) «et que les anciens attribuaient à la fatalité.»—«L'auteur eût choisi le sujet de Phèdre s'il n'eût été traité par Racine. Il ne restait que celui d'Érope et de Thyeste, ou de Canace et Macareus, ou de Canne et Bybis chez les Grecs et les Latins, ou d'Amnon et de Thamar chez les Hébreux.»

Ainsi, pour punir le crime intellectuel de René, il paraît qu'il n'y a pas de châtiment plus convenable, plus congruent, plus nécessaire que de le faire aimer par sa sœur et de lui faire entendre, chuchoté par cette sœur sous le drap mortuaire de ses vœux, l'aveu de cet incestueux amour. Cela est vraiment bien étrange. En réalité, rien de moins attendu, dans cette histoire de René, que la passion de la sœur pour le frère et que la scène mélodramatique qui termine la prise de voile. C'est au point que, quand on songe à *René*, on ne songe point à cette seconde partie du récit, mais seulement aux vingt premières pages. Et, d'autre part, si l'aventure d'Amélie faisait penser à quelque chose, ce ne serait certes pas aux histoires d'Amnon et de Thamar ou d'Érope et de Thyeste, on y verrait plutôt une recherche d'effets tragiques à la manière de Diderot, un ressouvenir de toutes les histoires de religieuses passionnées et brûlantes où se sont plu les gens du dix-huitième siècle.

Aussi, pas un mot de vrai dans les explications de Chateaubriand. Il n'a pas conçu *René* comme une histoire édifiante et propre à montrer la beauté et l'utilité de la religion chrétienne, puisque *René* a été écrit plusieurs années avant le *Génie du christianisme*. Et son sujet ne lui a été inspiré ni par la mythologie ni par la Bible, puisqu'il l'a trouvé en lui-même, et près de lui.

1° *René* a été conçu et une première fois écrit, non seulement avant le *Génie du christianisme*, mais avant l'*Essai sur les Révolutions* et avant les *Natchez*. Ou plutôt *René* était d'abord une introduction à ce roman: car, dès les premières pages des *Natchez*, l'auteur appelle René «le frère d'Amélie», ce qui serait absolument inintelligible au lecteur, si l'histoire de René ne précédait pas celle des Peaux-Rouges. C'est après coup, et seulement quand il a publié les *Natchez* en 1827, qu'il a indiqué (dans une note) que l'histoire de René était originairement placée *dans le cours* du roman. Mais il a oublié que, dans ce cas, il ne pouvait pas appeler René, dès le commencement, le «frère d'Amélie». Je ne serais pas éloigné de croire que *René* a été d'abord crayonné par Chateaubriand dans les bois de Combourg, avant son départ pour le régiment.

Au reste, il me semble bien avoir gardé quelque chose de cette première rédaction. Sauf un petit nombre de traits (sans doute rajoutés) et sauf trois pages, vraiment belles, vers le milieu du récit, le style de *René* me paraît plus ancien, plus rapproché du style habituel de la seconde moitié du dix-huitième siècle, plus dépourvu d'images inventées, moins original enfin que celui des *Natchez*.

Écoutez ceci:

> ... Tantôt nous marchions en silence, prêtant l'oreille au sourd mugissement de l'automne, ou au bruit des feuilles séchées que nous traînions tristement sur nos pas; tantôt, dans nos jeux innocents, nous poursuivions l'hirondelle dans la prairie, l'arc-en-ciel sur les collines pluvieuses; quelquefois aussi nous murmurions des vers *que nous inspirait le spectacle de la nature*. Jeune, *je cultivais les muses; il n'y a rien de plus poétique*, dans la fraîcheur de ses passions, qu'un cœur de seize années. Le matin de la vie est comme le matin du jour, plein de pureté, d'images et d'harmonie.
>
> Les dimanches et les jours de fête, j'ai souvent entendu dans les grands bois, à travers les arbres, *les sons de la cloche lointaine qui appelait au temple l'homme des champs. Appuyé contre le tronc d'un ormeau*, j'écoutais en silence le *pieux murmure*. Chaque

frémissement de l'airain portait à mon âme naïve l'*innocence des mœurs champêtres*, le calme de la solitude, le charme de la religion, et la délectable mélancolie des souvenirs de la première enfance. Oh! quel cœur si mal fait n'a tressailli au bruit des cloches de son lieu natal!...

Et cela continue sur ce ton... Cela ne saurait se comparer à *Atala* ni aux bons endroits des *Natchez*. Pas une expression trouvée (sauf «collines *pluvieuses*»), pas un trait qui enfonce. Cela pourrait être de n'importe qui. Tout le monde écrivait comme cela avant la Révolution. Si nous ne savions pas que cela est de Chateaubriand, cela nous paraîtrait assez ordinaire. Et voilà pourquoi je pense que ces pages du début de *René* sont les restes d'une première rédaction presque enfantine que l'écrivain a voulu conserver en souvenir de son adolescence, et comme «porte-bonheur», et parce que, en somme, elles sont harmonieuses.

2° Si nous ne connaissions pas Lucile et si nous n'avions pas lu les *Mémoires d'outre-tombe*, nous pourrions croire qu'en effet Chateaubriand a voulu écrire, dans *René*, une nouvelle chrétienne, et que l'histoire de l'amour de la sœur pour le frère lui a été suggérée par la Bible ou la mythologie. Mais Amnon ni Thamar, Érope ni Thyeste n'y sont pour rien. Nous savons par les *Mémoires* que l'histoire de René, sauf la scène de l'église, est l'histoire de Chateaubriand et de Lucile. Il s'est donné le plaisir singulier de raconter cette aventure de leur âme (où il est vrai que, de son vivant, personne, excepté peut-être leurs amis intimes, ne les pouvait reconnaître); et, chose plus extraordinaire, il a voulu nous apprendre, après sa mort, que cette aventure était bien la sienne et celle de sa sœur.

Quelques-unes des premières pages de *René* sont très exactement autobiographiques; et presque tout *René* a été repris et développé dans les Mémoires (1re partie, 3e livre). Ce troisième livre fait même paraître *René* assez pauvre.

Il ne veut pas que ceux qui liront un jour les *Mémoires* s'y puissent tromper. (Toute sa vie, dans plusieurs de ses écrits et dans sa correspondance, il affectera de s'identifier avec le héros de la nouvelle de *René* et du roman des *Natchez*. Il dit dans *René*: «Livré de bonne heure à des mains étrangères, je fus élevé loin du toit paternel.» «Chaque automne, je revenais au château paternel, situé au milieu des forêts, près d'un lac, dans une province reculée.» Et c'est Combourg, sauf le «lac» mis au lieu de l'étang. «Timide et contraint devant mon père, je ne trouvais l'aise et le contentement qu'auprès de ma sœur Amélie. Une douce conformité d'humeur et de goûts m'unissait étroitement à cette sœur; elle était un peu plus âgée que moi.» Comme dans les *Mémoires*. Le bruit des feuilles séchées sous les pas se retrouve dans les deux récits; «l'étang désert où le jonc flétri murmurait» (*René*) rappelle «des roseaux qui agitaient leurs champs de quenouilles et de glaives» (*Mémoires*). Les promenades du frère et de la sœur sont les mêmes ici et là. Il est sensible que, ici et là, c'est la même histoire qu'il raconte, avec les mêmes souvenirs[2].

Note 2: (retour)

On me communique une lettre de Louis de Chateaubriand, neveu de Chateaubriand, datée du 10 octobre 1848 et adressée à Mme de Marigny, et où je lis ceci:

«Ce qui, dans ce que je connaissais de l'ouvrage (les *Mémoires d'Outre-Tombe*) m'affligeait le plus, était ce qui concernait ma tante Lucile. J'étais si fortement inquiet à cet égard que je lui en ai écrit il y a quelques années pour lui exprimer que le tableau que son imagination traçait compromettrait une sœur très pure. Il m'a demandé, lorsqu'il m'a revu le lendemain si j'étais devenu fou, m'assurant qu'il n'y avait rien dans ses écrits qui fût de nature à donner atteinte à la pureté de sa sœur et à la sienne... Cependant j'étais toujours inquiet... des jugements de Dieu sur lui à cet égard...»

Lucile, dans les *Mémoires*, n'entre point, comme Amélie, au couvent. Mais «il lui prenait des accès de pensées noires que j'avais peine à dissiper: à dix-sept ans, elle déplorait la perte de ses jeunes années; elle se voulait ensevelir dans un cloître.» Et sans doute, dans les *Mémoires*, il n'indique pas que Lucile ait été amoureuse de lui, ni qu'il s'en soit aperçu. Mais cependant faites attention à ceci: tout de suite après nous avoir peint leur vie en pleine solitude et après nous avoir dit: «Lucile était malheureuse», il raconte qu'il a tenté de se suicider,—avec un fort mauvais fusil, il est vrai.—Pourquoi? Il n'en donne d'autre raison que la dureté de son père, l'indifférence de sa mère et un «secret instinct» qui l'avertissait qu'il ne trouverait rien de ce qu'il cherchait dans le monde. Ainsi, des mois de rêveries exaltées avec Lucile; puis, tout d'un coup, tentative de suicide. À la suite de cela, il est, dit-il, malade pendant six semaines; et aussitôt guéri, cette sœur qu'il adorait, il demande lui-même à la quitter, et déclare qu'il veut aller au Canada défricher des forêts, tout comme le René de la nouvelle après la scène de l'église. Et, comme le René de *René*, le René des *Natchez* continuera d'être évidemment Chateaubriand lui-même.

Bref (et je ne dis rien de plus), Chateaubriand a fait tout ce qui était en lui pour que nous pussions supposer, par le rapprochement du texte de *René* et des *Natchez* et de celui des *Mémoires*, qu'il inspira une grande passion à sa sœur Lucile, un peu plus âgée que lui (charmante, mais mal équilibrée), et qu'il en fut lui-même fort troublé, comme l'indique ce qu'il fait dire à René par le Père Souël: «Votre sœur a expié sa faute; mais, s'il faut dire ici ma pensée, je crains que, par une épouvantable justice, un aveu sorti du sein de la tombe n'ait troublé votre âme à son tour.» Notez enfin que, après le voyage au Canada, c'est Lucile qui marie son frère. N'est-ce point pour se protéger elle-même?

Mais pourquoi Chateaubriand a-t-il tant tenu à nous faire deviner son secret, à nous suggérer l'idée qu'il ne fait réellement qu'un avec René, et Lucile avec Amélie? Par goût de l'étrange, pour l'orgueil de s'attribuer une aventure et des sentiments exceptionnels; autrement dit par romantisme, ainsi que l'explique cet aveu de René qui à la fois définit, dénonce et déshabille le romantisme: «Mes larmes avaient moins d'amertume lorsque je les répandais sur les rochers et parmi les vents. Mon chagrin même, par sa nature extraordinaire, portait avec lui quelque remède: on jouit de ce qui n'est pas commun, même quand cette chose est un malheur. J'en conçus presque l'espérance que ma sœur deviendrait à son tour moins misérable.» En d'autres termes: j'espérais que ma sœur, de son côté, jouirait de ce qu'il y a de distingué, de «pas commun» pour une sœur à aimer son frère d'amour.

Et c'est, en effet, ce que comprendra, n'en doutez point, cette intéressante religieuse qui s'est donné le plaisir vraiment rare d'avouer sa passion criminelle sous le drap des morts, et que, depuis, René aperçoit à une petite fenêtre grillée, «assise dans une attitude pensive» et qui «rêve à l'aspect de l'Océan», telle une religieuse de Diderot ou de madame de Tencin. Et c'est elle qui, avant le départ de René, lui écrit, parlant de son couvent: «C'est ici la sainte montagne... C'est ici que la religion trompe doucement une âme sensible; aux plus violentes amours elle substitue une sorte de chasteté brûlante où l'amante et la vierge sont unies...; elle mêle divinement son calme et son innocence à ce reste de trouble et de volupté d'un cœur qui cherche à se reposer et d'une vie qui se retire.» Ainsi écrit, merveilleusement, mais sans pudeur, cette religieuse qui, après tout, est une jeune fille.

Il est,—dirai-je amusant? et pourquoi non?—de penser que ces deux histoires de volupté, *René* et *Atala*, auraient été écrites, si on en croyait l'auteur, pour secourir et fortifier l'apologie du christianisme. Eh, mon Dieu! elles la secoururent en effet, puisqu'elles engagèrent les gens à lire le reste du livre.

Mais enfin, dans ces quarante pages de *René*, qu'est-ce donc qui constitue le chef-d'œuvre? Ce n'est pas l'épisode mélodramatique de la religieuse, et ce ne sont pas non plus les premières pages, plus anciennes, je persiste à le croire, et qui auraient aussi bien pu être écrites par Fontanes.

Non; mais, entre ces deux parties inégales, il y a une fort belle peinture des sentiments et des agitations d'un jeune homme qui est triste, mais qui veut l'être, et qui s'ennuie, mais qui s'y complaît, et qui voudrait tout et qui est dégoûté de tout, et qui ne s'en sait pas mauvais gré.

Son père mort, il songe un moment à «cacher sa vie» dans un monastère. Il visite d'abord «des peuples qui ne sont plus»; il va «s'asseoir sur les débris de Rome et de la Grèce». Il passe en Angleterre, puis au pays d'Ossian. On le retrouve en Italie, puis en Sicile, au sommet de l'Etna. Finalement, qu'a-t-il appris avec tant de fatigue? «Rien de certain parmi les anciens, rien de beau parmi les modernes.» Alors il invoque les bons sauvages, en disciple encore fidèle de Rousseau (et ce passage doit donc appartenir à la première rédaction de René): «Heureux sauvages! Oh! que ne puis-je jouir de la paix qui vous accompagne toujours! etc...» Ensuite, il s'avise de vivre retiré dans un faubourg; puis il croit que les bois lui seraient délicieux. Mais il est malheureux partout. «Hélas! je cherche un bien inconnu dont l'instinct me poursuit. Est-ce ma faute si je trouve partout des bornes, et si ce qui est fini n'a pour moi aucune valeur?» Il est «seul sur la terre». Une «langueur secrète» s'empare de lui. Il «ne s'aperçoit plus de son existence que par un profond sentiment d'ennui.» «Enfin, ne pouvant trouver de remède à cette étrange blessure de mon cœur, qui n'était nulle part et qui était partout (?), je résolus de quitter la vie.»

Tout cela, en somme, était connu, et très connu, au temps où Chateaubriand écrivait *René*. Il nous en avertit lui-même (*Défense* du *Génie du christianisme*): «C'est Jean-Jacques Rousseau qui introduisit le premier parmi nous ces rêveries si désastreuses et si coupables... Le roman de *Werther* a développé depuis ce genre de poison.» Qu'est-ce donc que *René* a ajouté à *Werther*? Rien du tout. Il y a certes beaucoup plus de substance dans *Werther* que dans *René*.

Seulement, il y a dans *René* trois pages environ d'une harmonie et d'une tristesse délicieuses. Il y a certains passages, certaines cantilènes qu'on peut se répéter indéfiniment, et où l'on trouve plus de volupté que dans les plus chantantes et les plus émouvantes phrases de Rousseau:

> Sans parents, sans amis, pour ainsi dire, sur la terre, n'ayant point encore aimé, j'étais accablé d'une surabondance de vie. Quelquefois je rougissais subitement, et je sentais couler dans mon cœur comme des ruisseaux d'une lave ardente, quelquefois je poussais des cris involontaires, et la nuit était également troublée de mes songes et de mes veilles. Il me manquait quelque chose pour remplir l'abîme de mon existence: je descendais dans la vallée, je m'élevais sur la montagne, appelant de toute la force de mes désirs l'idéal objet d'une flamme future; je l'embrassais dans les vents; je croyais l'entendre dans les gémissements du fleuve; tout était ce fantôme imaginaire, et les astres dans les cieux, et le principe même de vie dans l'univers.
>
> ... J'enviais jusqu'au sort du pâtre que je voyais réchauffer ses mains à l'humble feu de broussailles qu'il avait allumé au coin d'un bois. J'écoutais ses chants mélancoliques, qui me

rappelaient que dans tout pays le chant naturel de l'homme est triste, lors même qu'il exprime le bonheur.

... Un secret instinct me tourmentait; je sentais que je n'étais moi-même qu'un voyageur; mais une voix du ciel semblait me dire: «Homme, la saison de ta migration n'est pas encore venue; attends que le vent de la mort se lève, alors tu déploieras ton vol vers ces régions inconnues, que ton cœur demande.»

Levez-vous vite, orages désirés, qui devez emporter René dans les espaces d'une autre vie! Ainsi disant, je marchais à grands pas, le visage enflammé, le vent sifflant dans ma chevelure, ne sentant ni pluie ni frimas, enchanté, tourmenté, et comme possédé par le démon de mon cœur.

(Notez que les fameux «orages désirés», que l'on cite toujours, et qui semblent désigner les orages de la passion, ne signifient ici que le «vent de la mort». Heureuse impropriété!)

Mais avec tout cela, René, dans *René*, n'est encore qu'un rêveur mélancolique. Ses rêveries sont exactement celles de Lamartine dans l'*Isolement*, le *Vallon* et l'*Automne*. C'est dans les *Natchez* que le caractère de René s'approfondit et s'achève. Il y devient,—avec le Saint-Preux de Jean-Jacques et plus que Saint-Preux,—le type même du personnage romantique.

Son aventure sentimentale lui a semblé si extraordinaire qu'il s'est considéré comme marqué à jamais pour une destinée unique. Il lui a paru que l'amour d'Amélie exigeait qu'il fût somptueusement amer et désespéré jusqu'à la mort, et qu'en attendant, persuadé de la supériorité de l'homme de la nature sur l'homme de la société, il se fît simplement Peau-Rouge.

Là, il avait cru oublier: mais «de souvenir de ses chagrins, au lieu de s'affaiblir par le temps, semblait s'accroître.»

Les déserts n'avaient pas plus satisfait René que le monde, et dans l'insatiabilité de ses vagues désirs, il avait déjà tari la solitude, comme il avait épuisé la société. Personnage immobile au milieu de tant de personnages en mouvement, centre de mille passions qu'il ne partageait point, objet de toutes les pensées par des raisons diverses, le frère d'Amélie devenait la cause invisible de tout: aimer et souffrir était la double fatalité qu'il imposait à quiconque s'approchait de sa personne. Jeté dans le monde comme un grand malheur, sa pernicieuse influence s'étendait aux êtres environnants: c'est ainsi qu'il y a de beaux arbres sous lesquels on ne peut s'asseoir et respirer sans mourir.

Et voilà certes un rôle déplorable, mais avantageux.

Quand René demande à Adario la main de Céluta qu'il n'aime point, «elle sentit qu'elle allait tomber dans le sein de cet homme comme on tombe dans un abîme.» Quel homme!

Et quand il a épousé Céluta:

> Les regards distraits du frère d'Amélie se promenaient sur la solitude: son bonheur ressemblait à du repentir. René avait désiré un désert, une femme et la liberté: il possédait tout cela et quelque chose gâtait cette possession... Il essaya de réaliser ses anciennes chimères: quelle femme était plus belle que Céluta? Il l'emmena au fond des forêts et promena son indépendance de solitude en solitude; mais quand il avait pressé sa jeune épouse contre son sein au milieu des précipices, quand il l'avait égarée dans la région des nuages, il ne rencontrait point les délices qu'il avait rêvées.

> Le vide qui s'était formé au fond de son âme ne pouvait plus être comblé. René avait été atteint d'un arrêt du ciel, qui faisait à la fois son supplice et son génie: René troublait tout par sa présence: les passions sortaient de lui et n'y pouvaient rentrer; il pesait sur la terre qu'il foulait avec impatience et qui le portait à regret.

De plus en plus, quel homme!

Dans la deuxième partie des *Natchez*, René, dans la caverne des tombeaux, prononce des paroles d'où sont totalement absentes l'espérance et la foi, mais si belles que Mila lui dit: «Parle encore, c'est si triste et pourtant si doux, ce que tu dis là!»

Et, peu après, dans la pirogue qui le conduit à la Nouvelle-Orléans, René écrit au crayon sur des tablettes:

> Me voici seul. Nature qui m'environnez! mon cœur vous idolâtrait autrefois. Serais-je devenu insensible à vos charmes?... Qu'ai-je gagné en venant sur ces bords? Insensé! ne te devais-tu pas apercevoir que ton cœur ferait ton tourment, quels que fussent les lieux habités par toi?... Rêveries de ma jeunesse, pourquoi renaissez-vous dans mon souvenir? Toi seule, ô mon Amélie, tu as pris le parti que tu devais prendre! Du moins, si tu pleures, c'est dans les abris du port: je gémis sur les vagues au milieu de la tempête.

Jusque-là, néanmoins, René est un type que nous connaissions. Déjà l'Oreste de Racine est l'homme qui se croit marqué pour un malheur spécial, et qui s'enorgueillit de cette prédestination et qui s'en autorise pour se mettre au-dessus des lois. Et c'est déjà le réfractaire et le révolté. De même Ériphyle (dans *Iphigénie*), amoureuse d'Achille pour s'être sentie pressée dans ses bras ensanglantés, se croit maudite, et s'en vante, et, à cause de cela, s'arroge tous les droits, orgueilleuse du secret de sa naissance, du mystère de sa destinée, et du don qu'elle possède, comme Oreste, de répandre le malheur autour d'elle. Seulement, Racine nous donne Oreste et Ériphyle pour ce qu'ils sont, le premier pour un malade, la seconde pour une très méchante fille: au lieu que Chateaubriand adore René, et non seulement l'absout, mais l'admire et le glorifie. Et pareillement Hugo, Dumas et Sand adoreront Didier, Antony et Lélia, auxquels René léguera son âme vaniteuse et triste.

Mais il me semble qu'il y a encore quelque chose de plus dans le René des *Natchez*, à cause de la lettre à Céluta.

René lui écrit cette lettre un peu après avoir reçu la nouvelle de la mort d'Amélie. Il l'écrit sans nulle nécessité, pour le plaisir, et tout en sachant qu'elle fera souffrir la pauvre petite Peau-Rouge, qui n'y comprendra rien, sinon qu'il est malheureux et qu'il ne l'aime pas. Mais cette lettre exprime un magnifique délire; et, bien qu'elle soit très connue, il est utile que je vous en relise les passages les plus significatifs.

Ceci, d'abord, où vous êtes libres de voir une confession personnelle de l'auteur.

> Un grand malheur m'a frappé dans ma première jeunesse: ce malheur m'a fait tel que vous m'avez vu. J'ai été aimé, trop aimé: l'ange qui m'environna de sa tendresse mystérieuse ferma pour jamais, sans les tarir, les sources de mon existence (?). Tout amour me fit horreur; un modèle de femme était devant moi, dont rien ne pouvait approcher; intérieurement consumé de passions, par un contraste inexplicable, je suis demeuré glacé sous la main du malheur.

Et ceci:

> Je suppose, Céluta, que le cœur de René s'ouvre maintenant devant toi: vois-tu le monde extraordinaire qu'il renferme? Il sort de ce cœur des flammes qui manquent d'aliment, qui dévoreraient la création sans être rassasiées, qui te dévoreraient toi-même. Prends garde, femme de vertu! recule devant cet abîme: laisse-le dans mon sein! Père tout-puissant, tu m'as appelé dans la solitude, tu m'as dit: «René, René! *Qu'as-tu fait de ta sœur?*» Suis-je donc Caïn?

Ceci encore:

Quelle nuit j'ai passée!... Je cherchais ce qui me fuit; je pressais le tronc des chênes; mes bras avaient besoin de serrer quelque chose. J'ai cru, dans mon délire, sentir une écorce aride palpiter contre mon cœur: un degré de chaleur de plus, et j'animais des êtres insensibles. Le sein nu et déchiré, les cheveux trempés de la vapeur de la nuit, je croyais voir une femme qui se jetait dans mes bras; elle me disait: viens échanger des feux avec moi, et perdre la vie! Mêlons des voluptés à la mort! Que la voûte du ciel nous cache en tombant sur nous!

Et surtout ceci:

... Si enfin, Céluta, je dois mourir, vous pourrez chercher après moi l'union d'une âme plus égale que la mienne. Toutefois, ne croyez pas désormais recevoir impunément les caresses d'un autre homme; ne croyez pas que de faibles embrassements puissent effacer de votre âme ceux de René. Je vous ai tenue sur ma poitrine au milieu du désert, dans les vents de l'orage, lorsqu'après vous avoir portée de l'autre côté d'un torrent, j'aurais voulu vous poignarder pour fixer le bonheur dans votre sein, et pour me punir de vous avoir donné ce bonheur. C'est toi, Être suprême, source d'amour et de beauté, c'est toi seul qui me créas tel que je suis, et toi seul me peux comprendre! Oh! que ne me suis-je précipité dans les cataractes au milieu des ondes écumantes! Je serais rentré dans le sein de la nature avec toute mon énergie.

Oui, Céluta, si vous me perdez, vous resterez veuve: qui pourrait vous environner de cette flamme que je porte avec moi, même en n'aimant pas? Ces solitudes que je rendais brûlantes vous paraîtraient glacées auprès d'un autre époux. Que chercheriez-vous dans les bois et sous les ombrages? Il n'est plus pour vous d'illusions, d'enivrement, de délire: je t'ai tout ravi en te donnant tout, ou plutôt en ne te donnant rien, car une plaie incurable était au fond de mon âme. Ne crois pas, Céluta, qu'une femme à laquelle on a fait des aveux aussi cruels, pour laquelle on a formé des souhaits aussi odieux que les miens, ne crois pas que cette femme oublie jamais l'homme qui l'aima de cet amour ou de cette haine extraordinaire.

Je m'ennuie de la vie; l'ennui m'a toujours dévoré: ce qui intéresse les autres hommes ne me touche point. Pasteur ou roi, qu'aurais-je fait de ma houlette ou de ma couronne? Je serais également fatigué de la gloire et du génie, du travail et des loisirs, de la prospérité et de l'infortune. En Europe, en Amérique, la société et la nature m'ont lassé. Je suis vertueux sans plaisir; si j'étais criminel, je le serais sans remords. Je voudrais n'être pas né, ou être à jamais oublié.

(Ceci est à rapprocher d'un passage singulier des *Mémoires* (1re partie, livre VIII). Il vient de nous raconter que, ambassadeur à Londres, il a retrouvé, mariée et mère de deux grands garçons, cette Charlotte qu'il avait aimée à Bungay pendant l'exil. Et il termine, violemment, par ces mots inattendus: «Si j'avais serré dans mes bras, épouse et mère, celle qui me fut destinée vierge, c'eût été avec une sorte de rage, pour flétrir, remplir de douleur et étouffer ces vingt-sept années livrées à un autre après m'avoir été offertes.» Et c'est bien là le tréfond de René: car, dans l'alinéa suivant, qui est fort obscur et où il n'y a que cette phrase de claire, il parle des «folles idées peintes dans le *mystère de René*», qui «l'obsédaient» et faisaient de lui «l'être le plus tourmenté qui fût sur la terre».

Nous avons maintenant le mal de René tout entier, à tous ses degrés, avec ses contradictions apparentes et son aboutissement.

À l'origine, la tristesse vieille comme le monde; la tristesse de Job; celle qui fait dire à l'ecclésiaste que tout est vanité, que tout a été fait de poussière et retourne à la poussière; que celui qui augmente sa science augmente sa douleur; qu'il a trouvé plus amère que la mort la femme, dont le cœur est un piège et un filet, et dont les mains sont des liens; que les morts sont plus heureux que les vivants, et plus heureux que les uns et les autres, celui qui n'a pas encore existé et qui n'a pas vu les mauvaises actions qui se commettent sous le soleil.

Puis, quelque chose qui ne se confond point avec la tristesse: l'ennui; c'est-à-dire le sentiment de l'inutilité de nos désirs à cause du néant de leur objet; donc, en même temps que l'impossibilité de ne pas désirer, le détachement anticipé de son désir, et, par suite, avec l'incapacité d'agir, l'inquiétude et à la fois le vide du cœur.

Cela est très vieux. Cela est notamment dans Sénèque (*De tranquillitate animi*). Pour échapper aux agitations et aux déceptions, Sérénus s'est jeté dans la retraite et dans la solitude. Il y retrouve l'inquiétude et l'ennui, (*tædium, fastidium...*) «cet ennui, ce mécontentement de soi-même, cette agitation d'une âme qui ne peut se reposer, la tristesse et l'impatience de son inaction..., la mélancolie, la langueur (*mœror marcorque*), et les mille fluctuations d'une âme indécise..., l'irritation d'une âme qui maudit le sort, se plaint du siècle, s'enfonce dans les coins, cuve sa peine, parce qu'elle s'ennuie et qu'elle est excédée d'elle-même.»

Enfin: «Quelques-uns ont pris le parti de mourir, en voyant qu'à force de changer, ils revenaient toujours aux mêmes objets, parce qu'ils n'avaient plus rien de nouveau à éprouver. Ainsi les a pris le dégoût de la vie et du monde, et alors leur échappe ce cri des voluptueux blasés: «Quoi! toujours la même chose!» *Fastidio illis esse cœpit cita, et ipse mundus; et subit illud rabidorum deliciarum: quousque eadem?*

Pascal aussi a fort bien parlé de ce mal. Quand même, dit-il, on se verrait à l'abri du malheur, «l'ennui, de son autorité privée, ne laisserait pas de sortir du fond du cœur où il a des racines naturelles, et de remplir tout de son venin... Ainsi l'homme est si malheureux qu'il s'ennuierait même sans aucune cause étrangère d'ennui, par l'état propre de sa complexion.»

Et Bossuet: «C'est la maladie de la nature... Ô Dieu, que le temps est long, qu'il est pesant, qu'il est assommant!... L'ennui que sainte Thérèse a de la vie... La persécution de cet inexorable ennui qui fait le fond de la vie humaine...»

Et Fénelon: «Le monde me paraît une mauvaise comédie... Je me méprise encore plus que le monde; je mets tout au pis-aller, et c'est dans le fond de ce pis-aller pour toutes les choses d'ici-bas que je trouve la paix.»—«Je sais par expérience ce que c'est que d'avoir le cœur flétri et dégoûté de tout ce qui pourrait lui donner du soulagement... Je tiens à tout d'une certaine façon... mais d'une autre j'y tiens très peu... Si vous me demandez ce que je souffre, je ne saurais vous l'expliquer...»

Je pourrais continuer indéfiniment à cueillir pour vous ces fleurs d'ennui. Qu'y a-t-il donc de plus dans René?

Ceci surtout, que René a su faire, de la tristesse, de la mélancolie, de l'ennui, un plaisir d'orgueil et une volupté. Il l'avoue lui-même très volontiers et souvent: «C'est dans le bois de Combourg, dit-il au troisième livre des *Mémoires*, que j'ai commencé à sentir la première atteinte de cet ennui que j'ai traîné toute ma vie, de cette tristesse qui a fait *mon tourment et ma félicité.*»

La complaisance, et l'on peut bien dire la satisfaction avec lesquelles il nous décrit, il nous développe son mal dans tous ses livres montrent assez que c'est un mal orgueilleux. Et, en effet, toutes les nuances de ce mal, et à tous ses degrés, impliquent, chez celui qui l'éprouve, la conscience de sa supériorité et le goût de se considérer comme le centre du monde. L'ennui est le sentiment de la monotonie ou de la banalité des choses et de leur impuissance à nous contenter. La mélancolie vient souvent de ce que nous sentons notre vie inégale à nos rêves, ou la distance entre ce que nous voudrions et ce que nous pouvons. Dans les deux cas, nous pouvons croire que notre imagination et notre désir dépassent la réalité. Ou bien, dans l'instant même où nous goûtons le plaisir, nous le sentons éphémère, et, au milieu de la fuite de tout, nous désirons ce qui ne passerait pas. La mélancolie résulte aussi de l'incapacité de jouir par l'abus de l'analyse de soi. La mélancolie, le goût passionné de la solitude, vient encore de ce que nous nous percevons différents des autres hommes, par conséquent supérieurs à eux: la mélancolie est alors misanthropie; donc, encore et toujours, plaisir d'orgueil.

L'ennui, c'est la mort du désir, qui a été trop souvent trompé, ou qui ne peut plus s'attacher à des objets qu'il connaît trop et qui sont toujours les mêmes. La mélancolie, ce serait plutôt, à la fois, l'impossibilité de tuer le désir et l'impossibilité de croire qu'il puisse être contenté; c'est l'éternelle et inutile renaissance du désir en dépit des déceptions passées et des déceptions prévues; et c'est donc, dans la recherche involontaire du plaisir, l'orgueil d'en connaître le néant. Et, puisque la forme extrême du plaisir est la volupté, et que tout plaisir se rattache à cette forme extrême ou même en participe, la mélancolie est encore le souvenir de la mort associé à la volupté; soit que ce souvenir la rende plus vive (rappelez-vous le petit squelette d'ivoire des fêtes antiques), soit qu'il la rende plus déchirante et comme furieuse: et alors l'homme qui, dans son cœur, a subordonné l'univers à son plaisir, sachant que la mort guette sa volupté, voudrait que sa volupté elle-même donnât la mort: il le voudrait pour affirmer sa puissance; il voudrait, par une jalousie transcendante, que le moment où une femme lui a dû le bonheur ne fût suivi pour elle d'aucun autre moment. Ces sentiments sont troubles et difficiles à exprimer avec une clarté parfaite. Mais on sait la grande tristesse, et facilement exaspérée, qui est au fond de la volupté, surtout cause de l'impossibilité où elle est de s'assouvir jamais. Vous vous rappelez le mot de Lucrèce: «Du milieu même de la source des plaisirs surgit quelque chose d'amer.» Et vous connaissez aussi la parenté de l'amour et de la mort, et comment l'idée de celle-ci surexcite celui-là. Lorsque René veut poignarder Céluta «pour fixer le bonheur dans son sein et pour se punir de lui avoir donné ce bonheur»; lorsqu'Atala, soufflée par Chateaubriand, désire «que la divinité s'anéantisse, pourvu que, serrée dans les bras de Chactas, elle roule d'abîme en abîme avec les débris de Dieu et du monde», on sent assez ce que le désespoir de René et d'Atala contient d'orgueil délirant et, si j'ose dire, de remède impie à la souffrance.

Mais au reste ce n'est plus là de l'ennui ou de la mélancolie: c'est un état extrême de la sensibilité, et comme une fureur que Chateaubriand n'a certainement connue qu'en des heures d'exception. Peut-être même n'est-ce que de la littérature, c'est-à-dire la peinture d'une disposition d'âme imaginée plutôt qu'éprouvée. Et c'est aussi ce qu'il y a de plus proprement «romantique» dans le mal de René.

Quant aux autres formes de la tristesse, il y en a trois que Chateaubriand a réellement connues et profondément exprimées. D'abord l'amour de la solitude, afin de mieux jouir du spectacle de ses propres sensations, et qui se confond donc un peu avec le «narcissisme». Puis la misanthropie, celle du Jacques de Shakspeare, celle d'Hamlet çà et là, celle de l'Oreste de Racine, celle de Werther. Enfin, la mélancolie charmante, qui jouit mieux de l'éphémère parce qu'il est éphémère et à cause de la difficulté que nous avons à concevoir un plaisir éternel; la mélancolie qui consiste à trouver sa propre tristesse intéressante, touchante, la mélancolie qui nous fait faire plus d'attention à nos sensations agréables en nous les montrant plus fugitives et en y mêlant doucement, sans brutalité et sans une vision trop concrète, l'idée de la mort; la mélancolie que La Fontaine a si justement placée dans son énumération des voluptés:

Il n'est rien

Qui ne me soit souverain bien,

Jusqu'au sombre plaisir d'un cœur mélancolique.

Cette mélancolie, ah! oui, Chateaubriand l'a connue, et aussi la misanthropie, et l'amour de la solitude.

Mais la pire forme de la tristesse, qui est sans doute l'ennui, je doute qu'il en ait fait sérieusement l'expérience. Il a beau dire partout qu'il «bâille sa vie», ce n'est qu'une phrase. Il me paraît impossible qu'un homme d'un si fort tempérament, si «bon garçon» et d'une gaieté si facile avec ses amis; qui a tant écrit et qui a été tellement possédé de la manie d'écrire; dont la vie est une si superbe «réussite»; qui a tant joui, non seulement de sa gloire, mais de ses titres et de ses honneurs; qui a joui avec tant de surabondance et si naïvement d'être ministre ou ambassadeur; et qui d'ailleurs a exprimé son ennui par un choix de mots et avec un éclat dont il se savait si bon gré; il me paraît impossible que cet homme-là se soit ennuyé beaucoup plus que le commun des hommes.

L'homme qui s'est ennuyé, c'est Senancour.

Sainte-Beuve, en analysant les *Rêveries* de Senancour (1798) dit que «le monde de René a été découvert quatre ans avant *René*, par celui qui n'a pas eu l'honneur de le nommer.» Et cela est vrai. Senancour est bien autrement intelligent (au sens strict du mot) que Chateaubriand. Il a donné du mal de René des définitions autrement précises et profondes. Je regrette de trouver en lui un anticatholicisme si marqué (nullement intolérant d'ailleurs et qui ne voudrait enlever à personne l'aide ou la consolation d'une foi religieuse): mais c'est un esprit vigoureux et vraiment libre. Il est plein de pensées. Sa vie, du reste, comprimée, contrainte, et qui est une suite de malheurs obscurs, est mieux faite que la vie émouvante et brillante de Chateaubriand pour nourrir le mal qu'ils ont décrit tous les deux. Déjà dans les *Rêveries*, puis dans *Obermann* (commencé un an avant la publication de *René*), Senancour, outre les autres formes de la tristesse, peint excellemment l'ennui. Non, jamais homme ne s'est ennuyé comme celui-là. Le mot d'ennui revient comme un tintement, surtout dans le premier volume d'*Obermann*. Sainte-Beuve lui-même, qui a tant de goût pour Senancour, ne peut s'empêcher de dire: «À force d'être ennuyé, Obermann court le risque à la longue de devenir ennuyeux.» Mais il faut ajouter tout de suite que ce style, parfois abstrait, embarrassé et prolixe, est souvent très beau de force, de justesse et même de couleur. Écoutez quelques-unes de ces plaintes dures et précises:

Dans les *Rêveries*:

> La sagesse elle-même est vanité. Que faire et qu'aimer au milieu de la folie des joies et de l'incertitude des principes? Je désirai quitter la vie, bien plus fatigué du néant de ses biens qu'effrayé de ses maux. Bientôt, mieux instruit par le malheur, je le trouvai douteux lui-même, et je connus qu'il était indifférent de vivre ou de ne vivre pas. Je me livrai donc sans choix, sans goût, sans intérêt, au déroulement de mes jours.

Dans *Obermann*:

> L'avenir incertain, le présent déjà inutile, et l'intolérable vide que je trouve partout.

> Il y a l'infini entre ce que je suis et ce que j'ai besoin d'être...

> Que ne puis-je être content de manger et de dormir? Car enfin je mange et je dors. La vie que je traîne n'est pas très malheureuse. Chacun de mes jours est supportable, mais leur ensemble m'accable...

> Si le temps est sombre, je le trouve triste, et s'il est beau, je le trouve inutile...

> Je cherche dans chaque chose le caractère bizarre et double qui la rend un moyen de mes misères, et ce comique d'opposition qui fait de la terre humaine une scène contradictoire où toutes choses sont importantes au sein de la vanité de toutes choses...

> Simplicité de l'espérance, qu'êtes-vous devenue?

> D'autres sont bien plus malheureux que moi: mais j'ignore s'il fut jamais un homme moins heureux...

Il y a évidemment beaucoup plus de substance dans les méditations d'Obermann que dans les rêveries de René. Senancour est un philosophe, Chateaubriand un poète. L'un est un stoïcien, l'autre un épicurien. Senancour, dans ses spéculations les plus libres sur l'amour et le mariage (car il disserte de tout), garde une austérité. Chateaubriand est la volupté même. Chateaubriand sent plus qu'il ne pense; mais il y a, au fond de la tristesse de Senancour, le doute ou la négation métaphysique. Chateaubriand a été un des plus illustres parmi les enfants des hommes, et je vous prie de croire qu'il s'en est aperçu. Senancour n'a rien été. Il a failli être sous-préfet de Napoléon, mais il n'a pas même été cela. On ne sait presque rien sur lui. On croit que le mariage qu'il avait fait n'était pas délicieux. Il fut presque pauvre et mourut caché.

C'est Senancour qui, ayant tué le désir, a véritablement connu l'ennui. C'est lui qui, toujours, a réellement éprouvé d'avance que tout est vain et que tout nous trompe, et qui a vécu en refusant la vie. Le vrai René, c'est Obermann, «ce René sans gloire», comme l'appelle Sainte-Beuve.

Seulement, Chateaubriand a la magie des mots et des images, Chateaubriand a sa musique. Senancour, je le dis nettement, me semble un roi de l'intelligence: mais il a peu de musique, et celle qu'il a est sourde. Rien ne prévaut contre la chevelure bleue du génie des airs ou contre l'appel aux orages désirés. C'est ainsi.

Mais, si sèchement et durement triste, ou même si ennuyeusement ennuyé que soit souvent Obermann, l'aveu lui échappe que la mélancolie, la tristesse, le non-désir, la non-espérance, même l'ennui, ne sont jamais la pire souffrance, ne sont peut-être pas une souffrance, sont peut-être même une sorte de plaisir, par ce qu'ils contiennent, soit d'orgueil, soit de langueur, et en ce qu'ils sont un exercice et une invention de notre esprit:

> Je me décidai à rester le soir à Iverdun, espérant retrouver sur ces rives ce bien-être mêlé de tristesse que je préfère à la joie...

> Jeune homme,... vous chercherez des délassements, vous vous mettrez à table, vous verrez le côté bizarre de chaque chose, vous sourirez dans l'intimité, vous trouverez une sorte de mollesse assez heureuse dans votre ennui même...

> C'est le propre d'une sensibilité profonde de recevoir une volupté plus grande de l'opinion d'elle-même que de ses jouissances positives...

> Nous souffrons de n'être pas ce que nous pourrions être; mais, si nous nous trouvions dans l'ordre de choses qui manque à nos désirs, nous n'aurions plus ni cet excès de

désirs, ni cette surabondance de facultés; nous ne jouirions plus du plaisir d'être au delà de nos destinées, d'être plus grands que ce qui nous entoure, plus féconds que nous n'avons besoin de l'être...

D'où vient à l'homme la plus durable des jouissances de son cœur, cette volupté de la mélancolie, ce charme plein de secrets, qui le fait vivre de sa douleur et l'aimer encore dans le sentiment de sa ruine? Je m'attache à la saison heureuse qui bientôt ne sera plus... Une même loi morale me rend pénible l'idée de la destruction, et m'en fait aimer le sentiment dans ce qui doit cesser avant moi. Il est naturel que nous jouissions mieux de l'existence périssable lorsque, avertis de toute sa fragilité, nous la sentons néanmoins durer en nous.

Il me semble bien que tout ceci est profond, et qu'Obermann explique un des plaisirs habituels de René mieux que René ne l'expliquera jamais.

Au reste Senancour, à mesure qu'il avance dans la vie, sans être jamais heureux (mais est-il possible et est-il nécessaire de l'être?) paraît moins malheureux. Dire qu'on a besoin de l'infini, qu'on veut, qu'on exige l'infini, il s'aperçoit peu à peu que cela n'a peut-être pas beaucoup de sens; et ces plaintes-là et ces récriminations-là reviennent plus rarement sous sa plume. Il n'a pas les glorieuses agitations de Chateaubriand; mais enfin il s'occupe. Il refait, réimprime et mêle ses *Rêveries*, son traité de l'*Amour* et son *Obermann*: ses livres ne lui sont donc pas indifférents. Il ne meurt qu'à soixante-treize ans. Il attend la fin des journées. Quand on s'applique à cela, quand on se distille à soi-même son ennui, c'est une occupation encore, et c'est une torpeur, quelquefois une griserie morne. Mais surtout Senancour aime très profondément la nature. Il l'a beaucoup plus regardée, je crois, et a beaucoup plus vécu dans son intimité que Chateaubriand. Il l'a associée à tous ses sentiments et à tous ses actes; il s'est apaisé et même engourdi en elle. Il a, autant qu'il était en lui, rythmé sa vie selon celle de la nature. Il a été, un peu après Ramond, un peintre excellent de la montagne (ce fut l'Alpe suisse) et de la forêt (ce fut Fontainebleau). Il a préféré le soir au matin et l'automne au printemps parce que c'était son goût et, en somme, par sensualité, parce qu'il redoutait trop de joie et de lumière. Et il est mort parfaitement résigné. On peut très bien vivre sans souffrance en s'ennuyant tout le temps, pourvu qu'on n'ait pas de trop grands malheurs précis et concrets: car on tire une douceur de son ennui même.

Si cela a pu arriver à ce modeste et sombre Obermann, que dirons-nous de ce brillant et vaniteux René? Il faut le reconnaître, la tristesse n'est pas un mal; la tristesse, même profonde, n'est pas une souffrance. Ce n'est pas non plus, évidemment, un plaisir: si je le prétendais, vous ne me croiriez pas. C'est un état intermédiaire, non pas peut-être créé, mais perfectionné par l'intelligence humaine.

Chateaubriand,—encore plus efficacement que Senancour, parce que Chateaubriand réfléchissait moins,—se défend, par la mélancolie, contre les malheurs positifs. Il les sent peu, parce qu'il les fait rentrer dans les causes générales de sa vague tristesse. Voici peut-être la grande invention de Chateaubriand: il a fait de la mélancolie une parade contre la douleur.

CINQUIÈME CONFÉRENCE

LE GÉNIE DU CHRISTIANISME

Chateaubriand était donc toujours à Londres. Il venait de terminer, je pense, la rédaction définitive des *Natchez*, dont *Atala* et *René* faisaient partie, lorsqu'il reçut cette lettre de sa sœur, madame de Farcy:

> *Saint-Servan, 1er juillet.*—Mon ami, nous venons de perdre la meilleure des mères; je t'annonce à regret ce coup funeste. Quand tu cesseras d'être l'objet de nos sollicitudes, nous aurons cessé de vivre. Si tu savais combien de pleurs tes *erreurs* ont fait répandre à notre respectable mère, combien elles paraissent déplorables à tout ce qui pense et fait profession non seulement de piété, mais de raison; si tu le savais, peut-être cela contribuerait-il à t'ouvrir les yeux, à te faire *renoncer à écrire*; et si le ciel touché de mes vœux permettait notre réunion, tu trouverais au milieu de nous tout le bonheur qu'on peut goûter sur la terre; tu nous donnerais ce bonheur, car il n'en est point pour nous tandis que tu nous manques et que nous avons lieu d'être inquiètes de ton sort.

Après avoir cité cette lettre au livre IX des *Mémoires*, il écrit effrontément (1822): «Ah! que n'ai-je suivi le conseil de ma sœur! Pourquoi ai-je continué d'écrire? Mes écrits de moins dans mon siècle, y aurait-il eu quelque chose de changé aux événements et à l'esprit de ce siècle?» Si on lui avait répondu que non, il aurait été bien étonné.

Il continue: «Je jetai au feu avec horreur les exemplaires de l'*Essai*, comme l'instrument de mon crime. Je ne me remis de ce trouble que lorsque la pensée m'arriva d'expier mon premier ouvrage par un ouvrage religieux: telle fut l'origine du *Génie du christianisme*». (Une des origines, oui, il est possible.)

Et il rappelle la première préface du livre:

> Ma mère, après avoir été jetée à soixante-douze ans dans les cachots où elle vit périr une partie de ses enfants, expira enfin sur un grabat, où ses malheurs l'avaient reléguée. Le souvenir de mes égarements répandit sur ses derniers jours une grande amertume; elle chargea en mourant une de mes sœurs de me rappeler à cette religion dans laquelle j'avais été élevé. Ma sœur me manda le dernier vœu de ma mère. Quand la lettre me parvint au delà des mers («au delà des mers» veut dire simplement «de l'autre côté de la Manche»),

> ma sœur elle-même n'existait plus: elle était morte aussi des suites de son emprisonnement. Ces deux voix sorties du tombeau, cette mort qui servait d'interprète à la mort m'ont frappé. Je suis devenu chrétien. Je n'ai pas cédé, j'en conviens, à de grandes lumières surnaturelles: ma conviction est sortie du cœur; j'ai pleuré et j'ai cru.

Il a donc reçu une lettre de sa sœur morte lui annonçant la mort de sa mère; il a pleuré; il est devenu chrétien. Cela est fort beau; mais cela est un peu arrangé. (Voyez Victor Giraud, la *Genèse du Génie du christianisme*.) En réalité, la lettre par laquelle madame de Farcy annonçait à son frère la mort de leur mère lui est parvenue bien avant la mort de madame de Farcy; et lorsqu'il apprit cette mort de sa sœur, le *Génie du christianisme* était déjà fort avancé. Mais l'auteur tenait à sa phrase: «Ces deux voix sorties du tombeau, cette mort qui servait d'interprète à la mort...» Il resterait donc que, dans la préface d'un livre conçu avec des larmes et pour la plus grande gloire de Dieu, il altère la vérité pour produire plus d'effet (ce qu'il a fait d'ailleurs toute sa vie). Et cela n'est certes pas un crime, mais cela ne marque pas un très grand sérieux,—ni, comme dit le Psaume, «un cœur profondément contrit et humilié».

Il continue, dans les *Mémoires*: «Je m'exagérais ma faute: l'*Essai* n'était pas un livre impie, mais un livre de doute et de douleur... Il ne fallait pas grand effort pour revenir du scepticisme de l'*Essai* à la certitude du *Génie du christianisme*.»

Cela paraît assez vrai. Dans les plus grandes hardiesses de l'*Essai*, «s'il était philosophe par les opinions, il ne l'était point par les conclusions» (Sainte-Beuve). Il niait le progrès, ce dogme capital des philosophes. Il avait pour les encyclopédistes les sentiments de Rousseau. Il inclinait vers une espèce de christianisme social. Les protestants lui inspiraient peu de sympathie. Il terminait ainsi un chapitre sur la Réforme: «Pourquoi cet abominable spectacle? Parce qu'un moine s'avisa de trouver mauvais que le pape n'eût pas donné à son ordre, plutôt qu'à un autre, la commission de vendre des indulgences en Allemagne». (2ᵉ part., chap. XL.) Il disait, à propos d'Épiménide: «Il bâtit des temples aux dieux, leur offrit des sacrifices et versa le baume de la religion dans le secret des cœurs. Il ne traitait point de superstition ce qui tend à diminuer le nombre de nos misères; il savait que la statue populaire, que le pénate obscur qui console le malheureux est plus utile à l'humanité que le livre du philosophe qui ne saurait essuyer une larme.» Il n'était, en tout cas, qu'un impie intermittent. Et sa sensibilité était restée chrétienne. Cette sensibilité régnait partout dans *Atala*, *René*, *les Natchez*, et aussi la croyance à l'utilité sociale du christianisme. Rappelez-vous les personnages du Père Aubry et du Père Souël. Non, non, Chateaubriand, pour entreprendre une apologie de la religion,—du moins le genre d'apologie qu'il entreprit,—n'avait pas à revenir de très loin.

Enfin, il était naturel (comme le fait remarquer M. Victor Giraud), que les émigrés, et même les plus touchés de l'esprit du dix-huitième siècle, revinssent à la foi chrétienne, ou pour le moins au respect de la foi, par horreur soit de la philosophie, soit de l'impiété des plus grands criminels de la Révolution. Il ne leur paraissait pas ragoûtant de continuer à penser comme ces gens-là. Les doctrines étaient jugées par leurs fruits. Puis, en poursuivant d'une haine pareille les nobles et les prêtres, la Révolution avait créé entre eux une solidarité que les plus corrompus même de l'ancien régime acceptaient par point d'honneur. Madame de Duras dit très bien (dans une note de son roman d'*Édouard*, 1825), après avoir indiqué la corruption de la fin du dix-huitième siècle: «Une seule chose avait survécu à ce naufrage de la morale...: c'était l'honneur. Il a été pour nous la planche dans le naufrage, car il est remarquable que, dans la Révolution, c'est par l'honneur qu'on est rentré dans la morale; c'est l'honneur qui a fait l'émigration; c'est l'honneur qui a ramené aux idées religieuses.» Or l'honneur fut éminemment la vertu de Chateaubriand, et fut peut-être sa seule vertu.

Ajoutez que, chez beaucoup d'incroyants provisoires, l'excès du malheur, le besoin d'un recours, durent réveiller les impressions religieuses de leur enfance. Lorsque Chateaubriand apprit la mort de sa mère, il revit ses années de Combourg et du collège de Dol,—et sa première communion qu'il raconte ainsi dans les *Mémoires*: «J'approchai de la Sainte Table avec une telle ferveur que je ne voyais rien autour de moi. Je sais parfaitement ce que c'est que la foi, par ce que je sentis alors. La présence réelle dans le Saint-Sacrement m'était aussi sensible que la présence de ma mère à mes côtés. Quand l'hostie fut déposée sur mes lèvres, je me sentis comme tout éclairé en dedans... Je tremblais de respect...» (Il écrit cela trente ans après). En revenant du Canada, il avait chanté, à la vue des côtes de Bretagne, le cantique des marins à Notre-Dame du Bon Secours, etc... Toute son enfance, quand il lut la lettre de madame de Farcy, dut lui remonter au cœur.

Des milliers et des milliers de Français, en France ou dans l'exil, étaient dans les mêmes dispositions. Fontanes, qu'il connaissait déjà et qui avait été aussi incrédule que lui, était repris du désir de croire. En 1790 déjà, Fontanes écrivait à Joubert: «Ce n'est qu'avec Dieu qu'on se console de tout... J'aimerais mieux me refaire chrétien comme Pascal... que de vivre à la merci de mes opinions, ou sans principes, comme l'Assemblée nationale; il faut de la religion aux hommes, ou tout est perdu.» (Cité par V. Giraud.) Joubert, que Chateaubriand allait connaître, et qui avait eu, lui aussi, sa période d'incroyance, écrivait: «La Révolution a chassé mon esprit du monde réel en le rendant trop horrible.» Et encore: «La religion est la poésie du cœur; elle a des enchantements utiles aux mœurs.» (Il écrivait cela après le *Génie du christianisme*, mais il le pensait depuis le commencement de la Révolution.) On sentait qu'il faut une religion, non seulement pour le peuple, mais pour tout le monde. Tout le monde, après la grande orgie d'impiété, de sottise, de cruauté et de destruction, portait en soi le *Génie du christianisme*, en attendant qu'un seul l'écrivît.

Et quelques-uns en écrivaient déjà des fragments. La Harpe, converti comme Chateaubriand, entreprenait une *Apologie de la religion*. Ballanche écrivait, en 1797, le livre *Du sentiment considéré dans ses rapports avec la littérature et les arts*, que Chateaubriand n'a sans doute pas lu, mais où se trouve pourtant le titre même de son livre: «(À propos du *Télémaque*). Combien de choses, et ce sont les plus belles, qui n'ont pu être inspirées que par le *génie du christianisme!*» (Cité par V. Giraud.) Un certain Paul Didier faisait paraître en 1802 un livre intitulé *Du retour à la religion*. Rivarol, incrédule, mais clairvoyant, écrivait dans le *Discours préliminaire de son Nouveau Dictionnaire de la langue française*: «Il me faut, comme à l'univers, un Dieu qui me sauve du chaos et de l'anarchie de mes idées... Le vice radical de la philosophie, c'est de ne pas pouvoir parler au cœur. Or... le cœur est tout... Tout État, si j'ose le dire, est un vaisseau mystérieux qui a ses ancres dans le ciel.» (Cité par V. Giraud.) Bonald, dans sa *Théorie du pouvoir* (1796), expliquait que le salut de la France était dans le retour aux principes monarchiques et surtout catholiques. Enfin, Joseph de Maistre avait publié, en 1796, ses profondes et magnifiques *Considérations sur la France*, que Chateaubriand avait lues (d'après V. Giraud). Or, Maistre annonce, à la fin du premier chapitre, une renaissance religieuse; et, au second chapitre, Chateaubriand put lire ceci: «L'effusion du sang humain n'est jamais suspendue dans l'univers... Il y a lieu de douter, au reste, que cette destruction violente soit, en général, un aussi grand mal qu'on le croit... Les véritables fruits de la nature humaine, les arts, les sciences... les hautes conceptions... tiennent surtout à l'état de guerre... En un mot on dirait que le sang est l'engrais de cette plante qu'on appelle génie.» Le jeune Chateaubriand dut se dire: ceci est écrit pour moi.

Étant donnés son éducation, son enfance chrétienne, sa sensibilité, le tour de son imagination, et qu'il était parmi les victimes de la Révolution et par conséquent de l'impiété révolutionnaire; que, même dans sa période d' «égarements» et de doute, il n'avait pas cessé d'être ému par les «beautés» de la religion; que, tout jeune, il avait eu la fureur d'écrire (douze heures par jour à l'occasion) et sur les grands sujets, et que jamais peut-être on ne vit jeune écrivain débuter par d'aussi énormes ouvrages; que, dans l'*Essai* et même dans les *Natchez*, la préoccupation religieuse est fréquente; qu'il voulait la gloire, et que c'est peut-être la seule chose qu'il ait voulue énergiquement; qu'il voulait jouer un grand rôle par la plume; qu'à cette époque la grande œuvre à écrire, le «livre à faire», c'était une apologie de la religion chrétienne, condition et commencement de la reconstruction sociale; que cela était «dans l'air»; que, Rivarol étant trop peu croyant et ayant trop d'esprit, Bonald manquant de charme, Maistre étant étranger et ayant un génie trop insolent, Chateaubriand était le seul qui pût écrire ce livre attendu, de telle façon qu'il fût à la fois splendide, populaire et efficace... il était presque nécessaire que Chateaubriand écrivît le *Génie du christianisme*.

Il l'écrivit donc. Il le commença dès les premiers jours de 1799 (d'après Biré) et fit imprimer une partie du premier volume chez les Dulau, «qui s'étaient faits libraires du clergé français émigré».

(Chateaubriand nous dit dans les *Mémoires* que le simiesque abbé Delille entendit la lecture de quelques fragments de l'ouvrage. L'abbé lui-même, dans son poème de la *Pitié*, qu'il avait composé à Brunswick un peu auparavant, célébrait la pitié chrétienne, disait la charité des sœurs grises et de l'abbé Carron; et c'était déjà, au deuxième chant, comme une pâle petite esquisse des derniers chapitres du *Génie du christianisme*; tant tout le monde avait la même chose dans l'esprit!)

Cependant, Bonaparte était devenu premier consul. Beaucoup d'émigrés rentraient. Chateaubriand quitta Londres au printemps de 1900. Il emportait avec lui *Atala*, *René* et les premières feuilles imprimées du *Génie du christianisme*. Il n'avait pas vu Paris depuis neuf ans. Il rentra à pied par la barrière de l'Étoile et les Champs-Élysées. Paris avait l'air d'une ville en ruines semée de bastringues, un air sinistre et fou. Chateaubriand était d'ailleurs devenu Anglais de manières et, «jusqu'à un certain point, de pensée». Mais il retrouve Fontanes et rencontre Joubert. Et peu à peu il goûte la sociabilité française, «ce commerce charmant, facile et rapide des intelligences, cette absence de toute morgue et de tout préjugé». Il goûte le pittoresque moral et le pêle-mêle de cette société, qui commence pourtant à se réorganiser. Il partage cette ivresse de vivre dont tout le monde était saisi après de tels bouleversements. Il n'a pas le sou, il emprunte pour vivre, mais il déborde d'espérance. Il travaille avec une allègre fureur. Je ne pense pas qu'il ait beaucoup souffert, à ce moment-là, du mal de René.

On sait, dans le Paris de l'ancienne France et des rapatriés, qu'il compose son grand ouvrage. Il n'est point malhabile, oh non! À propos du livre de madame de Staël, *De la littérature dans ses rapports avec la morale*, il publie dans le *Mercure de France* une *Lettre à M. de Fontanes* où il montre que c'est au christianisme, non à la philosophie, que nous devons une plus grande connaissance des passions humaines. On lit dans le préambule de cette lettre: «... Je m'enhardis en songeant avec quelle indulgence vous avez déjà annoncé mon ouvrage. Mais cet ouvrage, quand paraîtra-t-il? Il y a deux ans qu'on l'imprime, et il y a deux ans que le libraire ne se lasse point de me faire attendre, ni moi de corriger. Ce que je vais donc vous dire... sera tiré en partie de ce livre futur.» Autrement dit, il raccroche au livre de madame de Staël une très élégante et très adroite réclame de son propre livre, et il signe—déjà—«l'auteur du *Génie du christianisme*». Cette lettre eut un très grand succès. «Cette boutade, dit-il dans les *Mémoires*, me fit tout à coup sortir de l'ombre.»

Mais le coup de maître, ce fut la publication d'*Atala* à part. Nous avons vu ce qu'*Atala* avait de nouveau et par où elle séduisit les imaginations. Mais surtout quelle victorieuse idée d'annoncer, par un fragment de cette espèce, par une histoire mélancolique et chastement sensuelle, pleine des images de la volupté et de la mort, une apologie de la religion! À coup sûr, cette apologie ne serait pas austère ni rebutante; l'auteur connaissait, autant que la poésie de la nature, la poésie des passions; son livre serait un trésor de suaves descriptions et d'émotions distinguées. Les femmes l'attendaient comme un roman.

> C'est de la publication d'*Atala* (dit Chateaubriand dans les *Mémoires*) que date le bruit que j'ai fait dans le monde... *Atala* devint si populaire qu'elle alla grossir, avec la Brinvilliers, la collection de Curtius. Les auberges de rouliers étaient ornées de gravures rouges, vertes et bleues représentant Chactas, le Père Aubry et la fille de Simaghan. Dans des boîtes de bois, sur les quais, on montrait mes personnages en cire, comme on montre des images de Vierge et de saints à la foire. Je vis sur le théâtre du boulevard ma sauvagesse coiffée de plumes de coq, qui parlait de l'*âme de la solitude* à un sauvage de son espèce, de manière à me faire suer de confusion...

Il fut «enivré». «J'aimai la gloire comme une femme, comme un premier amour.» On se le disputa. Les femmes s'arrachèrent un mot de sa main, une «enveloppe suscrite par lui», que l'on «cachait avec rougeur, en baissant la tête, sous le voile tombant d'une longue chevelure». «Les éphèbes de treize et quatorze ans étaient, dit-il, les plus périlleuses.» Diable! Il fait alors la connaissance de madame Bacciochi, sœur de Bonaparte, et de Lucien. Une fois on le conduit chez madame Récamier. Il ne devait la revoir que vingt ans plus tard. «Le rideau, dit-il, se baissa subitement entre elle et moi.»

Surtout,—avec Fontanes et Joubert, avec Molé, Pasquier, Chênedollé, qui fréquentaient chez elle,—il connut madame de Beaumont, née Pauline de Montmorin. Il fut passionnément aimé d'elle, et assurément il l'aima. Si vous voulez parfaitement savoir qui était madame de Beaumont, lisez ou relisez le tendre chapitre qui la regarde dans le livre d'André Beaunier: *Trois amies de Chateaubriand*. Elle avait eu un père massacré à l'Abbaye, une mère et un frère guillotinés, une sœur morte en prison, puis une vie morne et décolorée... J'ai vu son portrait par madame Vigée-Lebrun. Elle n'était pas belle; elle avait, un peu, un museau de souris, mais des yeux admirables, de jolis bras, de la grâce, cette ardeur languissante que donne la phtisie, enfin ce qu'il fallait pour toucher. D'ailleurs une âme élevée et un grand courage.

Chateaubriand nous dit que le succès d'*Atala* l'avait déterminé à «recommencer» le *Génie du christianisme* dont il y avait déjà deux volumes imprimés. En le recommençant, il le «christianisa», je crois, le plus qu'il put. Madame de Beaumont lui offrit une chambre à la campagne, dans une maison qu'elle venait de louer à Savigny-sur-Orge. Il y passa six mois dans le voisinage de Joubert et de sa femme. C'est là qu'il remania et termina son livre, dans une fièvre joyeuse, attendrie par la présence d'une amie malade, mais à qui son mal laissait alors des trêves. «Madame de Beaumont, dit-il, avait la bonté de copier les citations que je lui indiquais.» Ainsi cette amoureuse aidait, selon ses forces, le défenseur de la foi. Apparemment c'est à elle que furent lues d'abord, à mesure qu'elles étaient écrites, les pages du texte définitif. Ces lectures ne durent pas être sans volupté pour elle et pour lui.

Comment l'apologiste de la religion se fût-il souvenu de sa femme?

L'apparition du livre était, depuis deux ans, annoncée, attendue, préparée; préparée par la rumeur des salons ressuscités, par la *Lettre* sur le livre de madame de Staël, par la sensuelle *Atala*, par les articles officiels de Fontanes, par les besoins religieux du public et son retour spontané à l'ancien culte («Ce qui demeurait d'églises entières se rouvrait», dit Chateaubriand lui-même en parlant de l'année 1801); préparée enfin, on peut le dire, par le premier consul en personne.

Quelle «réclame» pour un livre que le traité d'Amiens et le Concordat!

Le 18 avril 1802, jour de Pâques, un *Te Deum* solennel fut chanté à Notre-Dame pour célébrer en même temps la paix générale et le rétablissement du culte. «Le Concordat fut publié dans tous les quartiers de Paris avec grand appareil et par les principales autorités.» (Thiers.) Et le même jour le *Génie du christianisme* parut, et M. de Fontanes en rendait compte dans le *Moniteur*.

Je ne vois guère que l'*Énéide* qui ait rencontré des conditions analogues de publicité. La carrière littéraire du mélancolique René a été une incroyable «réussite». Autant que j'en puis juger, le *Génie du christianisme* a été le plus grand succès de toute l'histoire de notre littérature (même pour la vente, si on tient compte du temps, de la nature de l'ouvrage, de son volume et de son prix).

Chateaubriand put se considérer comme étant, avec Bonaparte, le restaurateur du culte. Il put dire: «Bonaparte et moi.» Et il n'y manqua pas.

Le livre qui eut une telle fortune était-il un chef-d'œuvre? Il le parut et il devait le paraître. Il avait des parties à la fois attendues et neuves.—Était-il une œuvre de foi? C'est ce que je voudrais examiner d'abord.

Je me suis dit pour commencer:

—Chateaubriand a été certainement incrédule entre vingt et trente ans. En 1798, il l'était parfois jusqu'au nihilisme. Là-dessus, il écrit le *Génie du christianisme*. Que s'était-il donc passé? Il n'avait pas eu de «nuit» à la Pascal; autrement il nous l'aurait raconté. Il avait été fortement ému en apprenant la mort de sa mère et ce que sa mère avait souffert par lui. Sa conversion avait été encore déterminée, ou hâtée, par le désir d'écrire le livre réparateur que tout le monde attendait. Que valait sa conversion? De quelle espèce était sa foi?

Il y a une vingtaine d'années, au temps des mystères de Maurice Bouchor et des cigognes de M. de Vogüé, on rencontrait fréquemment dans les livres, et même au théâtre, un sentiment que j'avais appelé «la piété sans la foi».—La piété sans la foi, disais-je, consiste à bien comprendre, à respecter et à goûter, pour la bienfaisance de leurs effets, pour la beauté de leur signification et aussi pour la grâce de leurs représentations plastiques, des dogmes auxquels on ne croit pas... Cette piété n'est pourtant ni un mensonge, ni une hypocrisie... On aime les vertus et les rêves qu'a suscités la foi dans des millions et des millions de têtes et de cœurs; on aime les innombrables inconnus qui, dans le passé profond, ont fait ces rêves et pratiqué ces vertus... On aime aussi la poésie, la douceur et tour à tour l'allégresse espérante et les lamentations des chants liturgiques; on les aime pour ce qu'ils ont d'éternellement vrai, l'humanité étant l'éternelle suppliante. On aime enfin, (dans un mystère comme celui de la Nativité), sous le sens littéral le sens symbolique. Il n'est certes pas besoin de croire à un dogme révélé pour être profondément sincère en appelant un Sauveur. Depuis dix-neuf siècles on chante tous les ans: «Venez, divin Messie», comme si le Messie n'était pas venu encore. S'il est un cri que tout le monde, croyants et incroyants, peut pousser du fond du cœur, c'est apparemment celui-là. Quand la race humaine disparaîtra, ce sera encore en appelant au secours, et peut-être en essayant de rêver que le secours lui est venu.

Voilà des sentiments que certes Chateaubriand n'eût pas reniés, et que même il nous a peut-être aidés à avoir; mais il semble pourtant qu'il y ait eu dans son cas un peu plus que la piété sans la foi, alors que la foi venait d'avoir ses martyrs, que l'Église était teinte de son propre sang, et que l'imagination était remuée par tout ce tragique. «J'ai pleuré, j'ai cru», il faut tenir grand compte de cette déclaration. Chateaubriand a donc la foi. Quelle foi? L'affirmation du dogme par persuasion de sa nécessité sociale, avec un sincère attendrissement, et avec un ardent désir que le dogme soit vrai? Oui, quelque chose comme cela. Mais il est clair que ce n'est pas la foi d'un chrétien sérieux, celle qui tient tout l'homme, même quand il pèche; qui est toujours présente à son esprit, qui est l'essentiel de sa vie, qui façonne à chaque instant ses sentiments et sa conduite. Il y a visiblement plus de foi dans n'importe quelle page des *Pensées* de Pascal que dans tout le *Génie du christianisme*. La foi de

Chateaubriand, affirmation de politique, émotion de poète, désir et illusion de croire, ne le gêne ni ne le dirige; ne l'empêche ni d'écrire la sensuelle *Atala*, ni de choisir la maison de sa maîtresse pour y achever son apologie de la vraie religion. Il est d'ailleurs remarquable que, jusqu'à la fin de sa vie et dans le temps même de ses plus beaux gestes de chevalier de la foi, Chateaubriand ait toujours eu des phrases qui supposaient un quasi nihilisme. Boutades élégantes, boutades vaniteuses qu'un vrai chrétien ne se permettrait pas.

Je sais bien qu'on peut croire sans une «pratique» complète. Mais enfin, chez les hommes comme Chateaubriand, le signe le plus sûr de la foi totale, c'est encore la pratique. Une curiosité, assurément innocente et même louable, m'a fait demander à M. Victor Giraud si, depuis le *Génie du christianisme*, Chateaubriand communiait. M. Victor Giraud m'a répondu: «Voici mon impression. Je serais étonné que Chateaubriand n'eût pas fait ses Pâques en 1799, après la conversion; je serais étonné qu'il les eût faites de 1801 jusqu'à une époque assez difficile à déterminer, mais assez lointaine; et je crois qu'il les faisait régulièrement dans les dernières années de sa vie. Si cette impression est fondée, vous avouerai-je qu'elle ne m'empêche pas de croire à la sincérité religieuse de Chateaubriand? 1° *Video meliora...* et 2° les trois quarts des écrivains sont beaucoup plus sincères en écrivant qu'en vivant.» Cela me semble parfaitement juste.

Mais, avec tout cela, la foi de Chateaubriand ne me satisfaisait pas. Elle me paraissait petite et fragile. Alors j'ai consulté un théologien; et j'ai vu que l'Église était moins difficile que moi; et j'ai admiré sa connaissance de l'homme et sa très sagace indulgence.

Le théologien m'a répondu:

«La foi proprement dite ou «foi divine» (au sens de foi à Dieu) consiste en ce que l'on croit une vérité révélée et qu'on la croit à cause de l'autorité de Dieu qui la révèle.

»Ainsi donc l'objet de la foi est une vérité révélée,—non évidente de soi, et plutôt mystérieuse,—que l'esprit accepte, sans pouvoir se démontrer qu'elle est une vérité, et seulement parce qu'il sait qu'elle est une vérité révélée par Dieu...

»Préalablement à la «foi divine» ainsi conçue doit se placer une enquête de l'esprit se demandant quelles raisons il a de penser qu'en effet il y a des vérités qui ont été révélées par Dieu, et que le Christ, par exemple, avait mission de parler pour Dieu... Cette enquête constitue l'apologétique chrétienne...

»Cette enquête n'impose pas sa conclusion comme une conclusion nécessaire (ainsi qu'il arrive en géométrie): l'assentiment de l'esprit à la foi qui lui est proposée demeure un acte libre, donc un acte auquel la grâce peut concourir et concourt.»

Le développement de ces axiomes fatiguerait notre frivolité. Mais voici qui est, pour nous, du plus vif intérêt:

«Les théologiens distinguent la foi explicite et la foi implicite.

»La foi explicite est celle qui a la notion de ce qu'elle croit. La foi implicite est celle qui ne conçoit ni ne connaît ce qu'elle croit,—ce qu'elle croit sans le connaître ou sans le concevoir étant impliqué et latent dans une affirmation qu'elle accepte en pleine connaissance.

»Ainsi le fidèle fait acte de foi implicite quand il dit: Je crois tout ce que croit ou enseigne l'Église, ou: Je crois tout ce que Dieu, vérité infinie, a révélé.

»Ce point de doctrine est extrêmement important, car par là les théologiens admettent que la foi explicite, adéquate au révélé, est pratiquement irréalisable; elle est dans les livres, et là seulement...

»Donc un homme aura la foi, qui enferme cette foi dans une seule vue de foi, comme serait la paternité de Dieu, le royaume de Dieu, la communion des saints, l'Église œuvre de Dieu..., et qui, par le fait qu'il ne niera aucune des vérités révélées impliquées dans ces notions synthétiques, les acceptera toutes implicitement.

»Si nous appliquons cette distinction à Chateaubriand et si nous nous demandons: Avait-il la foi?... nous répondrons:

»La foi explicite d'un Bossuet? Certes non! Mais une foi implicite, qui s'attachait à telles ou telles vues de foi, s'y complaisait, s'y tranquillisait,—et laissait le reste à l'érudition des théologiens de profession. C'était l'attitude très correcte,—et très calculée—de Descartes. C'est chez Chateaubriand une attitude spontanée, mais aussi correcte.

»Ici encore les théologiens distinguent: 1° les raisons de croire objectives, et ce sont les miracles que met en ligne l'apologétique traditionnelle; 2° les raisons de croire subjectives, qu'ils appellent du nom de «suppléances subjectives de la crédibilité rationnelle.»

»Ces suppléances sont des impondérables, des incommunicables: motifs moraux, motifs de sentiment, motifs d'expérience, motifs de tradition, motifs d'ordre social...: le moralisme de Vinet, le pragmatisme de James, la sociologie morale de Brunetière, l'esthétique et le traditionalisme du *Génie du christianisme*.»

Voilà l'admirable consultation de mon théologien.

Ainsi, un assentiment en bloc (chose infiniment commode), un mouvement du cœur, un acte de la volonté... Donc, Biré a raison, l'abbé Pailhès a raison, l'abbé Bertrin a raison, M. Victor Giraud a raison: Chateaubriand avait la foi.

Et maintenant que je suis plus tranquille, m'étant assuré que la foi «implicite» de Chateaubriand vaut aux yeux de l'Église, le livre lui-même précisera pour nous l'allure et le caractère de cette foi.

Au deuxième chapitre du livre II, il a tout justement à définir la foi, c'est-à-dire la première des vertus théologales. Or, tout de suite, il confond la foi avec la conviction et la confiance. Il nous dit: «Colomb s'obstine à *croire* un nouvel univers.» «L'amitié, le patriotisme, l'amour... sont une espèce de *foi*.» «C'est parce qu'ils ont *cru* que les Codrus, les Pylade, les Régulus... ont fait des prodiges.» Comme si la croyance aux destinées de la patrie, ou la confiance aux vertus d'un ami, ou la persuasion (avant la découverte) que le nouveau monde existe, etc..., c'est-à-dire, en somme, la croyance à des objets dont l'existence peut être vérifiée, avaient quelque chose de commun avec la *foi* aux mystères de la Trinité, de la Chute, de l'Incarnation, de la Rédemption!

Et justement un abus de mots tout pareil aide Chateaubriand à «faire passer» les mystères, si j'ose m'exprimer ainsi. «Il n'est, dit-il, rien de beau, de doux, de grand dans la vie que les *choses mystérieuses*. Les sentiments les plus merveilleux sont ceux qui nous agitent *un peu confusément*: la pudeur, l'amour chaste, l'amitié vertueuse sont *pleins de secrets*. L'innocence à son tour... n'est-elle pas *le plus ineffable des mystères*?... Les plaisirs de la pensée sont aussi des *secrets*... Tout est *caché*, tout est *inconnu* dans l'univers», etc... Et ainsi, nous ne devons avoir aucune peine à croire au mystère de la Trinité ou au mystère de l'Incarnation, puisque la pudeur est un mystère, puisque l'innocence est un mystère, puisque la façon dont pousse un grain de blé est un mystère, et puisque le clair de lune est plein de mystère. À ce compte, le mot «mystère» aurait le même sens dans le «mystère de la Rédemption» et dans: «Le bocage était sans mystère!»

Lorsqu'il parle des dogmes du christianisme (et il faut bien qu'il en parle), soyez sûrs qu'il pense toujours aux encyclopédistes, à leurs disciples et à leurs lecteurs et qu'il ne veut pas leur paraître trop crédule, ni trop naïf (et cela est d'ailleurs fort bien vu, étant donné son dessein). Il noie la Trinité chrétienne dans une érudition de dictionnaire: «La Trinité fut peut-être connue des Égyptiens... Héraclide de Pont et Porphyre rapportent un fameux oracle de Sérapis... Les mages avaient une espèce de Trinité... Platon semble parler de ce dogme... Aux Indes la Trinité est connue... Au Thibet également... Les missionnaires anglais à Otaïti ont trouvé quelques traces de la Trinité...» Enfin, «on peut découvrir quelque tradition obscure de la Trinité jusque dans les fables du polythéisme». Où donc? Mais notamment dans les trois Grâces. Ô monsieur Singlin, ô monsieur Hamon, ô monsieur Daguet, que dites-vous de ce chrétien?

La Rédemption est «touchante». On ne peut pas dire moins. «Ne demandons point à notre esprit, mais à notre cœur, comment un Dieu peut mourir.» La chute est «avérée par la tradition universelle et par la transmission du mal moral et physique.» (Ne l'est-elle donc pas par la parole de l'Écriture sainte?) La communion, c'est «l'union entre une réalité éternelle et le *songe de notre vie*». La communion «présente d'abord une pompe charmante». Elle est l'«offrande des dons de la terre au Créateur». Elle «rappelle la Pâque des Israélites et annonce la fin des sacrifices sanglants.» Elle annonce la «réunion des hommes en une grande famille». Ce n'est qu'«en quatrième lieu» que «l'on découvre dans l'Eucharistie le mystère direct (?) et la présence réelle de Dieu dans le pain consacré».

À propos du sacrement de l'ordre, ingénieux développement sur les charmes de la virginité. «Les anciens la donnaient à Vénus-Uranie et à Minerve... L'Amitié était une adolescente... Parmi les animaux, ceux qui se rapprochent le plus de notre intelligence sont voués à la chasteté» (les abeilles)... «Concluons que les *poètes* et les *hommes du goût le plus délicat* ne peuvent rien objecter contre le célibat des prêtres.» Il insiste beaucoup là-dessus. Il a cet argument imprévu et vraiment trop ingénieux: «Le législateur des chrétiens naquit d'une vierge et mourut vierge. N'a-t-il pas voulu nous enseigner par là, sous les rapports politiques et naturels, que la terre était arrivée à son complément d'habitants et que, loin de multiplier les générations, il faudrait désormais les restreindre?» Puis il songe aux philosophes et aux économistes: «Au reste... l'Europe est-elle déserte parce qu'on y voit un clergé catholique qui a fait vœu de célibat? Les monastères même sont favorables à la société...»

Quand il rencontre l'enfer, dogme déplaisant, il supprime négligemment les peines physiques: «Le bonheur du juste consistera, dans l'autre vie, à posséder Dieu avec plénitude; le malheur de l'impie sera de connaître les perfections de Dieu, et d'en être à jamais privé.» Un peu plus loin: «Les méchants, dit-il, s'enfoncent dans le gouffre.» Et il passe.

Le sacrement de mariage amène un tableau de noce rustique dans le goût de Gessner. La tentation d'Ève sert de prétexte à une très brillante description du serpent et au tableau d'un Canadien qui charme, en jouant de la flûte, un serpent à sonnettes. Je prends tous ces traits presque au hasard dans les trois premiers livres. C'est de l'apologie pittoresque, et poétique, par appels à l'imagination et au sentiment, par érudition amusante, par images, métaphores, analogies, par équivoques et abus de mots, par anecdotes et descriptions. Cela dut plaire extrêmement. L'auteur pensait aux «hommes de goût», comme il disait lui-même tout à l'heure, et ne voulait point leur paraître un petit esprit. Et il avait raison, et cela même servait l'Église. La foi de Chateaubriand cherche partout des arguments, et qui soient élégants et jolis; on pourrait presque dire: Elle en cherche partout excepté dans l'Écriture. Et il est bien vrai que l'Écriture est ce qui aurait le moins persuadé le public auquel il s'adressait.

En somme, le *Génie du christianisme* était parfaitement adapté à son public. Ce livre contre l'impiété du dix-huitième siècle est encore, éminemment, une œuvre du dix-huitième siècle (du moins de celui de Rousseau), puisque c'est une apologie de la religion par des arguments tirés de la sensibilité.

Nous arrivons ainsi à la composition de l'ouvrage.

L'objet et le plan en sont très clairement exposés dans le premier chapitre. L'apologétique ne saurait plus être ce qu'elle était autrefois, parce que les adversaires du christianisme ne sont plus les mêmes. Saint Ignace d'Antioche, saint Irénée, Tertullien combattaient les premières hérésies; Quadrat, Aristide et saint Justin, les calomnies inventées par les païens contre la religion nouvelle; Arnobe le rhéteur, Lactance, Eusèbe, saint Cyprien se sont surtout «attachés à développer les absurdités de l'idolâtrie». Origène combattit les sophistes; saint Cyrille le néo-paganisme de l'empereur Julien; Bossuet les protestants.

«Or, tandis que l'Église triomphait encore, déjà Voltaire faisait renaître la persécution de Julien. Il eut l'art funeste, chez un peuple capricieux et aimable, de rendre l'incrédulité à la mode.» Il s'agit donc de remettre à la mode la religion. «Ce n'étaient pas les sophistes qu'il fallait réconcilier à la religion, c'était le monde qu'ils égaraient. On l'avait séduit en lui disant que le christianisme était un culte né du sein de la barbarie, absurde dans ses dogmes, ridicule dans ses cérémonies, ennemi des arts et des lettres, de la raison et de la beauté; un culte qui n'avait fait que verser le sang, enchaîner les hommes et retarder le bonheur et les lumières du genre humain.» Il fallait prouver que c'est précisément le contraire. «Qui est-ce qui lirait maintenant un ouvrage de théologie?» Il faut «envisager la religion sous un jour purement humain».—«Dieu ne défend pas les routes fleuries quand elles servent à ramener à lui.» Enfin: «Nous osons croire que cette manière d'envisager le christianisme présente des rapports peu connus: sublime par l'antiquité de ses souvenirs, qui remontent au berceau du monde, ineffable dans ses mystères, adorable dans ses sacrements, intéressant dans son histoire, céleste dans sa morale, riche et charmant dans ses pompes, il réclame *toutes les sortes de tableaux*.»

Et le *Génie du christianisme* est, en effet, une suite de tableaux et de morceaux; c'est de l'apologétique descriptive. Le plan est d'une simplicité extrême, aussi peu complexe et «composé» que possible. Il est uni, tout uni; il ne se ramasse pas comme un traité, mais s'étale comme un poème, «une sorte de poème persuasif, un poème sentimental», dit André Beaunier; oui, et aussi, le dirai-je? comme une série d'articles de journal.

«Quatre parties, divisées chacune en six livres. La première traite des dogmes et de la doctrine. La seconde et la troisième renferment la *poétique* du christianisme, ou les rapports de cette religion avec la poésie, la littérature et les arts. La quatrième contient le culte, c'est-à-dire tout ce qui concerne les cérémonies de l'Église et tout ce qui regarde le clergé séculier et régulier.»

De la première partie, je vous ai donné quelque idée en recherchant le degré de foi du brillant apologiste. Les chapitres les plus agréables sont sans doute ceux qui «prouvent l'existence de Dieu par les merveilles de la nature». Cela rappelle la première moitié du *Traité de l'existence de Dieu* de Fénélon, et c'est, à la fois, moins probant encore et infiniment plus riche de couleurs. Cela fait songer aussi aux *Harmonies* de Saint-Pierre. Mais jamais personne n'avait décrit la nature avec cet éclat et cet imprévu d'images. C'est probablement cela, avec *René*, qui séduisit le plus.

La deuxième partie (Poétique du christianisme) est peut-être la plus intéressante. Voulant prouver la vérité de la religion par sa beauté, l'auteur essaye d'y montrer que le christianisme est plus favorable à la poésie et à l'art que le paganisme. Au début de ce chapitre, quelques traces de l'ancienne critique scolaire, comme cette assertion qu'il est moins difficile de faire les cinq actes d'*Œdipe roi* que de créer les vingt-quatre livres d'une *Iliade*, et que «Sophocle et Euripide étaient sans doute de beaux génies, mais au-dessous d'Homère et de Virgile».

Il a ensuite la hardiesse, et peut-être l'imprudence, de comparer, deux par deux, les œuvres et les personnages de la littérature antique et de la moderne: Ulysse et Pénélope d'Homère, Adam et Ève de Milton; le Priam de l'*Iliade* et le Lusignan de *Zaïre*; Andromaque, ou la mère, de l'*Iliade*, et Gusman, ou le fils, d'*Alzire*, etc. L'antiquité, dans ces comparaisons, me semble avoir trop d'avantages. Il rapproche Didon et la Phèdre de Racine, cette «chrétienne réprouvée» et préfère celle-ci, et il a sans doute raison; puis il compare Polyphème et Galatée à Paul et Virginie, et donne la palme au couple de Bernardin de Saint-Pierre; et certes nous le voulons bien. Mais, d'autre part, il fait un parallèle entre Virgile et Racine, et visiblement préfère Virgile. Alors?

Partout il démontre et répète que la morale du christianisme est supérieure, mais ici il ne s'agit pas de morale, il s'agit de beauté. Il dit aussi (et cela est plus important pour la poésie et l'art) que le christianisme, «en se mêlant aux affections de l'âme, a multiplié les ressorts dramatiques»; que la religion chrétienne «connaît mieux les mystères du cœur humain» et qu'elle est «un vent céleste qui enfle les voiles de la vertu et multiplie les orages de la conscience autour du vice». Cela reste d'ailleurs assez superficiel, et il ne paraît pas que Chateaubriand ait quelque part défini un peu profondément en quoi le christianisme a compliqué et enrichi la conscience et la vie intérieure. Mais, encore une fois, il s'agit de beauté (du moins on nous l'avait dit); et, sur ce point, il s'en faut que l'auteur établisse la supériorité de la poésie moderne, arrêtée à la fin du dix-huitième siècle.

Il affirme ensuite que «les anciens n'avaient point de poésie proprement descriptive», parce que «la mythologie rapetissait la nature». (Mais c'est plutôt que les anciens ne décrivaient pas pour décrire, ne décrivaient pas sans raison.) Puis il entreprend de démontrer que, dans ce qu'on appelle le «merveilleux», la religion chrétienne le dispute en beauté à la mythologie même. Et ce sont alors les comparaisons les plus vaines entre les faunes ou les naïades et les anges ou les saints; entre le Zeus d'Homère et le Dieu de Racine; le songe d'Énée et le songe d'Athalie; le Tartare et l'Enfer, etc. Il s'excite beaucoup sur les anges (dont il abusera pour son compte): ange de la solitude, du matin, de la nuit, du silence, du mystère, des mers, des tempêtes, du temps, de la mort, des saintes amours, des rêveries du cœur. (Pan, Silène, Galatée sont plus vivants.) Il me paraît avoir un faible étrange pour le *Paradis perdu* de Milton. À la Vénus qui se montre à Énée dans les bois de Carthage («Elle avait l'air et le visage d'une vierge, et elle était armée à la manière d'une fille de Sparte»), il préfère le séraphin Raphaël qui va visiter Adam et qui, «pour ombrager ses formes divines, porte six ailes».—«Ici, dit-il, Raphaël est plus beau que Vénus.» Avec ses trois paires d'ailes? Eh bien, non, non! et il le sait bien.

Il préfère le merveilleux glacial de Milton au merveilleux d'Homère, qui est du moins amusant et bonhomme. Il doute de la vérité du précepte de Boileau:

De la foi d'un chrétien les mystères terribles

D'ornements égayés ne sont point susceptibles,

qui est pourtant le bon sens même. Car on ne voit pas quels «ornements égayés» pourraient recevoir le mystère de la Trinité ou celui de la Rédemption. Et ce qu'il y aura d'agréable dans ce «merveilleux» chrétien, ce sera toujours quelque chose d'analogue au «merveilleux» païen; ce sera Eloa, la jeune ange romanesque, ou ce beau jeune homme mélancolique et fatal, le Satan de Vigny.

Il montre alors ce que le christianisme a dû ajouter de beauté à notre littérature classique. Il était socialement utile de relever et de remettre au premier rang les écrivains du siècle de Louis XIV, «qui, dit-il, ne s'élevèrent à une si haute perfection que parce qu'ils furent religieux». Il parle fort bien de Pascal, de La Bruyère, de Bossuet, des orateurs chrétiens. En somme, dans cette deuxième et troisième parties, sans être, je crois, aussi profondément original que l'explique Faguet, il élargit et élève la critique littéraire par cela seul qu'il y introduit une vue générale, qui est une vue passionnée, et qui est une vue historique. Il l'a fait en même temps que d'autres: car il était naturel que la peur ou simplement le dégoût de la Révolution amenât une réaction contre les écrivains qui semblaient l'avoir préparée, et par conséquent, en faveur des écrivains du siècle précédent et en faveur de toute la littérature chrétienne; et déjà l'instinct de conservation avait rendu l'abbé Geoffroy, par exemple, fort clairvoyant et lui avait donné des vues d'historien. La poésie des cloîtres, des cimetières, des cérémonies chrétiennes (à l'imitation de Thomas Gray, par exemple), n'était pas non plus inconnue. Mais Chateaubriand avait pour lui son génie et la magie de sa phrase; et on ne fit attention qu'à lui.

Une remarque utile: lorsque Chateaubriand préfère le merveilleux chrétien au merveilleux païen, lorsqu'il met au-dessus d'Homère et de Virgile, à quelques égards, Milton et Le Tasse et, au-dessus des anciens, les écrivains du dix-septième siècle, il aurait contre lui ces écrivains eux-mêmes, qui sont pourtant de bien autres chrétiens que lui, et qui, justement à cause de cela, n'auraient jamais eu l'idée de démontrer la vérité de la religion chrétienne par la beauté de ses productions littéraires.

L'auteur développe alors l'influence du christianisme dans la musique, la peinture, la sculpture, l'architecture, et parle bien, et l'un des premiers, des églises gothiques et (plus loin) encore mieux des ruines, préparant ainsi des thèmes à la poésie romantique. Enfin, dans la quatrième partie, consacrée au «culte», il étudie les cloches, les chants, la messe, la Fête-Dieu, les Rogations, les prières pour les morts; puis le clergé, surtout régulier, et les moines de tous les pays du monde, les missions, les ordres militaires de chevalerie, et les «services rendus à la société par le clergé et la religion chrétienne en général». Et chacun des cinquante-quatre chapitres qui composent cette partie ayant la même conclusion: «Mon Dieu, que c'est beau!» cela est d'une monotonie un peu accablante.

Enfin, comme il avait terminé l'*Essai sur les Révolutions* en recherchant «quelle religion remplacerait le christianisme», il conclut ici par ce chapitre: «Quel serait aujourd'hui l'état de la société si le christianisme n'eût point paru sur la terre?» Et le second chapitre me paraît aussi fragile que le premier.

Messieurs, je ne peux pas vous le taire, ce livre, qui est une grande date, qui a coïncidé et concordé avec un grand événement historique, ce livre du Magicien, de l'Enchanteur, j'ai bien peur qu'il ne soit devenu un peu ennuyeux. J'en avais lu des morceaux, il y a quarante-quatre ans, je m'en souviens, avec une admiration docile. Je ne l'avais pas rouvert depuis (car on ne peut pas lire une bibliothèque tous les matins, et c'est pour cela que nos impressions sur les livres d'autrefois ou sont trop anciennes ou sont trop récentes, et que la critique est si souvent caduque). Or, en lisant ou relisant le *Génie du christianisme*, j'ai eu quelque peine à aller jusqu'au bout. Cela, sans doute, parce que son contenu a été mille fois ressassé dans des ouvrages venus après lui. Ce qu'il a inspiré, et qui avait été neuf, est devenu banal. Il a souffert de sa gloire même.

La poésie du christianisme, c'est surtout le mysticisme, et il n'y a pas pour un sou de mysticisme dans ce livre. Mais, si le *Génie du christianisme* n'est pas très profondément chrétien, cela n'empêche pas qu'il fut bienfaisant. Évidemment, les églises se seraient rouvertes sans Chateaubriand. Elles n'avaient été fermées, en réalité, que trois, quatre, cinq ans, selon les régions. Et, quand elles se rouvrirent, combien de paysans avaient lu le livre de Chateaubriand? Mais il contribua fort à rendre la religion littérairement sympathique. C'est beaucoup... Il donna la formule d'une sorte de foi sentimentale, esthétique et sociale, oh! mon Dieu, qui est la foi tout de même, nous l'avons vu, et qui, répandue, peut faire durer indéfiniment la religion chrétienne et ses bienfaits. Combien de chrétiens croient «explicitement» et avec une exactitude théologique? Bien peu, et cela ne fait rien du tout, puisqu'au surplus eux-mêmes n'en savent rien. Chateaubriand a écrit un livre imposé par les circonstances, un livre nécessaire, inévitable, et que Jean-Jacques Rousseau, dégoûté du protestantisme dans la dernière partie de sa vie, repris par le catholicisme vague et tendre de madame de Warens, épouvanté et dégoûté par la Terreur, eût pu—qui sait?—écrire à sa façon. (Il n'y faudrait que reculer un peu sa naissance et sa mort, ce qui n'est pas une affaire.) Mais enfin, ce livre, c'est Chateaubriand qui a eu la chance de l'écrire. Il a à peu près inventé le langage religieux laïque. Et son livre a commencé, sinon engendré une série.

On peut dire qu'il n'y avait pas eu de littérature catholique au dix-huitième siècle; du moins elle avait eu si peu d'éclat! Mais la littérature catholique du dix-neuvième fut féconde et brillante; et Lamennais lui-même, mais surtout Lacordaire, Montalembert, Gerbet, Perreyve procèdent, en grande partie, du *Génie du christianisme*. Je sais bien que le catholicisme de salon, qui est une si odieuse chose, en procède aussi; je sais que le *Génie du christianisme* a introduit jusque dans la chaire chrétienne le ton romantique, le ton dégagé, le ton artiste, et d'autres mauvais tons: mais tout cela est noyé dans le grand et durable bienfait du livre.

Chateaubriand fut lui-même prisonnier du *Génie du christianisme*. Prisonnier avantageux, mais prisonnier. Ce livre lui imposa, pour toute sa vie, une attitude de défenseur de la foi et de restaurateur des autels, qui convenait aussi peu que possible à sa vraie et secrète nature d'individualiste forcené, de libre amoureux et, en somme, d'anarchiste. Le *Génie du christianisme* commanda toute son œuvre littéraire, et, pour commencer, le força de composer laborieusement quoi? Une épopée,—une épopée en prose, et une épopée chrétienne: les *Martyrs*.

SIXIÈME CONFÉRENCE

LES MARTYRS

Le *Génie du christianisme* eut donc un très grand succès. Si nous ne le savions pas par ailleurs, l'auteur des *Mémoires d'outre-tombe* ne nous le laisserait pas ignorer (deuxième partie, livre Ier): «Ce fut au milieu des débris de nos temples que je publiai le *Génie du christianisme*; les fidèles se crurent sauvés.»—«Un épisode du *Génie du christianisme* (*René*) a déterminé un des caractères de la littérature moderne: mais au surplus, si *René* n'existait pas, je ne l'écrirais plus; s'il était possible de le détruire, je le détruirais.»—«La littérature se teignit des couleurs de mes tableaux religieux, comme les affaires ont gardé la phraséologie de mes écrits sur la cité.»—«Les chapitres où je traite de l'influence de notre religion dans notre manière de voir et de peindre... renferment le germe de la critique nouvelle.»—«L'action du *Génie du christianisme* sur les opinions ne se borna pas à une résurrection momentanée d'une religion qu'on prétendait au tombeau... S'il y avait dans l'ouvrage innovation de style, il y avait aussi changement de doctrine... L'idée de Dieu et de l'immortalité de l'âme reprit son empire.»—«Le heurt que le *Génie du christianisme* donna aux esprits fit sortir le dix-huitième siècle de l'ornière, et le jeta pour jamais hors de sa voie...» Etc., etc. (Ce qui ne l'empêche pas, ensuite, de faire le dégoûté, l'homme revenu de toutes choses.)

Il peut y avoir du vrai dans ces vantardises: mais je trouve misérable de parler ainsi de soi-même.

Quelques années après la publication du livre, Senancour (qui n'était pas pressé et qui peut-être n'avait pas eu de quoi l'acheter au premier moment) fit une critique sérieuse et courtoise du *Génie du christianisme*. Senancour, vous vous en souvenez, dans ses *Rêveries* et dans *Obermann*, avait profondément défini ce mal de René que Chateaubriand décrivait avec un éclat superficiel. Senancour, parti comme Chateaubriand de l'incrédulité du dix-huitième siècle, continua à chercher tout seul, et parvint à un spiritualisme ardent, un peu mystique, à une sorte de théosophie. Il combattit de la façon la plus consciencieuse et la plus forte la fragile apologétique du *Génie du christianisme*. Mais, quoiqu'il eût raison, il avait tort, et Chateaubriand avait littérairement et socialement raison.

Aussi je ne vous reparle ici de Senancour que pour mon plaisir et parce qu'il est un excellent représentant de ces génies obscurs, qui n'ont pas eu de chance de leur vivant, et qui, parfois, furent plus réellement intelligents que ceux qui ont trop réussi. Il est clair qu'il y a, dans ses livres, plus d'idées, et plus amies de notre esprit, plus de sentiments, et plus nuancés, et plus de nourriture intellectuelle que dans Chateaubriand. Mais on ne le sait guère. Seul, un petit groupe en fut informé vers 1840; et c'est très bien ainsi.

L'auteur du *Génie du christianisme* cueille et savoure sa gloire. Les châteaux remeublés se le disputent. Il voit madame de Vintimille, madame de Fezensac, madame de Custine aux longs cheveux, la duchesse de Châtillon, madame Lindsay, Julie Talma, madame de Clermont-Tonnerre. «Ma réputation, dit-il, me rendait la vie légère.» Il connaissait, un peu, le Canada: mais, de la France, il ne connaissait guère que la Bretagne. Alors il fait un petit voyage triomphal en France, par Lyon, Avignon, Marseille, Nîmes, Montpellier, Narbonne, Toulouse, Bordeaux, Blaye, Rochefort et Nantes.

À son retour, invité à une fête chez Lucien, il y rencontra le premier consul. «J'étais dans la galerie lorsque Napoléon entra: il me frappa agréablement. Je ne l'avais jamais aperçu que de loin. Son sourire était caressant et beau, son œil admirable, surtout par la façon dont il était placé sous son front et encadré dans ses sourcils. Il n'avait encore aucune charlatanerie dans le regard, rien de théâtral et d'affecté. Le *Génie du christianisme*, qui faisait en ce moment beaucoup de bruit, avait agi sur Napoléon. Une imagination prodigieuse animait ce politique si froid: il n'eût pas été ce qu'il était, si la Muse n'eût été là.»

À la suite de cette rencontre, Bonaparte nomma Chateaubriand premier secrétaire de l'ambassade de Rome, auprès du cardinal Fesch («Bonaparte, dit Chateaubriand à ce propos, était un grand découvreur d'hommes».) Chateaubriand accepta, surtout, dit-il, à cause de madame de Beaumont: «La fille de M. de Montmorin se mourait: le climat de l'Italie lui serait, disait-on, favorable; moi allant à Rome, elle se résoudrait à passer les Alpes; je me sacrifiai à l'espoir de la sauver.» Il eut peut-être d'autres raisons encore. Il arriva à Rome le 27 juin 1803, et s'entendit mal avec le cardinal Fesch (qui, d'ailleurs, était un fort mauvais homme). C'est que, explique-t-il, «je ne vaux rien du tout en seconde ligne».

Madame de Beaumont arriva à Rome le 17 septembre. Il la soigna de son mieux. Elle mourut le 4 novembre. À propos de la dernière veille, il dit naïvement: «Une idée déplorable vint me bouleverser: je m'aperçus que madame de Beaumont ne s'était doutée qu'à son dernier soupir de l'attachement véritable que j'avais pour elle; elle ne cessait d'en marquer sa surprise et elle semblait mourir désespérée et ravie. Elle avait cru qu'elle m'était à charge, et elle avait désiré s'en aller pour me débarrasser d'elle.»

Pauvre petite femme! Madame de Beaumont ne se trompait peut-être pas complètement. Chateaubriand non plus, qui certainement aima cette amie à son lit de mort. Il lui fit faire, à Saint-Louis-des-Français, un tombeau qui coûta 9.000 francs, et pour lequel il s'endetta. Un peu auparavant, pour soigner madame de Beaumont, il avait voulu emprunter de l'argent à sa nouvelle amie madame de Custine, qui refusa, ne voyant dans madame de Beaumont qu'une rivale. Il en fut très étonné. Oh! c'était, comme dit Joubert, un «bon garçon».

À sa dernière heure, madame de Beaumont l'avait «engagé à vivre auprès de madame de Chateaubriand». Il l'avait revue deux fois: à Paris en revenant de Londres: puis en Bretagne, pendant vingt-quatre heures, après son tour de France. Sans doute il lui avait fait comprendre qu'il la rendrait malheureuse sans le vouloir; que d'ailleurs le restaurateur du culte avait des privilèges, et que, d'ailleurs, après dix ans de séparation, ce n'était vraiment plus la peine. Enfin, sur le suprême conseil de sa maîtresse, il reprit sa femme. Madame de Beaumont avait-elle su ce qu'elle faisait? Madame de Chateaubriand admirait fort son mari, mais sans l'avoir lu (c'est lui qui nous l'apprend). Elle était profondément pieuse auprès de ce chrétien d'attitude. Elle était très peu bourbonienne et grande admiratrice de Bonaparte. Elle avait beaucoup d'esprit, beaucoup de clairvoyance, et le don de l'ironie. La cohabitation avec sa femme dut être, pour Chateaubriand, hérissée de continuelles aiguilles. Elle n'avait qu'à être elle-même pour l'exaspérer; et d'avance il lui ôtait tout remords.

Nommé par Bonaparte ministre dans le Valais, il vint d'abord à Paris, et c'est là que sa femme vint le rejoindre. Le 21 mars 1804, raconte-t-il, se promenant dans Paris, il entendit crier la nouvelle officielle du «jugement de la commission militaire spéciale convoquée à Vincennes» qui condamnait à la peine de mort le duc d'Enghien. Rentré chez lui, il «s'assit devant une table et se mit à écrire sa démission de ministre du Valais». C'était fort bien, et ce n'était pas sans danger. Je n'ai jamais dit qu'il n'eût point l'âme haute ou manquât de courage.

(Il faut dire que, d'après M. Albert Cassagne, qui apporte ses preuves, Chateaubriand ne tenait pas du tout à aller s'enterrer à Sion, qu'il appelle «un trou horrible». L'exécution du duc d'Enghien lui aurait simplement fourni une occasion de démissionner avec éclat. Mais, quand nous savons qu'une action a eu de beaux mobiles, n'allons pas plus loin et gardons-nous d'y chercher encore d'autres mobiles moins reluisants, car on les trouve toujours.)

Si Bonaparte n'eût pas tué le duc d'Enghien, qu'en fût-il résulté pour Chateaubriand? Lui-même répond dans les *Mémoires* (trente-quatre ans après): «Ma carrière littéraire était finie; entré de plein saut dans la carrière politique, où j'ai prouvé ce que j'aurais pu par la guerre d'Espagne, je serais devenu riche et puissant. La France aurait pu gagner à ma réunion avec l'Empereur; moi, j'y aurais perdu. Peut-être serais-je parvenu à maintenir quelque idée de liberté et de modération dans la tête du grand homme; mais ma vie, rangée parmi celles qu'on appelle heureuses, eût été privée de ce qui en fait le caractère et l'honneur: la pauvreté, le combat et l'indépendance.»

Il n'avait jamais été bourbonien que par point d'honneur; il était l'intime ami de Fontanes et lié avec l'une des sœurs de Bonaparte. Il admirait le premier consul et l'avait signifié dans la préface d'*Atala*. («On sait ce qu'est devenue la France, jusqu'au moment où la Providence a fait paraître un de ces hommes qu'elle envoie en signe de réconciliation, lorsqu'elle est lassée de punir.») Il pouvait poursuivre sa carrière dans la diplomatie impériale. Mais son orgueil et son inquiétude d'esprit ne lui eussent pas permis d'y durer longtemps. Peut-être valut-il mieux pour lui qu'il s'affranchît tout de suite.

Mais le voilà assez désorienté. De 1804 à 1809, date de la publication des *Martyrs*, puis de 1809 à 1811, date de la publication de l'*Itinéraire de Paris à Jérusalem*, c'est-à-dire pendant sept années, que fait-il? Il mène la vie de château, il y montre cette bonne humeur, cette gaieté, cet enfantillage dont Joubert nous parle plusieurs fois: car il semble bien qu'à part certaines heures, l'auteur de *René* ait été aussi peu René que possible. Il perd, à moitié folle, madame de Caud (Lucile, sa sœur bien-aimée). Il va à Vichy, en Auvergne, au mont Blanc, à la Grande-Chartreuse. Il achète et plante la Vallée-aux-Loups. Il fait son voyage d'Orient (du 13 juillet 1806 au 5 juin 1807). Et il est vrai qu'il écrit ces deux livres: les *Martyrs* et l'*Itinéraire*. Mais en sept ans, pour un pareil passionné de la plume, ce n'est guère (je ne dis pas comme qualité).

C'est qu'il dut être fort embarrassé. Après le *Génie du christianisme*, que pouvait-il bien écrire qui en soutînt la réputation? Et cependant Napoléon grandissait toujours, devenait empereur... La concurrence était de plus en plus difficile avec un tel homme. Quel livre pouvait contrebalancer Austerlitz? Car, dès l'origine, Chateaubriand avait considéré Napoléon comme un rival. Notez que l'aventure prodigieuse et la gloire de l'empereur ont surexcité un nombre considérable de ses contemporains et des hommes de la génération suivante et, particulièrement, dans les lettres, Chateaubriand, Victor Hugo, Balzac et, je crois même, Stendhal. Ils brûlaient du désir d'être aussi grands que lui, sans prendre assez garde que la commune mesure est incertaine et fuyante entre l'œuvre d'un chef d'armée et d'État et celle d'un écrivain, et que les «grandeurs de chair» ont trop d'avantages, aux yeux grossiers de la foule, sur les grandeurs spirituelles, surtout quand l'esprit n'est pas absent de ces «grandeurs de chair» elles-mêmes.

«Peu à peu mon imagination fatiguée de repos... vit se former de lointains fantômes. Le *Génie du christianisme* m'inspira l'idée de *faire la preuve* de cet ouvrage, en mêlant des personnages chrétiens à des personnages mythologiques.» («Personnages mythologiques» semble ici assez impropre)... Ainsi le *Génie du christianisme* l'obligeait d'écrire les *Martyrs*. Et sans doute aussi la concurrence de l'empereur l'obligeait de ne rien écrire de moins qu'un poème épique. Seule, une épopée pouvait lutter contre la grandeur de Napoléon. Chateaubriand avait le préjugé de l'épopée. Nous avons vu qu'il considère l'*Iliade* (qui se fit presque toute seule) comme bien plus difficile à faire et, par conséquent, plus honorable que l'*Œdipe roi*. Ce novateur persistait, docilement, à regarder l'épopée comme «le premier des genres», dans un temps où personne je crois, ne réclamait d'épopée, et où les circonstances sociales avaient cessé depuis longtemps (mettons depuis trois siècles) d'être favorables à une composition de cette espèce. (Les «gestes» mêmes de Napoléon, d'ailleurs détestées de Chateaubriand, étaient trop proches pour être mises en épopée). N'importe, il voulait faire son poème épique. Il était extrêmement respectueux des machines du Tasse, de Milton et de Klopstock. Dans les *Natchez* déjà, avec une candeur magnifique, il avait fait du «merveilleux chrétien», et le ridicule de ce merveilleux lui avait apparemment échappé. Et c'est pourquoi, après la *Pucelle* de Chapelain et après la *Henriade* de Voltaire, il écrivit les *Martyrs*, c'est-à-dire une épopée chrétienne, avec enfer et ciel, anges et démons; et il la fit en prose (et tout de même il eut raison puisqu'il était prosateur),—dans une prose rythmée et colorée qui est souvent celle d'un noble récit historique, mais où les tableaux de diables et d'anges font des discordances un peu pénibles.

«Le *Génie du christianisme* m'inspira de faire la preuve de cet ouvrage.» Quelle preuve? La preuve que le merveilleux chrétien est supérieur au merveilleux païen, et que le christianisme a enrichi l'âme humaine. Les deux religions, la païenne et la chrétienne, devaient donc être mises en présence, et pour cela la meilleure époque était évidemment celle où les deux religions se partageaient le monde, c'est-à-dire le commencement du quatrième siècle. Il fallait inventer, dans l'histoire générale, une histoire particulière. Une histoire d'amour, bien entendu: car il n'y en a pas d'autres, ou toutes les autres se ramènent à celle-là. Un païen amoureux d'une chrétienne ou un chrétien amoureux d'une païenne. Chateaubriand a préféré la seconde donnée, sans doute parce que la lutte de la nature et de la foi, la lutte des dieux et de Dieu devait avoir plus de grâce et de poésie dans une âme de jeune fille. Et, au surplus, l'âme de son amant chrétien pouvait être, elle aussi, partagée, et plus touchante par ses péchés eux-mêmes que par son repentir.

Voici donc, très en abrégé, la fable imaginée par Chateaubriand.

L'amant, le héros, Eudore, est un très brillant jeune homme né vers la fin du troisième siècle. Il est d'une vieille famille de Messénie, les Lasthénès, et descendant de Philopœmen. Il a le caractère et la vie que Chateaubriand aurait voulu avoir à cette époque-là. Il est chrétien, mais il a la culture grecque, et est capable d'apprécier et d'aimer la littérature et l'art païens. Les Lasthénès s'étant jadis opposés à la conquête romaine, l'aîné de la famille est obligé de se rendre en otage à Rome... Eudore va donc à Rome, dès l'âge de seize ans. Il y rencontre les futurs saints Augustin et Jérôme, et le futur empereur Constantin, que l'auteur rassemble ici complaisamment. Puis Eudore tombe dans tous les désordres de la jeunesse et oublie sa religion (comme fit le jeune Chateaubriand à Londres). Il est même excommunié par l'évêque de Rome Marcellin.

Il passe l'été, avec la cour, à Baïes; il fréquente chez Aglaé, très riche et très élégante dame. Il connaît le futur saint Sébastien, et le fameux comédien Genès, et le futur ermite Pacome. Puis, il est envoyé à l'armée du Rhin sous Constance. Il prend part à une bataille contre les Francs. Prisonnier des Francs, il devient esclave de Pharamond et est secouru par une Clotilde qui n'est pas encore celle de Clovis. Après une grande chasse qui le conduit, en compagnie du jeune Mérovée, jusqu'au Danube et jusqu'au tombeau d'Ovide, il est chargé par les Francs d'aller proposer la paix à Constance...

Il passe dans l'île des Bretons. Il obtient les honneurs du triomphe. Il revient dans la Gaule. Il est nommé «commandant de l'Armorique». Ici se place l'épisode de Velléda.

À la suite de cette aventure, et parce qu'il a causé involontairement la mort de la jeune druidesse, Eudore se repent de ses péchés et en fait pénitence. Il quitte l'armée; il passe en Égypte pour demander sa retraite à Dioclétien, et rentre en Arcadie chez son père. Peu après, il rencontre Cymodocée, fille de Démodocus, prêtre d'Homère. C'est devant elle qu'il raconte ses aventures. Ils s'aiment. Cymodocée veut être chrétienne. Elle va à Lacédémone pour y être instruite par l'évêque Cyrille; puis, pour la soustraire aux persécutions d'Hiéroclès, proconsul d'Achaïe, à qui elle inspire un amour impur, on l'envoie à Jérusalem, où elle vivra sous la protection d'Hélène, la mère de Constantin. Eudore a reçu l'ordre de partir pour Rome. Les voilà donc sérieusement séparés.

Ici, j'abrège très fort. Dioclétien, avant de se retirer dans son potager de Salone, se laisse arracher l'édit de persécution. Eudore est emprisonné, torturé, condamné aux bêtes... Mais Cymodocée (qui a été baptisée dans le Jourdain par Jérôme), est jetée par une tempête sur la côte d'Italie, arrêtée, conduite à Rome; et, délivrée de l'horrible Hiéroclès par une émeute populaire, est emprisonnée comme chrétienne... Enlevée de sa prison par un brave chrétien, et rendue à son père, elle s'échappe, vient trouver Eudore à l'amphithéâtre, et tombe, vierge, dans ses bras;

> Il la serre contre sa poitrine, il aurait voulu la cacher dans
> son cœur. Le tigre arrive aux deux martyrs. Il se lève debout,
> et enfonçant ses ongles dans les flancs du fils de Lasthénès,
> il déchire, avec ses dents, les épaules du confesseur
> intrépide. Comme Cymodocée, toujours pressée dans le

sein de son époux, ouvrait sur lui des yeux pleins d'amour et de frayeur, elle aperçoit la tête sanglante du tigre auprès de la tête d'Eudore. À l'instant, la chaleur abandonne les membres de la vierge victorieuse; ses paupières se ferment; elle demeure suspendue aux bras de son époux ainsi qu'un flocon de neige aux rameaux d'un pin du Ménale ou du Lycée...

Ô le charmant martyre!

L'histoire, réduite à ce que j'ai dit, pouvait être délicieuse. Cette petite fille païenne, qui se fait chrétienne par amour (car il n'y a pas autre chose)! Ce chrétien victime de ses passions, et qui est martyr, ce semble, par point d'honneur! Et ces paysages de Grèce que Chateaubriand avait eu soin de parcourir avec la résolution de les trouver beaux! Et cette antiquité grecque dont il avait déjà vu, dans les idylles manuscrites d'André Chénier, des transpositions admirables! Mais, hélas! il voulait faire une épopée, et une épopée chrétienne. Il voulait,—pourquoi, mon Dieu?—démontrer la supériorité du merveilleux chrétien sur le merveilleux païen. Et cela le jette dans des inventions glaciales. Il suppose que le martyre de Cymodocée et d'Eudore doit assurer le triomphe de la religion chrétienne et que, par conséquent, le ciel et l'enfer s'intéressent violemment à ces deux amoureux; et alors, il est obligé,—luttant contre Dante, contre Milton, contre Klopstock,—de faire, lui aussi, un paradis et un enfer; et je ne saurais vous dire le néant de cet enfer et de ce paradis.

Vouloir peindre le ciel, lui René! Mais, pour lui, s'il était sincère, la félicité suprême, ce serait la mélancolie elle-même, et ce serait le paradis de Mahomet, avec de la rêverie autour... Au lieu de cela, il nous compose un paradis qui, dans ce qu'il a de matériel, n'ose pas nous offrir les simples plaisirs des sens et la simple volupté, mais emprunte à l'*Apocalypse* d'indifférentes «murailles de jaspe», ou des «arcs de triomphe formés des plus brillantes étoiles», ou des «portiques de soleils prolongés sans fin à travers les espaces du firmament», c'est-à-dire des architectures fort inférieures au Parthénon ou à Notre-Dame de Paris. Et que nous font, je vous prie, les chœurs de chérubins, de séraphins, de trônes et de dominations, dont les uns «règlent les mouvements des astres» et dont les autres «gardent les mille chariots de guerre de Sabaoth» ou «veillent au carquois du Seigneur»? Que nous font «des patriarches assis sous des palmiers d'or, les prophètes au front étincelant de deux rayons de lumière..., les docteurs tenant à la main une plume immortelle»? Il y a un endroit où «sont cachées les sources des vérités incompréhensibles au ciel même: la liberté de l'homme et la prescience de Dieu... Là surtout s'accomplit, loin de l'œil des anges, le mystère de la Trinité». Nous voilà bien avancés! «Imploré par le Dieu de mansuétude et de paix en faveur de l'Église menacée, le Dieu fort et terrible fit connaître aux cieux ses desseins pour les fidèles. Il ne prononça qu'une parole.» Mais l'auteur ne nous dit pas laquelle.

Il est également incapable de nous peindre un ciel matériel et un ciel immatériel. Ce qu'il trouve de mieux est ceci: «Le souverain bien des élus est de savoir que ce bien sans mesure sera sans terme; ils sont incessamment dans l'état délicieux d'un mortel qui vient de faire une action vertueuse et héroïque, d'un génie sublime qui enfante une grande pensée, d'un homme qui sent les transports d'un amour légitime ou les charmes d'une amitié longtemps éprouvée par le malheur.»—L'auteur en vient à écrire des phrases comme celle-ci: «Le Christ redescend à la table des vieillards, qui présentent à sa bénédiction deux robes nouvellement blanchies dans le sang de l'agneau.» Il écrit ailleurs, plus sensé: «Muses, où trouverez-vous des images pour peindre ces solennités angéliques?» Ou bien: «Est-ce l'homme infirme et malheureux qui pourrait parler des félicités suprêmes? Ombres fugitives et déplorables, savons-nous ce que c'est que le bonheur?» Évidemment non; mais alors?

Et après le paradis, il y a l'enfer! Chateaubriand a repoussé les bizarres visions de Dante et n'a pas voulu insister sur les supplices matériels... Mais que ce qu'il a inventé est d'une horreur indifférente et fade! Il paraît que Satan est furieux de l'amour de la petite Cymodocée pour le bel Eudore. Il était en train de passer la revue des temples de la terre et les a trouvés languissants. Il rentre dans le sombre royaume pour prendre conseil des autres démons. «Un fantôme s'élance sur le seuil des portes inexorables, c'est la Mort. Elle se montre comme une tache obscure sur les flammes des cachots qui brûlent derrière elle», etc... La Mort vole au-devant de Satan: «Ô mon père, viens-tu rassasier la faim insatiable de ta fille?... J'attends de toi quelque monde à dévorer...» Est-ce que cela vous touche? Ou bien, serez-vous épouvantés d'apprendre que, «lié par cent nœuds de diamants sur un trône de bronze, le démon du désespoir domine l'empire des chagrins?» Pourtant, le démon du désespoir est intéressant, le plus intéressant des démons, je pense, et valait mieux que cela.

Donc, Satan convoque le Sénat des enfers. «Les démons se placent sur les gradins brûlants du sombre amphithéâtre.» Pour lutter contre le christianisme grandissant, le démon de l'homicide propose les bourreaux et les flammes. Le démon de la fausse sagesse propose l'athéisme et la diffusion des principes «qui dissolvent les liens de la société et menacent les fondements des empires». Et enfin le démon de la volupté propose la volupté.

Il est charmant, ce démon de la volupté; et que l'auteur lui est complaisant! Voilà enfin une figure sympathique. «Le plus beau des anges tombés après l'archange rebelle, il a conservé une partie des grâces dont l'avait orné le Créateur... Né pour l'amour, éternel habitant du séjour de la haine, il supporte impatiemment son malheur; trop délicat pour pousser des cris de rage, il pleure seulement.» Et ses discours sont exquis. (Il faut dire aussi que ce démon est une femme et s'appelle Astarté):

> Dieux de l'Olympe, et vous que je connais moins, divinités du brahmane et du druide, je n'essaierai point de le cacher: oui, l'enfer me pèse! Vous ne l'ignorez pas, je ne nourrissais contre l'Éternel aucun sujet de haine, et *j'ai seulement suivi, dans sa rébellion et dans sa chute, un ange que j'aimais.* (La touchante diablesse!) Mais, puisque je suis tombé du ciel avec vous, je veux du moins vivre longtemps au milieu des mortels, et je ne me laisserai point bannir de la terre. (Oh! celle-là peut être tranquille) Tyr, Héliopolis Paphos, Amathonte m'appellent. Mon étoile brille encore sur le mont Liban: là, j'ai des temples enchantés, des fêtes gracieuses, des cygnes qui m'entraînent au milieu des airs, des fleurs, de l'encens, des parfums, de frais gazons, des danses voluptueuses et de riants sacrifices. Et les chrétiens m'arracheraient ce léger dédommagement des joies célestes! Le myrte de mes bosquets, qui donne l'enfer à tant de victimes, transformé en croix sauvage, qui multiplie les habitants du ciel! Non, je ferai connaître aujourd'hui ma puissance. Pour vaincre les disciples d'une loi sévère, il ne faut ni violence ni sagesse: j'armerai contre eux les tendres passions... Cette ceinture me répond de la victoire. Bientôt mes caresses auront amolli ces durs serviteurs d'un Dieu chaste. *Je dompterai les vierges rigides*, et j'irai troubler jusque dans leurs déserts ces anachorètes qui pensent échapper à mes enchantements.

Que tout cela est joli! Ce démon de la volupté est la grâce et le sourire de ce glacial et stupide enfer. Dans ces pages écrites pour démontrer la supériorité du merveilleux chrétien, les diables ne sont intéressants que s'ils ressemblent aux dieux païens. Ah que le peintre de cet enfer aime visiblement le péché!

Ici seulement l'auteur est sincère; ici, et dans un passage original où, carrément, il place des pauvres en enfer, se souvenant des terribles pauvres de la Révolution et de la Terreur:

> Satan rit des lamentations du pauvre qui réclame, au nom de ses haillons, le royaume du ciel: «Insensé, lui dit-il, tu croyais donc que l'indigence suppléait à toutes les vertus? Tu pensais que tous les rois étaient dans mon empire et tous tes frères autour de mon rival? Vile et chétive créature, tu fus insolent, menteur, lâche, envieux du bien d'autrui,

ennemi de tout ce qui était au-dessus de toi par l'éducation, l'honneur et la naissance, et tu demandes des couronnes? Brûle ici avec l'opulence impitoyable, qui fit bien de t'éloigner d'elle, mais qui te devait un habit et du pain.»

Il y a là de la franchise, avec quelque dureté nietzschéenne.

Partout, la mythologie chrétienne des *Martyrs* n'est agréable qu'en tant qu'elle ressemble à la mythologie païenne. Mais quelle imprudence! Si les dieux sont des démons, si les péchés sont les dieux de l'Olympe, les péchés sont splendides.

L'auteur invente des anges; mais ces anges, c'est toujours le messager Mercure et la messagère Iris, c'est Éros et c'est Vénus, avec de longues robes blanches et des ailes... L'ange des saintes amours s'appelle Uriel. «D'une main il tient une flèche d'or»—comme l'amour—mais «une flèche d'or tirée du carquois du Seigneur; de l'autre un flambeau»—comme l'amour—mais «un flambeau allumé au foudre éternel». L'auteur nous dit: «L'ange des saintes amours alluma dans le cœur du fils de Lasthénès une flamme irrésistible.» Pourquoi ne pas nous dire simplement qu'Eudore est amoureux? Pour sauver Cymodocée du naufrage, «la divine Mère du Sauveur... envoie Gabriel à l'ange des mers». Aussitôt Gabriel, «après avoir détaché de ses épaules ses ailes blanches, bordées d'or, se plonge du ciel dans les flots». Ce Gabriel diffère peu d'Iris envoyée par Jupiter. Et l'ange des mers, «l'ange sévère qui veille aux mouvements de l'abîme» n'est autre que notre vieux Neptune. Passe encore quand les anges ressemblent à de charmants demi-dieux! Mais, pour nous expliquer que le méchant Hiéroclès est jaloux d'Eudore, est-il bien nécessaire ou est-il intéressant d'imaginer que Satan s'en va trouver dans son cachot le démon de la jalousie «couché parmi des vipères et d'affreux reptiles» et qu'il lui commande d'aller exciter la jalousie d'Hiéroclès, et qu'il «monte alors sur un char de feu» et qu'il y fait placer à ses côtés le monstre qu'il appelle son fils; tout cet embarras pour inspirer à Hiéroclès le plus naturel des sentiments?

Seul, le paganisme est agréable dans ce poème entrepris pour démontrer la supériorité poétique du christianisme. Si l'auteur nous présente Augustin, Jérôme, Sébastien, Pacome, Genès, Aglaé et son intendant Boniface qui est aussi son amant, il a bien soin de nous les présenter avant leur conversion. Il développe leurs erreurs avec une complaisance extrême. Il décrit, avec une délectation interrompue de scrupules hypocrites, ce dont Augustin se confessera avec horreur. «Hélas! (notez cet *hélas!*) nous poursuivions nos faux plaisirs. Attendre ou chercher une beauté coupable, suivre l'enchanteresse au fond de ce bois de myrte et dans ces champs heureux où Virgile plaça l'Élysée, telle était l'occupation de nos jours, source intarissable de larmes et de repentir.» (Crois-tu?). Ou bien: «Nous remplissions nos coupes d'un vin exquis trouvé dans les celliers d'Horace, et nous buvions aux trois sœurs de l'Amour, filles de la Puissance et de la Beauté... Nous chantions ensuite sur la lyre nos passions criminelles.»—«Loin d'ici, bandelettes sacrées, ornements de la pudeur, et vous, longues robes, qui cachez les pieds des vierges, je veux célébrer les larcins et les heureux dons de Vénus!» Et il rappelle tout cela devant la petite Cymodocée, qu'on ne fera sortir qu'au moment de l'épisode de Velléda.

Mais cette petite Cymodocée elle-même, son charme est d'être petite-fille d'Homère et de le demeurer jusqu'au bout; son charme est de rester païenne, de recevoir sans y comprendre grand'chose les enseignements de l'évêque Cyrille; d'être telle que tout ce qu'elle fait, on ne sait pas si elle le fait pour l'amour du Christ ou pour l'amour d'Eudore. Elle va si gentiment, au clair de lune, retrouver Eudore dans la grotte arcadienne, avant d'aller le rejoindre dans l'amphithéâtre! «Ta religion, lui dit-elle, défend aux jeunes hommes de s'attacher aux jeunes filles, et aux jeunes filles de suivre les pas des jeunes hommes: tu n'as aimé que lorsque tu étais infidèle à ton Dieu.» À quoi Eudore ne peut que répondre: «Ah! je n'ai jamais aimé quand j'offensais ma religion. Je le sens, à présent que j'aime par la volonté de mon Dieu.» Alors Cymodocée:

> Guerrier, pardonne aux demandes importunes d'une Messénienne ignorante... Dis-moi, puisqu'on peut aimer dans ton culte, il y a donc une Vénus chrétienne? A-t-elle un char et des colombes?... Force-t-elle la jeune fille à chercher le jeune homme dans la palestre, à l'introduire furtivement sous le toit paternel? Ta Vénus rend-elle la langue embarrassée? Répand-elle un feu brûlant, un froid mortel dans les veines? Oblige-t-elle à recourir à des philtres pour ramener un amant volage, à chanter la lune, à conjurer le seuil de la porte? Toi, chrétien, tu ignores peut-être que l'Amour est fils de Vénus, qu'il fut nourri dans les bois du lait des bêtes féroces, que son premier arc était de frêne, ses premières flèches de cyprès, qu'il s'assied sur le dos du lion, sur la croupe du Centaure, sur les épaules d'Hercule?

Et si vous saviez combien la chrétienne réponse d'Eudore paraît faible! Cymodocée, en y mettant beaucoup de bonne volonté, y comprend juste ce qu'il faut pour dire: «Que ta religion soit la mienne, puisqu'elle enseigne à mieux aimer!». Et c'est tout ce qu'elle y voit. La veille de sa mort, dans son costume sombre de martyre («telle la Muse des mensonges nous peint la Nuit, mère de l'Amour, enveloppée de ses voiles d'azur et de ses crêpes funèbres»), se croyant sauvée, elle chante, oublieuse du catéchisme de Cyrille et de Jérôme, une petite chanson où pas un mot n'est chrétien: «Légers vaisseaux de l'Ausonie, fendez la mer calme et brillante! Esclaves de Neptune, abandonnez la voile au souffle des vents... Volez, oiseaux de Libye... Quand retrouverai-je mon lit d'ivoire... J'étais semblable à la tendre génisse... Ah! s'il m'était permis d'implorer encore les Grâces et les Muses!...» Etc... Ainsi chante cette petite chrétienne, qui ignore le langage et le vocabulaire chrétiens.

C'est une chose étrange: toutes les fois qu'il s'agit de décrire une fête païenne ou de chanter un chant païen, le poète retrouve son génie. Il a l'air alors de sentir et de jouir pour son compte... Il y a, tout près de la fin, au livre XXIIIe, une fête de Bacchus et un hymne à Bacchus, d'une ardeur, d'une couleur!... «Les prêtresses agitaient autour de lui des torches enflammées... Leurs cheveux flottaient au hasard... Les unes portaient dans leurs bras des chevreaux naissants, les autres présentaient la mamelle à des louveteaux...» Et l'hymne est délicieux. Cela rend bien pâles les scènes de sainteté. On sent que Chateaubriand a connu les manuscrits d'André Chénier. Je ne sais pas s'il avait besoin de les lire pour composer ces tableaux et ces chants: mais enfin il les avait lus. Cela est particulièrement sensible aux premiers livres, dans la rencontre de Cymodocée et d'Eudore, dans la visite de Démodocus et de sa fille chez Lasthénès. Démodocus l'homéride, un peu trop ingénu tout de même, semble échappé des idylles de Chénier. Dans les premières conversations d'Eudore et de Cymodocée, l'impression est curieuse. Elle le prend pour le chasseur Endymion, ou pour un Dieu. Il lui répond: «Il n'y a qu'un Dieu, maître de l'univers.» Elle lui dit: «Je suis fille d'Homère aux chants immortels.» Il lui répond: «Je connais un plus beau livre que le sien.» Elle «hasarde quelques mots sur les charmes de la Nuit sacrée.» Il lui répond: «Je ne vois que des astres, qui racontent la gloire du Très-Haut.» Bref, si j'ose dire, il la «colle» tout le temps, mais c'est Cymodocée que nous aimons... Quand, au livre II, elle chante en s'accompagnant de la lyre et que les chrétiens, l'ayant entendue, gardent le silence et «ne lui donnent point les éloges qu'elle semble mériter», nous avons envie de dire: «Les pauvres gens!» Seul, le mysticisme chrétien peut être plus beau que le naturalisme païen: et ce mysticisme est absent des *Martyrs*, parce que Chateaubriand ne l'eut jamais en lui. Je me trompe fort, ou nulle part ne se trouvent exprimées,—sauf la pudeur et la charité, qui encore n'étaient point ignorées des païens,—les nouveautés dont l'âme humaine fut redevable au christianisme. J'écrivais jadis:

... La foi chrétienne, en se mêlant à toutes les passions humaines, les a compliquées et agrandies par l'idée de l'*au delà* et par l'attente ou la crainte des choses d'outre-tombe. La pensée de l'autre vie a changé l'aspect de celle-ci, provoqué des sacrifices furieux et des résignations d'une tendresse infinie, des songes et des espérances à soulever l'âme, et des désespoirs à en mourir... La femme, devenue la grande tentatrice, le piège du diable, a inspiré des désirs et des adorations d'autant plus ardentes... La malédiction jetée à la chair a dramatisé l'amour. Il y a eu des passions nouvelles: la haine paradoxale de la nature, l'amour de Dieu, la foi, la contrition. À côté de la débauche exaspérée par la terreur même de l'enfer, il y a eu la pureté, la chasteté chevaleresques; à côté de la misère plus grande et à travers les férocités aveugles, une plus grande charité, une compassion de la destinée humaine où tout le cœur se fondait. Il y a eu des conflits d'instincts, de passions et de croyances qu'on ne connaissait point auparavant, une complication de la conscience morale, un approfondissement de la tristesse et un enrichissement de la sensibilité...

Il y a trop peu de tout cela dans les *Martyrs*. Sans doute Cymodocée dit à un moment: «Je pleure comme si j'étais chrétienne.» Mais c'est à peu près tout. Elle n'est héroïque que par amour, et elle est païenne encore sous la dent du tigre. Et Eudore, redevenu chrétien, montre assurément de grandes vertus, pureté, détachement, résistance à la douleur: mais je cherche en vain l'accent nouveau, l'accent mystique. Je crois que le Christ n'est pas appelé une seule fois Jésus.—En résumé les *Martyrs*,—chose non prévue par l'auteur,—nous charment dans la mesure où ils sont pénétrés de paganisme, et par conséquent dans la mesure où ils prouvent le contraire de ce qu'ils prétendaient prouver.

L'auteur lui-même a dû le reconnaître. En 1839, instruit par trente années, il écrit dans ses *Mémoires*: «Le défaut des *Martyrs* tient au merveilleux *direct*, que, dans le reste de mes préjugés classiques, j'avais mal à propos employé. Effrayé de mes innovations, il m'avait paru impossible de me passer d'un enfer et d'un ciel (!). Les bons et les mauvais anges suffisaient cependant à la conduite de l'action, sans la livrer à des machines usées.» Non seulement ils «suffisaient» à la conduite de l'action, mais ils y étaient inutiles. «Effrayé de mes innovations», on se demande lesquelles. Mais il a raison de conclure: «Si la bataille des Francs, si Velléda, si Jérôme, Augustin, Eudore, Cymodocée» (avant leur conversion); «si la description de Naples et de la Grèce n'obtiennent pas grâce pour les *Martyrs*, ce ne sont pas l'enfer et le ciel qui les sauveront.»

(J'ajoute: Ce ne sont pas non plus les bons ni les mauvais anges, ni tous les ressouvenirs du genre pseudo-épique, et, par exemple, les innombrables comparaisons, si ingénieuses parfois, et presque toujours si artificielles. Il y en a même de désobligeantes: «Comme un taureau qu'on arrache aux honneurs du pâturage pour le séparer de la génisse que l'on va sacrifier aux dieux, ainsi Dorothée avait entraîné Démodocus loin de la prison de Cymodocée.»)

Mais il est très vrai que la bataille des Francs et des Romains est une de ces choses dont on peut dire: «Cela n'avait pas été écrit auparavant.» Depuis longtemps, certes, on était préoccupé de «couleur locale». Mais, je ne sais comment, avec des traits empruntés à César, Polybe, Tacite, Diodore,

Strabon, Sidoine Apollinaire, Salvien, Anne Comnène, Grégoire de Tours, Arrien, Jormandès, Plutarque et les *Edda*, Chateaubriand a su faire ce qu'on n'avait pas fait avant lui. Ce livre VI illumina Augustin Thierry. Vous vous rappelez ces images et ce rythme:

> Parés de la dépouille des ours, des veaux marins, des aurochs et des sangliers, les Francs se montraient de loin comme un troupeau de bêtes féroces... Les yeux de ces barbares ont la couleur d'une mer orageuse... Sur une grève... on apercevait leur camp... Il était rempli de femmes et d'enfants, et retranché avec des bateaux de cuir et des chariots attelés de grands bœufs... Le roi chevelu pressait une cavale stérile, moitié blanche, moitié noire, élevée parmi les troupeaux de rennes et de chevreuils, dans les haras de Pharamond... Chef à la longue chevelure, je vais t'asseoir autrement, sur le trône d'Hercule le Gaulois... Esclave romain, ne crains-tu pas ma framée?... Les femmes des barbares... vêtues de robes noires... arrêtent par la barbe le Sicambre qui fuit, et le ramènent au combat...

Puis, la marée d'équinoxe qui envahit le camp des Francs et en chasse les Romains:

> Les bœufs épouvantés nagent avec les chariots qu'ils entraînent; ils ne laissent voir au-dessus des vagues que leurs cornes recourbées et ressemblent à une multitude de fleuves qui auraient apporté eux-mêmes leurs tributs à l'Océan... Mérovée s'était fait une nacelle d'un large bouclier d'osier; porté sur cette conque guerrière, il nous poursuivait escorté de ses pairs qui bondissaient autour de lui comme des tritons.

C'est magnifique: mais voyez comment, jusque dans ses tableaux du Nord, le Breton Chateaubriand est poursuivi des lumineux souvenirs de la mythologie grecque.

Il y a donc le combat des Francs. Et il y a Velléda.

L'histoire de Velléda est rapide, éclatante, étrange et triste. Je vous en rappelle brièvement la donnée. Eudore, nommé commandant des contrées armoricaines, est averti d'un complot tramé contre les Romains par les prêtres gaulois et par la prophétesse Velléda. Il les épie, assiste à la scène du complot dans la forêt, exige que Velléda et son père Ségenax lui soient livrés comme otages. Or, la belle captive aime son maître, qui finit par céder à ce hardi et frémissant amour. «Je tombe, dit Eudore, aux pieds de Velléda... L'enfer donne le signal de cet hymen funeste; les esprits des ténèbres hurlent dans l'abîme, les chastes épouses des patriarches détournent la tête, et mon ange protecteur, se voilant de ses ailes, remonte vers les cieux.» (Voilà qui est bien exagéré, et fort éloigné, je pense, des sentiments naturels de l'auteur). Mais le vieux Ségenax soulève les Gaulois contre Eudore qui a déshonoré, dit-il, la prêtresse; et, au milieu d'une scène de tumulte et de carnage, Velléda reparaît et s'ouvre la gorge de sa faucille d'or.

Il est tout à fait singulier que cette chute de la jolie Gauloise dans les bras d'Eudore nous soit donnée comme un terrible châtiment des péchés de ce mauvais chrétien. Mais cette histoire de Velléda est charmante, et on peut la relire.

Eudore, c'est Chateaubriand lui-même: «... Mon âme était encore tout affaiblie par ma première insouciance et mes criminelles habitudes; je trouvais même dans les anciens doutes de mon esprit et la mollesse de mes sentiments un certain charme qui m'arrêtait: mes passions étaient comme des femmes séduisantes qui m'enchaînaient par leurs caresses.»

Velléda est orgueilleuse, passionnée, possédée, mystérieuse, héroïque et faible. Elle a produit, je pense, une quantité d'amoureuses romantiques,— dont je ne me rappelle en ce moment que la Esméralda,—et jusqu'aux *Petite comtesse* et aux *Julia de Trécœur*. Ses apparitions sont imprévues et soudaines. Ses discours, qui semblent involontaires, ont un charme secret et puissant: «Mon père dort; assieds-toi, écoute... Sais-tu que je suis fée?... Je suis vierge, vierge de l'île de Sayne; que je garde ou que je viole mes vœux, j'en mourrai. Tu en seras la cause... Tu me fuis, mais c'est en vain: l'orage t'apporte Velléda, comme cette mousse flétrie qui tombe à tes pieds... Oh! oui, c'est cela, les Romaines auront épuisé ton cœur! Tu les auras trop aimées! Ont-elles donc tant d'avantages sur moi?...» Une fois, elle fait présent à Eudore (pour Alfred de Vigny) du thème de la *Maison du Berger*: «Je n'ai jamais aperçu au coin d'un bois la hutte roulante d'un berger, sans songer qu'elle me suffirait avec toi... Nous promènerions notre cabane de solitude en solitude, et notre demeure ne tiendrait pas plus à la terre que notre vie...»

Comme Atala liée par un vœu de virginité, comme Amélie amoureuse de son frère, la prêtresse Velléda est dévorée d'une passion qu'exalte son caractère criminel. Mais Velléda est la plus belle et la plus vivante des «héroïnes» de Chateaubriand. C'est peut-être que Velléda est une image plus développée de sa sœur Lucile. À vrai dire il n'avait pas à se donner beaucoup de peine pour faire de Lucile une druidesse amoureuse, un peu folle et un peu sorcière.

Nous avons déjà vu combien Lucile le hante. Rouvrons le premier volume des *Mémoires*:

> De la concentration de l'âme naissaient chez ma sœur des effets d'esprit extraordinaires: endormie, elle avait des

songes prophétiques; éveillée, elle semblait lire dans l'avenir. Sur un palier de l'escalier de la grande tour battait une pendule qui sonnait le temps au silence. Lucile, dans ses insomnies, s'allait asseoir sur une marche en face de cette pendule; elle regardait le cadran à la lueur de sa lampe posée à terre. Lorsque les deux aiguilles, unies à minuit, enfantaient dans leur conjonction formidable l'heure des désastres et des crimes, Lucile entendait des bruits qui lui révélaient des trépas lointains... Dans les bruyères de la Calédonie, Lucile eût été une femme céleste de Walter Scott, douée de la seconde vue: dans les bruyères armoricaines elle n'était qu'une solitaire avantagée de beauté, de génie et de malheur.

Cette sœur, il ne peut s'empêcher de nous parler d'elle. Après nous avoir dit plusieurs fois qu'elle était un peu folle et que la mort de madame de Beaumont «avait achevé d'altérer la raison de Lucile», il tient à nous donner des lettres de cette malade, devenue madame de Caud et veuve, des lettres qui témoignent en effet d'un certain désordre d'esprit. Et je ne sais si je me trompe, mais je crois sentir quelque ressemblance secrète entre l'incohérence ardente de ces lettres de Lucile et celle des propos de Velléda.

Autrefois, Chateaubriand a confié sa femme à Lucile. Elle la lui a gardée dix ans. Peut-être n'était-elle pas pressée de la lui rendre. Puis, Lucile s'est intéressée particulièrement à la liaison de son frère et de madame de Beaumont. Elle lui écrit dans les derniers mois de sa vie: «Je me reposais de mon bonheur sur toi et sur madame de Beaumont: je me sauvais dans votre idée de mon ennui et de mes chagrins.» Elle lui écrit obscurément: «Mon ami, j'ai dans la tête mille idées contradictoires de choses qui semblent exister et n'exister pas; qui ont pour moi l'effet d'objets qui ne s'offriraient que dans une glace, dont on ne pourrait par conséquent s'assurer, quoi qu'on les vît distinctement.» Une autre fois: «Mon frère... pense que bientôt tu seras pour toujours délivré de mes importunités... Ma vie jette sa dernière clarté... Rappelle-toi que souvent nous avons été assis sur les mêmes genoux et pressés ensemble tous deux sur le même sein; que déjà tu mêlais des larmes aux miennes...; que nos jeux nous réunissaient et que j'ai partagé tes premières études. Je ne te parlerai point de notre adolescence, de l'innocence de nos pensées et de nos joies, et du besoin mutuel de nous voir sans cesse. Si je te retrace le passé, je t'avoue ingénument, mon frère, que c'est pour me faire revivre davantage dans ton cœur.» Et encore: «... Dieu ne peut plus m'affliger qu'en toi. Je le remercie du précieux, bon et cher présent qu'il m'a fait en ta personne, et d'avoir conservé ma vie sans tache.» Pourquoi ces derniers mots? Et pourquoi, tout à l'heure, «l'innocence de nos pensées et de nos joies?» Il semblait que cela, d'une sœur à un frère, allât sans dire. Et enfin: «Je pourrais prendre pour emblème de ma vie la lune dans un nuage, avec cette devise: Souvent obscurcie, jamais ternie.»

Oui, Lucile, dans l'imagination de son frère, dut se transformer très aisément en Velléda. Je me figure, je vois Lucile à dix-huit ans, dans les bois de Combourg, parée de gui et de fleurs sauvages, dire à René, comme Velléda à Eudore: «Assieds-toi, écoute, sais-tu que je suis fée?» Et pourquoi prête-t-il à Velléda «une connaissance approfondie des lettres grecques», connaissance vraiment imprévue chez la petite druidesse, si ce n'est parce que Lucile était une personne fort lettrée?

La destinée de Lucile fut étrange même après sa mort. La sœur de Chateaubriand, la comtesse de Caud, fut enterrée dans la fosse commune. Elle n'avait plus rien, «était ignorée et n'avait pas un ami». Son frère l'avait mise dans un couvent, chez les Dames de Saint-Michel, avec son domestique le vieux Saint-Germain (l'ancien serviteur de madame de Beaumont). Puis il était allé à Villeneuve-sur-Yonne, chez son ami Joubert; et là, raconte-t-il, madame de Chateaubriand était tombée malade. Pendant ce temps-là, Lucile avait encore changé de demeure, puis était morte; et on l'avait enterrée parmi les pauvres. Saint-Germain seul avait suivi le «cercueil délaissé». Et, quand Chateaubriand était rentré à Paris, le vieux Saint-Germain lui-même était mort (sans avoir une seule fois écrit ou fait écrire à son maître, paraît-il); et Chateaubriand s'était abstenu de rechercher le lieu de la sépulture de Lucile. Oh! il nous dit éloquemment pourquoi: «... Quand, en faisant des recherches, en compulsant les archives des municipalités, les registres des paroisses, je rencontrerais le nom de ma sœur, à quoi cela me servirait-il...? Quel nomenclateur des ombres m'indiquerait la tombe effacée? Ne pourrait-il pas se tromper de poussière? Puisque le ciel l'a voulu, que Lucile soit à jamais perdue!» Il trouve cela très bien, très original. Plus loin, il l'appelle cette «sainte de génie» et dit qu'il n'a pas été un seul jour sans la pleurer. Il est possible, quoique, vers la fin, il dût en avoir assez de cette folle.

En tout cas, il a bien fait de la pleurer. Car il me paraît de plus en plus que c'est Lucile, la jolie Bretonne neurasthénique, qui, après Amélie, lui a légué Velléda. Il a vu Lucile dans le même décor, à peu près, où il place la petite druidesse «... Elle me prit par la main, et me conduisit sur la pointe la plus élevée du dernier rocher druidique... Velléda tressaille, étend les bras, s'écrie: on m'attend! Et elle s'élançait dans les flots. Je la retins par son voile...» Les étangs de Combourg ont fort bien pu voir quelque scène de ce genre, au temps où le frère et la sœur s'enivraient ensemble de solitude et de la pensée de la mort, peut-être le même jour où René jouait au suicide avec son vieux fusil à la détente usée.

Après cela, et après le dixième livre, les *Martyrs* m'ont semblé assez ennuyeux. Ces voyages, ces descriptions éternelles! Ces anachronismes si ingénieux et si inutiles! Ce qui reste du jeune *Anacharsis* de l'abbé Barthélemy, et ce qui fait présager le jeune *Gaulois à Rome*, du digne professeur Dézobry! Et cette cruelle tension de style, à faire trouver le *Télémaque* délicieux et naturel!

(Quand j'étais adolescent, j'ai lu avec amour *Fabiola*. Le modeste livre du cardinal Wiseman est plus chrétien que les *Martyrs*, et me semblait aussi bien plus amusant. Avez-vous lu *Fabiola*? Vous rappelez-vous la petite Agnès, la bonne Syra, l'enfant Tarcisius? Il y a dans *Fabiola* de la douceur, de la piété, de l'intérêt dramatique...)

Mais, encore une fois, il y a, dans les *Martyrs*, le combat des Francs, et il y a Velléda. Il y a Chateaubriand lui-même et la plus rare fleur de son sang. Chactas, René, Eudore, c'est lui; Atala, Amélie, Velléda, c'est elle. Il ne s'intéresse violemment,—et assez pour leur donner la vie par des mots,— qu'aux images de son propre cœur, ou des cœurs qu'il a troublés. Velléda vit, parce qu'elle est sa grande aventure passionnelle; Cymodocée vit, parce qu'elle est son paganisme habillé en vierge. Les autres sont des ombres, même Hiéroclès, le proconsul jacobin.

SEPTIÈME CONFÉRENCE

L'ITINÉRAIRE DE PARIS À JÉRUSALEM.

LE DERNIER ABENCÉRAGE.

Les *Martyrs* eurent du succès, mais non point un immense succès (quoique le libraire les eût payés 80.000 francs, dont 24.000 comptant). L'auteur lui-même nous en a donné les raisons, du moins quelques-unes, dans ses *Mémoires*: «... Les circonstances qui contribuèrent au succès du *Génie du Christianisme* n'existaient plus; le gouvernement, loin de m'être favorable, m'était contraire. Les *Martyrs* me valurent un redoublement de persécution.» (Il ne dit pas en quoi.) «Les allusions fréquentes dans le portrait de Galérius et dans la peinture de la cour de Dioclétien ne pouvaient échapper à la police impériale.» (À la vérité, ces allusions paraissent aujourd'hui lointaines.)

Au *Journal des Débats*, Hoffmann fit, des *Martyrs*, une critique où il y a beaucoup de bon sens, et quelques sottises. Chateaubriand ressentit très vivement cette critique, et répondit par un long *Examen des Martyrs* et par des *Remarques* sur chaque livre du poème. Il s'y montre fort naïvement irrité des censures et fort content de lui. Il s'étonne particulièrement qu'on ait été si méchant pour un ouvrage qui lui a coûté tant de peine. Il dit, à propos de sa peinture du Paradis: «Jamais je n'ai fait un travail plus pénible et plus ingrat.» Il y paraît. Dans les *Remarques* sur le livre VIII (*l'Enfer*): «Ce livre, qui coupe le récit, qui sert à délasser le lecteur (!) et à faire marcher l'action, offre en cela même une innovation dans l'art qui n'a été remarquée de personne.» En effet. Sur les démons, qui sont des dieux païens: «C'est l'Olympe dans l'enfer, et c'est ce qui fait que cet enfer ne ressemble à aucun de ceux des poètes mes devanciers.» Sur le démon de la fausse sagesse: «Ce démon n'avait point été peint avant moi.» Plus loin: «La peinture du tumulte aux enfers est absolument nouvelle.» Sur le démon de la volupté: «Ce portrait est encore tout entier de l'imagination de l'auteur.» Etc. On a envie de dire: «Allons, tant mieux. Mais nous ne nous soucions que de Velléda.»

«La publication des *Martyrs*, dit Chateaubriand, coïncide avec un accident funeste.» Son cousin Armand de Chateaubriand était resté en Angleterre. Marié à Jersey, il était chargé de la correspondance des princes. Il menait sur de méchants bateaux une vie héroïque et folle d'audace; mais le 20 janvier 1809 il fut arrêté, conduit à Paris, à la prison de la Force, puis condamné à mort. Chateaubriand n'avait probablement, pour obtenir la grâce de son cousin, qu'à demander une audience à l'empereur. Mais il était gêné par son rôle public. Deux ans auparavant il avait écrit dans le *Mercure* l'article célèbre: «... C'est en vain que Néron prospère, Tacite est déjà né dans l'empire; il croît inconnu auprès des cendres de Germanicus, et déjà l'intègre Providence a livré à un enfant obscur la gloire du maître du monde...»

Il fit cependant ce qu'il put, mais on ne sait pas bien quoi. (Je vous renvoie, pour le détail de cette histoire, à la *Vie politique de Chateaubriand*, par M. Albert Cassagne.) Chateaubriand dit dans les *Mémoires d'outre-tombe*: «Je m'adressai à madame de Rémusat; je la priai de remettre à l'impératrice une lettre de demande de justice ou de grâce à l'empereur.» Madame de Chateaubriand dit dans le *Cahier rouge*: «Mon mari écrivit à Bonaparte; mais, comme quelques expressions de sa lettre l'avaient, dit-on, choqué, il répondit: Chateaubriand demande justice, il l'aura.» Et Madame de Rémusat raconte dans ses *Mémoires*, que l'empereur lui dit: «Chateaubriand a l'enfantillage de ne pas m'écrire à moi» (ceci contredit le *Cahier rouge*); «sa lettre à l'impératrice est un peu sèche et hautaine; il voudrait m'imposer l'importance de son talent. Je lui réponds par celle de ma politique, et, en conscience, cela ne doit point l'humilier.»

Le plus certain, c'est qu'Armand fut fusillé: «Le jour de l'exécution, raconte Chateaubriand, je voulus accompagner mon camarade sur son dernier champ de bataille; je ne trouvai point de voiture, je courus à pied à la plaine de Grenelle, j'arrivai tout en sueur, une seconde trop tard: Armand était fusillé contre le mur d'enceinte de Paris. Sa tête était brisée; un chien de boucher léchait son sang et sa cervelle.» Quelque chose me dit qu'il a ajouté le chien de boucher.

Et, d'après les *Souvenirs* de Sémallé, Chateaubriand n'aurait vu ni le chien ni la cervelle. Il s'était décidé (trop tard) à demander une audience à l'empereur. Il passa toute la nuit chez lui, et reçut la lettre d'audience, le matin, après l'exécution d'Armand. Si, comme l'affirme Sémallé, Chateaubriand n'est pas sorti de chez lui ce matin-là, «que devient la course à Grenelle, et l'histoire du chien de boucher et le mouchoir sanglant apporté par Chateaubriand à madame de Custine?» (A. Cassagne).

«Il parut plus irrité qu'affligé», dit madame de Rémusat. Rien d'étonnant à cela, ni de choquant. Il n'avait pas vu son cousin depuis bien des années. Tout de suite après avoir conté la mort d'Armand, il nous dit: «L'année 1811 fut une des plus remarquables de ma carrière littéraire. Je publiai l'*Itinéraire de Paris à Jérusalem*, je remplaçai M. de Chénier à l'Institut, et je commençai d'écrire mes *Mémoires*... Le succès de l'*Itinéraire* fut aussi complet que celui des *Martyrs* avait été disputé.»

Et pourtant, la première partie exceptée, l'*Itinéraire*, si je ne me trompe, nous paraît, aujourd'hui, encore plus ennuyeux que les *Martyrs*.

Pourquoi avait-il fait ce voyage en Grèce, dans l'archipel, à Constantinople, en Asie-Mineure, en Palestine, en Égypte et à Tunis? Il nous dit qu'il allait «chercher des images» pour son poème des *Martyrs*. Il nous dit aussi qu'il a fait ce voyage par piété: «Je serai peut-être le dernier des Français sorti de mon pays pour voyager en Terre-Sainte avec les idées, le but et les sentiments d'un ancien pèlerin.» Enfin (dans les *Mémoires*), il nous dit qu'il l'a fait par amour: «Allais-je au tombeau du Christ dans les dispositions du repentir? Une seule pensée m'absorbait; je comptais avec impatience les moments. Du bord de mon navire, les regards attachés à l'étoile du soir, je lui demandais des vents pour cingler plus vite, de la gloire pour me faire aimer. J'espérais en trouver à Sparte, à Sion, à Memphis, à Carthage, et l'apporter à l'Alhambra. Comme le cœur me battait en abordant les côtes d'Espagne!»

Autrement dit, il allait à Jérusalem pour le plaisir de trouver, au retour, madame de Noailles qui l'attendait à Grenade. Et il suivait aussi son instinct et son goût de voyageur et de navigateur, et son humeur curieuse et surtout inquiète.

La littérature de voyages est, chez nous, abondante. On a écrit, au moyen âge, beaucoup de relations de pèlerinages en Orient. Mais je ne rappellerai que les livres connus: le *Journal de Voyage* de Montaigne, les *Voyages de Flandre et de Hollande, de Laponie, de Pologne* de Regnard, les *Lettres sur l'Italie* du président de Brosses, les *Voyages* de Volney en Égypte et en Syrie; au dix-neuvième siècle, le *Voyage en Orient* de Lamartine, le *Rhin* de Victor Hugo, le *Tra-los-montès* de Gautier; le *Sahel* et le *Sahara* de Fromentin, et, sous divers titres, les notes et impressions de voyage de Jacquemont, de Stendhal, de Taine. Dieu sait si j'en oublie! et je m'arrête, d'ailleurs, aux écrivains encore vivants. Parmi tous ces livres, l'*Itinéraire* de Chateaubriand,—quelques passages familiers mis à part, qui font bien une vingtaine de pages,—est le plus solennel et le plus tendu. Il y soutient un rôle. Il avait écrit les *Martyrs* en sa qualité de restaurateur de la religion et pour démontrer la supériorité poétique du christianisme: il écrit l'*Itinéraire* pour justifier, pour appuyer les descriptions des *Martyrs*. À chaque instant, il nous rappelle qu'il est un très grand voyageur et qu'il a été au Canada. Il n'en est pas encore revenu. Il s'agit d'aller de Misitra à Magoula: «C'est en général un voyage très facile, surtout pour un homme qui a vécu chez les sauvages de l'Amérique.» En voyant des cigognes: «Ces oiseaux furent souvent les compagnons de mes courses dans les solitudes d'Amérique: je les vis souvent perchés sur les wigwams des sauvages.» Ou bien: «Je me suis toujours fait un plaisir de boire de l'eau des rivières célèbres que j'ai passées dans ma vie: ainsi, j'ai bu des eaux du Mississippi» (ce n'est pas sûr), «de la Tamise, du Rhin, du Pô, du Tibre, de l'Eurotas, du Céphise, de l'Hermus, du Granique (?), du Jourdain, du Nil, du Tage, et de l'Èbre.»

Au commencement de cette lecture (et je puis bien vous avouer que, jusque-là, je n'avais lu de l'*Itinéraire* que quelques fragments), je me disais:

—Je sais qu'il faut être respectueux. Je sais qu'il peut y avoir quelque intérêt à voir des lieux où ont vécu de grands hommes, où se sont passées de grandes choses. Pas toujours, cependant. Il faut, ce me semble, que la figure de ces lieux n'ait pas été trop radicalement modifiée. Même alors, je conçois mal que l'intérêt qu'on peut prendre aille jusqu'à l'émotion et jusqu'aux larmes. Un paysage où se sont accomplis de grands faits historiques ressemble beaucoup à un paysage du même genre où il n'est rien arrivé. Je comprends que l'on s'attache à ce qui reste de l'acropole d'Athènes, du forum romain, ou de la petite ville de Pompéi. Mais le champ de bataille le plus illustre est presque toujours pareil à n'importe quel grand morceau de la Beauce ou de la Brie. Tel petit port méditerranéen ne vous paraîtra rien de plus qu'un petit port avec de grosses barques de pêche, même si l'on vous dit que la galère de Cléopâtre y a mouillé voilà dix-neuf siècles. Et, si des ruines n'ont gardé que d'incertains contours, je n'y verrai que des tas de pierres, quand même ce seraient les ruines supposées de Sparte ou d'Argos.

Lors donc que Chateaubriand approche de la côte du Péloponèse, je suis un peu surpris de l'entendre dire: «J'étais prêt à *m'élancer* sur un rivage désert et à saluer la patrie des arts et du génie.» La saluer? Comment? Par quel cri ou par quel geste? Couchant à Méthone (ou Modon) près de Sparte: «Je me retirai, dit-il, dans la chambre qu'on m'avait préparée, mais sans pouvoir fermer les yeux. J'entendais les aboiements des chiens de la Laconie et le bruit du vent de l'Élide: comment aurais-je pu dormir?» Mais pourquoi n'aurait-il pas dormi? (Car remarquez que ce n'est point le bruit des chiens et du vent qui le tient éveillé, mais c'est que c'est le vent de l'Élide et les chiens de la Laconie.) Plus loin, en Messénie, à propos de champs d'oliviers possédés par des Turcs, *les larmes lui viennent aux yeux* «en voyant les mains du Grec esclave inutilement trempées de ces flots d'huile qui rendaient la vigueur au bras de ses pères pour triompher des tyrans.» Sur Messène, il a cette réflexion d'une mélancolie bien imprévue: «Épaminondas éleva les murs de Messène. *Malheureusement* on peut reprocher à cette ville la mort de Philopœmen.»

Le jour où il rencontre l'Eurotas, il ne prend point cet événement à la légère: «Ainsi, après tant de siècles d'oubli, ce fleuve qui vit errer sur ses bords les Lacédémoniens illustrés par Plutarque, ce fleuve, dis-je, s'est peut-être réjoui dans son abandon d'entendre retentir autour de ses rives les pas d'un obscur étranger. C'était le 18 août 1806, à neuf heures du matin, que je fis seul, le long de l'Eurotas, une promenade qui ne s'effacera jamais de ma mémoire.» Et il s'exalte jusqu'à cette déclaration: «Si je hais les mœurs des Spartiates, je ne méconnais point la gloire d'un peuple libre, et je n'ai point foulé sans émotion sa noble poussière.» Et je n'ose pas vous dire de qui ces lignes pourraient être signées.

Il y a mieux encore. C'est quand, du haut de la colline où fut la citadelle de Sparte, il découvre les ruines (d'ailleurs incertaines) de la ville. «Un mélange d'admiration et de *douleur* arrêtait mes pas et ma pensée; le silence était profond autour de moi: je voulus du moins faire parler l'écho dans des lieux où la voix humaine ne se faisait plus entendre, et je criai de toute ma force: Léonidas! Aucune ruine ne répéta ce grand nom, et Sparte même sembla l'avoir oublié.» C'est peut-être sublime. Mais je ne le crois pas. Et si ce n'est pas sublime...

Mais je me suis bientôt aperçu que ces railleries étaient faciles et chétives; qu'elles ne prouvaient que mon bon sens, ce qui importe peu; et qu'un sentiment expliquait chez Chateaubriand ces émotions, ces douleurs, ces exaltations, ces larmes, ce sérieux, cette solennité. Ce sentiment, c'est l'amour de la gloire. Après nous avoir raconté comment il appela Léonidas, et de toute sa force (et le voyez-vous poussant ce cri dans son costume de Tartarin, avec ses deux pistolets et son poignard à la ceinture et son fusil de chasse à la main?), il ajoute: «Si des ruines où s'attachent des souvenirs illustres font bien voir la vanité de tout ici-bas, il faut pourtant convenir que les noms qui survivent à des empires et qui immortalisent des temps et des lieux sont quelque chose. Après tout, ne dédaignons pas trop la gloire: rien n'est plus beau qu'elle, si ce n'est la vertu.» L'amour de la gloire a été la plus forte passion de Chateaubriand. Et, comme il voulait la gloire pour soi, il la respectait, la prenait au sérieux chez les autres, et particulièrement chez les morts. Sans compter que, il y a cent ans, la gloire des Grecs et des Romains, rajeunie par la Révolution et l'Empire, était plus vivante dans les esprits. (Quand Chateaubriand vient à nommer Épaminondas et Philopœmen, il les appelle «ces grands hommes». Je crois que nous ne le ferions plus à présent, parce que nous ne savons pas.)

Aujourd'hui, l'amour de la gloire est un sentiment beaucoup moins répandu. Même aux siècles où elle peut être acquise, elle est fort peu de chose. Ce n'est que la survivance, et très précaire et très intermittente, d'un assemblage de sons, d'un nom. Cette vaine survivance de votre nom, vous ne pourrez en jouir que si votre âme survit elle-même. Mais, si vous ne croyez pas à cette survie de votre âme, le plaisir d'être illustre ne sera pour vous qu'un plaisir viager, comme la simple notoriété ou comme la richesse. L'amour de la gloire implique donc des croyances spiritualistes, et aussi l'illusion que la civilisation actuelle est quelque chose de considérable dans l'histoire de la planète, et que celle-ci est quelque chose de considérable dans l'histoire de l'univers. Non, l'on n'est plus assez naïf pour désirer la gloire. Il y a trop d'hommes célèbres; il y en a des milliers. Jamais la postérité ne pourra retenir tous leurs noms. On se rabat à ne souhaiter qu'une renommée utile ou d'immédiates jouissances de vanité.

Mais, sans négliger celles-ci, Chateaubriand ne voulait rien de moins que la gloire, et la plus grande gloire possible. Et il faut dire qu'il a vécu dans les meilleures conditions pour la conquérir. Sa chance a été merveilleuse, unique. Les circonstances ont centuplé l'effet des productions de son esprit. Il est venu dans un temps où certaines choses importantes devaient être dites et où tout un pays souhaitait qu'elles fussent dites. Il sut les dire avec génie. Mais, en outre, il était le seul qui eût du génie à ce moment-là, ou du moins qui eût un génie propre à charmer. Les grands écrivains sont nombreux au dix-septième siècle: pas un d'eux ne peut se croire le roi de son temps. Au dix-huitième siècle, autour de Voltaire, il y a Fontenelle, Montesquieu, Buffon, Diderot, Rousseau. Plus tard il y aura, tout ensemble, Lamartine, Vigny, Hugo, Musset, Balzac, Sand, Michelet, etc... Mais, par une fortune inouïe, Chateaubriand est seul. André Chénier est encore inédit, et d'ailleurs inachevé. Joseph de Maistre est un étranger et n'a guère encore publié que ses courtes *Considérations*. Bonald a plus d'idées que Chateaubriand, mais est un écrivain difficile et qui n'est lu que d'un petit nombre... En dehors de madame de Staël, improvisatrice de peu de grâce, il n'y a, autour de Chateaubriand, que Fontanes, Joubert inédit, Ginguené, Arnaud, Népomucène Lemercier, Legouvé père, Delille, Esménard... qui encore? (Constant n'est connu que plus tard comme écrivain). Chateaubriand est le premier sans nulle peine. Il est le seul illustre et le seul glorieux.

Et déjà il n'est plus qu'un homme qui soutient et entretient sa gloire. L'*Itinéraire* est, si j'ose dire, le plus «truqué» des livres. Ce voyage nous est présenté comme un événement tout à fait considérable, comme un épisode de la mission historique de l'auteur. Il affecte, du moins au commencement, la plus minutieuse et la plus implacable exactitude, adopte d'abord la forme d'un journal de voyage, nous rend compte de ses actes heure par heure. Il inscrit ses dépenses et les pourboires qu'il donne, et ne nous laisse pas ignorer que son voyage lui a coûté cinquante mille francs. Il fait un étalage d'érudition inutile et assommante, et qui, encore, est de troisième main. Il nous accable de l'histoire de chacune des villes qu'il visite. Cela tient au moins la moitié de l'énorme volume. Puis, pour rappeler et confirmer sa fière attitude d'opposant à l'Empire, de grand citoyen seul debout devant le tyran, il y a à chaque instant, et souvent assez inattendues, des allusions au despotisme de l'empereur par la peinture ou la mention des horreurs de l'oppression turque. Il y a aussi toute une étude sur un chant du Tasse, poète aujourd'hui négligé. Il y a de longues citations de Delille et d'Esménard, parce que Delille et même Esménard étaient des influences, et qui pouvaient le servir et qui ne lui portaient pas ombrage. Il y a beaucoup de citations, et, celles-là, plus désintéressées (mais enfin cela tient de la place et enfle le volume) d'Homère, de Virgile, d'Euripide, d'Hérodote, de Diodore, etc... Il y a aussi, bien entendu, des descriptions harmonieuses, composées, un peu tendues et pompeuses... Et sans doute elles sont belles, par exemple celle qui se termine ainsi:

> ... J'ai vu, du haut de l'Acropolis, le soleil se lever entre les deux cimes du mont Hymette; les corneilles qui nichent autour de la citadelle, mais qui ne franchissent jamais son

> sommet, planaient au-dessus de nous; leurs ailes noires et
> lustrées étaient glacées de rose par les premiers reflets du
> jour; des colonnes de fumée bleue et légère montaient dans
> l'ombre le long des flancs de l'Hymette et annonçaient les
> parcs ou les chalets des abeilles; Athènes, l'Acropolis et les
> débris du Parthénon se coloraient de la plus belle teinte de
> la fleur du pêcher; les sculptures de Phidias, frappées
> horizontalement d'un rayon d'or, s'animaient et semblaient
> se mouvoir sur le marbre par la mobilité des ombres du
> relief; au loin la mer et le Pirée étaient tout blancs de
> lumière; et la citadelle de Corinthe, renvoyant l'éclat du jour
> nouveau, brillait sur l'horizon du couchant comme un
> rocher de pourpre et de feu.

(Ces ailes «glacées de rose» sont vraiment très bien.) Oui, de belles descriptions, et bien ordonnées; mais cependant on s'aperçoit qu'il a gardé les plus belles pour les *Martyrs* et que nous n'avons ici que de magnifiques rognures un peu arrangées. Puis, avez-vous remarqué que ces grandes descriptions d'ensemble ne font rien voir du tout à qui n'a pas vu soi-même les paysages décrits? On aime aujourd'hui, je crois, des descriptions plus simples de ton, moins oratoires, si j'ose dire, pas trop composées après coup, mais où l'écrivain reproduit les détails significatifs dans l'ordre où ils l'ont frappé, ou à mesure qu'ils lui reviennent en mémoire. Ou bien, l'auteur transforme les objets selon l'état de son âme; il n'en décrit que l'idée qu'il s'en est faite; en phrases frémissantes et courtes il exprime, à propos d'un paysage historique ou naturel, le souvenir, le regret, le désir, la joie ou l'enthousiasme qu'il portait en lui lorsqu'il prit contact avec ce paysage, et sur lesquels ensuite ce paysage a réagi; mais en somme, toujours et uniquement, sa propre sensibilité. Appelons cela des paysages passionnés. Les descriptions de Chateaubriand, malgré leur éclat, restent un peu compassées. Il faut attendre les *Mémoires d'outre-tombe*. Là seulement il sera libre.

Heureusement, dans l'*Itinéraire* même, il se détend quelquefois, pour nous parler de son domestique milanais Joseph, ou de son domestique français Julien, nous peindre ses divers hôtes, nous conter les réceptions qu'on lui fait, des incidents de voyage, des histoires de brigands. Voici un exemple de ce ton excellent:

> Les courses sont de huit à dix lieues avec les mêmes
> chevaux; on leur laisse prendre haleine, sans manger, à peu
> près à moitié chemin; on remonte ensuite et l'on continue
> sa route. Le soir on arrive quelquefois à un khan, masure
> abandonnée où l'on dort parmi toutes sortes d'insectes et de

reptiles sur un plancher vermoulu. On ne vous doit rien dans ce khan lorsque vous n'avez pas de firman de poste: c'est à vous de vous procurer des vivres comme vous pouvez. Mon janissaire allait à la chasse dans les villages; il rapportait quelquefois des poulets que je m'obstinais à payer; nous les faisions rôtir sur des branches vertes d'olivier, ou bouillir avec du riz pour faire un pilaf. Assis à terre autour de ce festin, nous le déchirions avec nos doigts; le repas fini, nous allions nous laver la barbe et les mains au premier ruisseau. Voilà comme on voyage aujourd'hui dans le pays d'Alcibiade et d'Aspasie.

Au fond, il aime cette vie-là, qui lui rappelle son fameux voyage au Canada, ou sa vie à l'armée des princes. Son voyage en Orient, cent ans avant l'agence Cook, n'est pas sans dangers. Chateaubriand est à la fois le plus homme de lettres des gens de lettres et un rude compagnon ami de l'aventure même périlleuse.

Ou bien ce sont des passages d'une verve colorée, de celle qui s'épanouira à l'aise dans les *Mémoires*. Ceci par exemple (en naviguant de Rosette au Caire):

... Pendant ce temps-là nos marchands turcs descendaient à terre, s'asseyaient tranquillement sur leurs talons, tournaient leurs visages vers la Mecque, et faisaient au milieu des champs des espèces de culbutes religieuses. Nos Albanais, moitié musulmans, moitié chrétiens, criaient «Mahomet!» et «Vierge Marie!», tiraient un chapelet de leur poche, prononçaient en français des mots obscènes, avalaient de grandes craches de vin, lâchaient des coups de fusil en l'air et marchaient sur le ventre des chrétiens et des musulmans.

Et Jérusalem? direz-vous. Car enfin le titre du livre est l'*Itinéraire de Paris à Jérusalem*; ce voyage est un pèlerinage, et Chateaubriand nous a dit qu'il l'entreprenait avec les sentiments et la foi d'un pèlerin du moyen âge. Mais c'est ici la même chose que pour les *Martyrs*. Dans les *Martyrs*, c'est le paganisme qu'il aime et qui est charmant, et c'est le christianisme qui est ennuyeux. Dans l'*Itinéraire*, la partie la plus agréable, et de beaucoup, et qu'il a écrite avec le plus de plaisir, c'est le voyage en Grèce. Dès qu'il arrive à la Terre-Sainte, il a beau se battre les flancs, il ne sent rien. Un lieu où se sont passées des choses sublimes, des choses surnaturelles, pourquoi nous émouvrait-il plus que ces choses elles-mêmes? En tout cas, il ne nous touchera que dans la mesure où il nous aidera à nous représenter ces choses, et pourvu que nous y croyions avec intensité. Et Chateaubriand n'a jamais cru que somptueusement et faiblement. En somme, il avoue lui-même sa froideur: «Les lecteurs chrétiens demanderont peut-être... quels furent les sentiments que j'éprouvai en ce lieu redoutable (l'église du Saint-Sépulcre): *je ne puis réellement le dire*. Tant de choses se présentaient à la fois à mon esprit, que je ne m'arrêtais à aucune idée particulière...» Bref, il ne sent rien du tout. Un peu après, il croit décent de paraître ému, et voici ce qu'il trouve: «Nous parcourûmes les stations jusqu'au sommet du calvaire. Où trouver dans l'antiquité rien d'aussi touchant, rien d'aussi merveilleux que les dernières scènes de l'Évangile? Ce ne sont point ici les aventures bizarres d'une divinité étrangère à l'humanité: c'est l'histoire la plus pathétique, histoire qui non seulement fait couler des larmes par sa beauté, mais dont les conséquences, appliquées à l'univers, ont changé la face de la terre.» (Au fait, cela est-il très bien écrit?) «Je venais de visiter les monuments de la Grèce, et j'étais encore tout rempli de leur grandeur: mais qu'ils avaient été loin de m'inspirer ce que j'éprouvais à la vue des lieux saints!» Seulement ce qu'il éprouve, il ne le dit pas. Et voilà, sur Jérusalem, le passage le plus chaud. Non, il ne sent rien. La plus simple des petites sœurs, venue aux lieux saints, sentira, et, si elle écrit même malhabilement, exprimera davantage. Chateaubriand, ne trouvant rien à dire, se rejette alors sur l'histoire de Jérusalem, sur les Croisades, sur une lecture de la *Jérusalem délivrée*, sur une lecture d'*Athalie*, et sur le prix des denrées en Palestine.

Mais enfin, il convenait que l'auteur partagé de l'*Essai sur les Révolutions*, désireux d'écrire le livre qu'on attendait le plus, écrivît le *Génie du christianisme*; il convenait que l'auteur du *Génie du christianisme* écrivît les *Martyrs*, et il convenait que l'auteur des *Martyrs* visitât l'Orient et la Terre-Sainte en délégué de la chrétienté et écrivît l'*Itinéraire*. Et voilà qui est fait.

Or, comme il nous l'a dit lui-même, tandis qu'il décrivait avec soin la mer Morte (qu'il n'a vue que de loin), l'église de Bethléem et l'église du Saint-Sépulcre; tandis qu'il faisait, d'Alexandrie à Tunis, une navigation qui ne fut qu'«une espèce de continuel naufrage de quarante-deux jours», il ne pensait qu'à la dame qui l'attendait à Grenade. Et, quand il fut de retour à Paris, il écrivit pour elle les *Aventures du dernier Abencérage*, qu'il publiera seulement vingt ans plus tard. «Le portrait, dit-il, que j'ai tracé des Espagnols explique assez pourquoi cette nouvelle n'a pu être imprimée sous le gouvernement impérial. La résistance des Espagnols à Bonaparte... excitait alors l'enthousiasme de tous les cœurs susceptibles d'être touchés par les grands dévouements et les nobles sacrifices. Les ruines de Saragosse fumaient encore, et la censure n'aurait pas permis des éloges où elle eût découvert, avec raison, un intérêt caché pour les victimes.»

Je vous répète qu'on ne peut pas lire une bibliothèque tous les matins; et c'est ce qui fait que la critique est une chimère. Car, à supposer qu'un homme lise tous les ouvrages dont la suite forme la littérature d'un pays, comme il y

mettra assurément des années et des années, il ne pourra les lire tous ni au même âge, ni dans le même état de santé, ni avec la même humeur, ni peut-être avec les mêmes opinions politiques ou les mêmes croyances religieuses. Lui-même aura changé au cours de ces lectures, et le monde aussi aura changé autour de lui. Une histoire de la littérature, à moins d'être écrite à coups de fiches, ce qui n'a aucun intérêt, est surtout l'histoire de l'esprit du critique qui a pu l'écrire.

Tout cela pour vous dire (et je l'aurais pu à moins de frais) que, je ne sais pourquoi et sans m'y attendre le moins du monde, j'ai trouvé délicieuses les *Aventures du dernier Abencérage*. Je n'avais pas lu cela depuis quarante ans et je n'en avais gardé aucun souvenir. Et, en ouvrant ce petit livre, je me méfiais... Or cela m'a paru charmant. Est-ce parce que je l'ai relu un jour de soleil et en sortant de l'ennuyeux *Itinéraire*? Cela ne ressemble plus du tout à *Atala* ni à *René*; c'est un petit divertissement à part dans l'œuvre de Chateaubriand. Sans doute, madame de Noailles aimait ces chevaleries. On en trouve de telles dans Millevoye (*Ballades et Romances*). Les soldats de l'Empire et leurs femmes devaient les goûter beaucoup. Le colonel Fougas, dans l'*Homme à l'oreille cassée*, en est tout pénétré. C'est un mélange, grisant pour les belles âmes simples, de galanterie et d'honneur. C'est comme un développement du contenu secret des vers charmants de *Zaïre*:

Des chevaliers français tel est le caractère,

Ou:

Chrétien, je suis content de ton noble courage,

Mais ton orgueil ici se serait-il flatté

D'effacer Orosmane en générosité?

L'*Abencérage* est le chef-d'œuvre du genre troubadour. La forme est brillante; peut-être un peu sèche dans son élégance: elle semble, parce que l'auteur l'a voulu ainsi, plus ancienne que celle d'*Atala*. Mais que j'aime des phrases comme celles-ci:

> ... On sent que dans ce pays les tendres passions auraient promptement étouffé les passions héroïques, si l'amour, pour être véritable, n'avait pas toujours besoin d'être accompagné de la gloire.

> ... Aben-Hamet a découvert le cimetière où reposent les cendres des Abencérages, mais en priant, mais en se prosternant, mais en versant des larmes filiales, il songe que

la jeune Espagnole a passé quelquefois sur ces tombeaux et il ne trouve plus ses ancêtres si malheureux.

... Aben-Hamet n'était plus ni assez infortuné, ni assez heureux pour bien goûter le charme de la solitude: il parcourait avec distraction et indifférence ces bords enchantés.

Qui me dira pourquoi j'adore cela?

J'ai dit que cela était fort différent de *René* et d'*Atala*. Pour la forme, oui; mais, pour le fond, c'est toujours la même histoire. *René*, c'est l'amour d'une sœur pour son frère. *Atala*, c'est l'amour, pour un jeune infidèle, d'une petite chrétienne un peu simple qui se croit condamnée à la virginité par le vœu de sa mère. Les *Martyrs*, c'est l'amour d'un jeune chrétien et d'une jeune païenne. L'*Abencérage*, c'est l'amour d'une jeune chrétienne et d'un jeune musulman. Et Amélie entre au couvent; et Atala s'empoisonne; et Cymodocée est déchirée, encore vierge, par le tigre dans les bras de son fiancé; et Blanca dit à Aben-Hamet: «Retourne au désert!» Et cela est très bien ainsi. C'est toujours la même histoire, parce que Chateaubriand avait souverainement l'invention des images, mais n'avait, je crois, que celle-là. Et c'est l'histoire éternelle. L'amour n'est intéressant que s'il est contrarié et combattu. L'amour triomphant et repu est déplaisant. Il n'y a rien de plus odieux que le spectacle de l'amour de deux jeunes mariés.

L'affabulation est fort simple. Tous les incidents sont prévus; tous les personnages éprouvent des sentiments égaux en noblesse, et exactement parallèles les uns aux autres. Après la prise de Grenade par les chrétiens, la maison des Abencérages s'est réfugiée à Tunis. Vingt-quatre ans plus tard, le dernier rejeton de cette illustre famille, Aben-Hamet, «résolut de faire un pèlerinage au pays de ses aïeux, afin de satisfaire au besoin de son cœur.» À Grenade, il rencontre Blanca, descendante du Cid. Après deux entrevues d'un romanesque convenable, Blanca se dit: «Qu'Aben-Hamet soit chrétien, qu'il m'aime, et je le suis au bout de la terre.» Et Aben-Hamet songe: «Que Blanca soit musulmane, qu'elle m'aime, et je la sers jusqu'à mon dernier soupir.» Ils visitent ensemble l'Alhambra; et, après cette visite, «Aben-Hamet écrivit au clair de la lune le nom de Blanca sur le marbre de la salle des Deux-Sœurs; il traça ce nom en caractères arabes, afin que le voyageur eût un mystère de plus à deviner dans ce palais de mystères.» Et Blanca dit: «Retiens bien ces mots: Musulman, je suis ton amante sans espoir; chrétien, je suis ton épouse fortunée.» Et Aben-Hamet répond: «Chrétienne, je suis ton esclave désolé; musulmane, je suis ton époux glorieux.»

Et, deux années de suite, Aben-Hamet s'en retourne à Tunis, puis revient à Grenade. Et chaque fois: «Sois chrétien», disait Blanca; «sois musulmane»,

disait Aben-Hamet; et ils se séparaient sans avoir succombé à la passion qui les entraînait l'un vers l'autre.

La troisième fois, Blanca présente à Aben-Hamet son frère Carlos et le chevalier français Lautrec, amoureux de la jeune fille. Lorsque Carlos a connu l'amour du Maure pour Blanca: «Maure, lui dit-il, renonce à ma sœur, ou accepte le combat.» Aben-Hamet est vainqueur et épargne don Carlos, et Lautrec ne peut se battre à son tour, à cause de ses anciennes blessures. Et Blanca essaye de tout arranger. «Blanca voulut contraindre les trois chevaliers (car Aben-Hamet, avant le duel, a été armé chevalier par Carlos) à se donner la main: tous les trois s'y refusèrent.—Je hais Aben-Hamet, s'écria don Carlos.—Je l'envie, dit Lautrec.—Et moi, dit l'Abencérage, j'estime don Carlos et je plains Lautrec, mais je ne saurais les aimer.—Voyons-nous toujours, dit Blanca, et tôt ou tard l'amitié suivra l'estime.»

Et, en effet, ils vivent quelque temps ensemble. Et, dans une fête que donne Lautrec au Généralife, Lautrec chante la jolie romance:

Combien j'ai douce souvenance

Du joli lieu de ma naissance!

Ma sœur, qu'ils étaient beaux, les jours

     De France!

Ô mon pays, sois mes amours

     Toujours! etc...

Aben-Hamet chante une ballade médiocre, mais sympathique:

Le roi don Juan,

Un jour chevauchant,

Vit sur la montagne

Grenade d'Espagne.

Il lui dit soudain:

     Cité mignonne,

     Mon cœur te donne

     Avec ma main, etc...

Et don Carlos dit ces vers déplorables et charmants:

Prêt à partir pour la rive africaine,

Le Cid armé, tout brillant de valeur,

Sur sa guitare, aux pieds de sa Chimène,

Chantait ces vers que lui dictait l'honneur, etc...

Aben-Hamet a songé à se convertir à la religion chrétienne. Mais lorsqu'il découvre que Blanca est la descendante du Cid: «Chevalier, dit-il à Lautrec, ne perds pas toute espérance; et toi, Blanca, pleure à jamais le dernier Abencérage.» Mais Lautrec: «Aben-Hamet, ne crois pas me vaincre en générosité... Si tu restes parmi nous, je supplie don Carlos de t'accorder la main de sa sœur.» Et don Carlos à Aben-Hamet: «Soyez chrétien, et recevez la main de Blanca, que Lautrec a demandée pour vous.» Ainsi l'on piétine un peu, mais héroïquement. «La tentation était grande, mais elle n'était pas au-dessus des forces d'Aben-Hamet. Si l'amour dans toute sa puissance parlait au cœur de l'Abencérage, d'une autre part il ne pensait qu'avec épouvante à l'idée d'unir le sang de ses persécuteurs au sang des persécutés. Il croyait voir l'ombre de son aïeul sortir du tombeau et lui reprocher cette alliance sacrilège. Transpercé de douleur, Aben-Hamet s'écrie: «Ah! faut-il que je rencontre ici tant d'âmes sublimes, tant de caractères généreux, pour mieux sentir ce que je perds! Que Blanca prononce; qu'elle dise ce qu'il faut que je fasse pour être plus digne de son amour!» Blanca s'écrie: «Retourne au désert!» Et elle s'évanouit.

Ainsi, Blanca juge que ce qu'Aben-Hamet doit faire «pour être plus digne de son amour», c'est de rester musulman. Et, par suite, l'auteur des *Martyrs* juge que l'honneur commande au Maure de ne pas se faire chrétien. «Aben-Hamet se prosterna, adora Blanca encore plus que le ciel, et sortit sans prononcer une parole.»

Tous sont sublimes, mais le musulman l'est particulièrement. De même que, dans les *Martyrs*, la païenne Cydomocée était plus intéressante que le chrétien Eudore, c'est ici le musulman Aben-Hamet qui a le plus beau rôle: l'auteur du *Génie du christianisme* n'a pas de chance. Mais le *Dernier Abencérage* est une aimable chose et fort élégante. La morale de Blanca, d'Aben-Hamet, de Lautrec et de Carlos, est la morale de l'honneur. L'honneur est le profond respect de soi et de ses ancêtres. Changer de religion, ce serait se démentir soi-même, et démentir les aïeux qui vous ont légué la religion où vous avez été élevé. Ce serait manquer de fidélité, et manquer aussi d'orgueil. L'honneur sera l'unique règle morale de Chateaubriand. De même qu'Aben-Hamet, qui a songé à se faire chrétien, demeure musulman, parce qu'il se croirait diminué si on le voyait changer, donc se renoncer, ainsi Chateaubriand, que la Révolution secrètement séduit,—après avoir été par honneur émigré et soldat de l'armée des princes,—conservera aux Bourbons, pour garder sa vie

extérieurement harmonieuse, une fidélité pleine de reproches, une fidélité insupportable de se sentir si méritoire...

Or, après le grand succès de l'*Itinéraire*, Chateaubriand est décidément, dans l'opinion, le premier écrivain de France. Il l'est aux yeux même de l'empereur. Il plaît à l'empereur à cause du secours qu'il lui a apporté dans le rétablissement de l'ordre, et à cause de la majesté et de l'emphase fréquente de son style, et de sa profusion de souvenirs classiques. Au moment de l'article du *Mercure* (1807) l'empereur avait dit, paraît-il, de Chateaubriand: «Je le ferai sabrer sur les marches des Tuileries»; mais il avait dû goûter, pour le ton et pour le rythme, la fameuse phrase: «Lorsque dans le silence de l'abjection...» Quelques années après, l'empereur dit une fois: «Pourquoi Chateaubriand n'est-il pas de l'Académie?»

Marie-Joseph Chénier mourut le 10 janvier 1811. Avertis du propos de l'empereur, les amis de Chateaubriand le pressèrent de poser sa candidature. Il pouvait s'abstenir: il ne risquait point d'être fusillé pour cela. Ou bien, il pouvait attendre la mort d'un académicien dont l'éloge fût moins gênant pour lui que celui de Marie-Joseph Chénier, régicide et (crime égal) critique acerbe d'*Atala* et du *Génie*, dans la satire des *Nouveaux saints* (1802):

(J'irai, je reverrai tes paisibles rivages,

Riant Meschacébé, Permesse des sauvages;

J'entendrai les Sermons prolixement diserts

Du bon monsieur Aubry, Massillon des déserts.

Ô sensible Atala! tous deux avec ivresse

Courons goûter encor les plaisirs de la messe!

Chantons de Pompignan les cantiques sacrés!

Les poètes chrétiens sont les seuls inspirés.

...

Ô fille de l'exil, Atala, fille honnête,

Après messe entendue, en nos saints tête-à-tête,

Je prétends chaque jour relire auprès de toi

Trois modèles divins: la Bible, Homère et moi!)

Mais il céda, et fit ses visites. Il fut nommé au second tour et par treize voix. Dès lors il n'avait, semble-t-il, qu'à accepter les conditions ordinaires du jeu académique: courtoisie envers son prédécesseur et hommage au souverain. Mais il était tenu par son rôle. Il aimait les manifestations d'indépendance qui n'offraient qu'un danger restreint; et c'était déjà fort joli, et il était à peu près le seul de son rang qui se permît ce luxe.

Et, comme il se sentait fort gêné, il fit un médiocre discours. Après avoir dit dans son exorde qu'on ne peut «faire de la littérature une chose abstraite et l'isoler au milieu des affaires humaines» ni «interdire à l'écrivain toute considération morale élevée... ou lui défendre d'examiner le côté sérieux des objets», il arrive à son sujet, et conclut qu'il lui est impossible de toucher aux ouvrages de Chénier sans irriter les passions:

> Si je parlais de la tragédie de *Charles IX*, pourrais-je m'empêcher de venger la mémoire du cardinal de Lorraine et de discuter cette étrange leçon donnée aux rois? *Caïus Gracchus*, *Calas*, *Henri VIII*, *Fénelon* m'offrent sur plusieurs points cette altération de l'histoire... Si je relis ses satires, j'y trouve immolés des hommes qui se sont placés au premier rang de cette assemblée... Mais laissons-là ces ouvrages qui donneraient lieu à des récriminations pénibles; je ne troublerai point la mémoire d'un écrivain qui fut votre collègue, et qui compte encore parmi vous des admirateurs et des amis. Il devra à cette religion, qui lui parut si méprisable dans les écrits de ceux qui la défendent, la paix que je souhaite à sa tombe...
>
> Mais ici même, messieurs, ne serais-je pas assez malheureux pour trouver un écueil? Car, en portant aux cendres de M. de Chénier le tribut de respect que tous les morts réclament, je crains de rencontrer sous mes pas des cendres bien autrement illustres... Ah! qu'il eût été plus heureux pour M. de Chénier de n'avoir point participé à ces calamités publiques qui retombèrent enfin sur sa tête! Il a su comme moi ce que c'est que de perdre dans les orages populaires un frère tendrement chéri.

Tout cela était pleinement désobligeant pour Marie-Joseph; la fin encore plus que le reste; car enfin André Chénier fut tué par les amis de son frère, et l'on ne saura jamais si Marie-Joseph fit vraiment son possible pour le sauver. Mais, sauf l'opportunité et la convenance, je ne trouve pas très mal, je l'avoue, que Chateaubriand ménage peu son prédécesseur. Marie-Joseph Chénier ne fut point un scélérat: mais l'indulgence pour les faibles de son espèce est mortelle. Il est seulement curieux que, tout en le traitant sans mollesse,

Chateaubriand reste lui-même possédé de quelques-unes des idées de ce régicide lettré. Un peu plus loin, pour tout arranger et pour ennuyer l'empereur, il dit: «M. de Chénier adora la liberté: peut-on lui en faire un crime?» Et il garde pour la péroraison sa meilleure flèche:

> La liberté n'est-elle pas le plus grand des biens et le premier des besoins de l'homme? Elle enflamme le génie, elle élève le cœur, elle est nécessaire à l'ami des Muses comme l'air qu'il respire. Les arts peuvent jusqu'à un certain point vivre dans la dépendance, parce qu'ils se servent d'une langue à part qui n'est pas entendue de la foule; mais les lettres qui parlent une langue universelle, languissent et meurent dans les fers. Comment tracera-t-on des pages dignes de l'avenir, s'il faut s'interdire, en écrivant, tout sentiment magnanime, toute pensée forte et grande? La liberté est si naturellement l'amie des sciences et des lettres qu'elle se réfugie auprès d'elles lorsqu'elle est bannie du milieu des peuples.

—C'est tout? direz-vous. Ce lieu commun inoffensif, c'est la grande hardiesse de ce discours? Oui, et j'ajoute qu'après ce lieu commun l'auteur glorifie César qui «monte au Capitole», et salue la «fille des Césars» qui «sort de son palais avec son jeune fils dans ses bras». Et pourtant c'est à cause de ce lieu commun que la commission de l'Académie, nommée pour entendre le discours, le repoussa; et c'est surtout ce lieu commun que l'empereur, sur le manuscrit, lacéra de coups de crayon impérieux. Chateaubriand déclara qu'il ne ferait pas de corrections, et la commission décida qu'il ne serait pas reçu.

Mais l'année suivante («ce mélange de colère et d'attrait de Bonaparte contre et pour moi est constant et étrange») l'empereur, qui se savait admiré de madame de Chateaubriand, qui souhaitait peut-être faire oublier l'incident du discours interdit, qui sentait que Chateaubriand était l'écrivain le plus original de son empire, et qui enfin aimait assez faire alterner la menace et la caresse, demanda à l'Académie, à propos des «prix décennaux», pourquoi elle n'avait pas mis sur les rangs le *Génie du christianisme*.

Car l'empereur avait dit un jour: «On se plaint que nous n'ayons pas de littérature: c'est la faute du ministre de l'Intérieur», et par un décret daté d'Aix-la-Chapelle (10 septembre 1804), il avait établi «qu'il y aurait de dix ans en dix ans, le jour anniversaire du 18 brumaire, une distribution de grands prix donnés de sa propre main.» Ces prix étaient destinés à récompenser «des meilleurs ouvrages et les plus utiles inventions qui auraient honoré les sciences, les lettres et les arts». La première de ces solennités décennales était fixée au 9 novembre 1810. Mais cette fois, pour la littérature du moins, on n'avait rien trouvé. Le jury de l'Institut avait écarté le *Lycée* de La Harpe, comme trop ancien, et le *Catéchisme universel* de Saint-Lambert comme trop grossièrement matérialiste. Et par une omission effrontée il n'avait pas même mentionné le *Génie du christianisme*.

Napoléon demanda pourquoi. Le jury, après de longues délibérations et de nombreux rapports, répondit «que le *Génie du Christianisme* avait paru défectueux quant au fond et au plan; que néanmoins la classe (de l'Institut) consultée avait reconnu un talent très distingué de style... et dans quelques parties des beautés de premier ordre; qu'elle avait trouvé toutefois que l'effet du style et la beauté des détails n'auraient pas suffi pour assurer à l'ouvrage le succès qu'il a obtenu; et que ce succès est dû aussi à l'esprit de parti et à des passions du moment qui s'en sont emparées soit pour l'exalter à l'excès, soit pour le déprimer avec injustice.» Le *Génie du christianisme* avait pour lui le grand public et les femmes: mais, à l'Institut, le dix-huitième siècle philosophique se défendait.

Les prix décennaux ne furent jamais distribués.

D'après un récit de madame Hamelin dans le *Constitutionnel* du 1er août 1849, et d'après une correspondance particulière du *Vrai libéral* de Gand, 1er avril 1818, la galante madame Hamelin et, une autre fois, une dame qu'on ne nomme pas, mais qui doit être madame Hamelin encore, serait allée trouver Chateaubriand de la part de l'empereur, dans l'année 1811, pour lui proposer la paix. Chateaubriand aurait répondu: «Mon plus beau rêve serait d'obtenir de votre enchanteur cinq architectes et cinq millions pour aller en son nom rebâtir le temple de Jérusalem qui vient d'être brûlé»; puis il aurait demandé qu'on créât pour lui un «ministère des bibliothèques de l'Empire». (André Gavot: *Une ancienne muscadine, Fortunée Hamelin*; Albert Cassagne: *La Vie politique de Chateaubriand*.) D'après madame de Rémusat (*Mémoires*), Napoléon disait: «Mon embarras n'est point d'acheter M. de Chateaubriand, mais de le payer ce qu'il s'estime.» Toutefois, l'empereur aurait payé ses dettes, pour qu'il consentît à se présenter à l'Académie.

Ce sont des racontars, auxquels ont donné lieu ses perpétuels embarras d'argent. Tout ce qu'on peut dire, c'est que Chateaubriand et l'empereur ont été constamment en coquetterie. Ils étaient, au fond, attirés l'un vers l'autre. Chateaubriand estimait que Napoléon était, avec lui, le seul grand homme du siècle; il voulait exister le plus possible pour son rival, être le plus possible présent à sa pensée. Mais d'autre part il ne pouvait se rallier: son rôle, son parti, son orgueil le lui défendaient. Je crois qu'il en était assez malheureux.

Il dit dans ses *Mémoires*: «À partir de 1812, je n'imprimai plus rien. Ma vie de poésie... fut véritablement close par la publication de mes trois grands ouvrages (*Génie, Martyrs, Itinéraire*...) Ici donc se termine ma carrière littéraire.»

Au fait, on se figure difficilement comment il eût pu la poursuivre. Le *Génie* avait engendré les *Martyrs* qui avaient engendré l'*Itinéraire*. Mais qu'est-ce que l'*Itinéraire* pouvait bien engendrer? Chateaubriand était captif de son rôle et captif de sa gloire. On ne le voit pas écrivant un ouvrage d'imagination qui ne fût pas encore une démonstration de la beauté de la religion chrétienne: tout autre eût semblé futile de sa part. Or, sur ce sujet, il avait dit tout ce qu'il pouvait dire, imaginé tout ce qu'il pouvait imaginer. C'est pourquoi il terminait l'*Itinéraire* par ces mots: «J'ai fait mes adieux aux Muses dans les *Martyrs* et je les renouvelle dans ces *Mémoires* (il appelle ainsi l'*Itinéraire*) qui ne sont que la suite ou le commentaire de l'autre ouvrage. Si le ciel m'accorde un repos que je n'ai jamais goûté, je tâcherai d'élever en silence un monument à ma patrie.» Cela veut dire qu'il se propose d'écrire une histoire de France; et il en a du moins tracé une large et abondante ébauche dans les *Études historiques*. Si l'Empire avait duré, Chateaubriand avait certes en lui de quoi devenir un grand historien. Mais l'histoire n'était encore pour lui qu'un pis-aller. Ce qu'il rêvait, ce qu'il désirait violemment, c'était l'action, la grande action politique. La chute de l'empereur allait bientôt la lui permettre.

HUITIÈME CONFÉRENCE

LA VIE POLITIQUE

Donc, en 1811, la carrière littéraire de Chateaubriand était de toute façon finie. Elle avait été limitée d'avance par son esprit même, et par le rôle que l'auteur avait assumé. Il était, comme il fut toujours, dégoûté de tout en désirant tout. Il ne savait à quoi s'occuper. Il attendait, il espérait la chute de l'empereur, que certains indices annonçaient, mais qui ne paraissait pas encore très proche. Alors, pour passer le temps, et aussi parce que cette description et cette exaltation de soi lui plaisaient infiniment, il eut l'idée d'écrire ses *Mémoires*, et, de 1811 à 1813, il commença à les rédiger.

Mais ce n'était encore pour lui, en effet, qu'un divertissement, en attendant mieux. Son rêve, exprimé cent fois, a toujours été d'avoir une vie complète, d'être à la fois un homme de pensée et de littérature et un homme d'action, quoiqu'il ait souvent affecté de dédaigner séparément l'action, la littérature et la pensée. Il sera toujours irrité d'être regardé surtout comme un écrivain. Oh! agir matériellement sur les hommes! Faire de l'histoire! C'est toujours, au fond, le secret esprit de rivalité avec l'empereur. Il nous dit au dernier livre des *Mémoires*, où il se fait très naïvement centre du monde et se traite lui-même comme s'il commençait une hégire: «Deux nouveaux empires, la Prusse et la Russie, m'ont à peine devancé d'un demi-siècle sur la terre; la Corse est devenue française à l'instant où j'ai paru; je suis arrivé au monde vingt jours après Bonaparte. *Il m'amenait avec lui.*» Plus tard, il aura parfaitement raison de nous montrer dans Talleyrand un incomparable coquin de belle tenue; mais en outre il lui niera presque tout talent diplomatique. De même il est fort strict pour le duc de Richelieu et pour Villèle. C'est que, voyez-vous, le grand diplomate et le grand politique, c'est le vicomte de Chateaubriand, et il n'y en a point d'autre.

L'Empire craque; c'est la retraite de Russie, c'est la guerre d'Espagne, c'est Leipsick, et tout à l'heure c'est l'entrée des Alliés à Paris. Chateaubriand va pouvoir déployer son génie d'action. Il sera publiciste, ambassadeur, ministre des affaires étrangères. Il aura la joie infinie de siéger dans un congrès. Il croira avoir fait tout seul la guerre d'Espagne, et que la guerre d'Espagne est une sorte de prodige historique. Il écrira ingénuement: «Nous pouvions nous avouer qu'en politique nous valions autant qu'en littérature, si nous valons quelque chose.» Il est possible: mais, en réalité, son rôle est de second plan, soit que l'occasion lui ait manqué, soit par la faute de son caractère. Ce caractère est curieux. Deux choses (au moins) sont admirables dans sa vie politique: la faculté qu'il a d'amplifier merveilleusement ce qui le touche, et la maussaderie superbe de son dévouement à la cause royale, le dédain sublime dont il accable le trône en le défendant.

Son premier écrit politique est le pamphlet: *De Buonaparte et des Bourbons*. Il le rédigea un peu avant l'entrée des Alliés. Napoléon avait fait la seule chose qu'il ne devait pas faire: il s'était laissé battre. La France n'en pouvait plus. La solution la plus naturelle semblait la restauration des Bourbons, peu connus, peu désirés, mais qui étaient là, tout prêts.

À ce moment, Chateaubriand hait furieusement l'homme qui l'a si longtemps empêché de vivre pleinement sa vie. Il exécute la danse du scalp, la danse de Chactas autour du poteau de guerre. Par exemple: «Il semble que cet ennemi de tout s'attachât à détruire la France par ses fondements. Il a plus corrompu les hommes, plus fait de mal au genre humain dans le court espace de dix années que tous les tyrans de Rome ensemble, depuis Néron jusqu'au dernier persécuteur des chrétiens... Encore quelque temps d'un pareil règne, et la France n'eût plus été qu'une caverne de brigands.» Il est peut-être excessif, même dans un pamphlet, de dire: «Buonaparte n'avait rien pour lui hors des talents militaires égalés, sinon même surpassés, par ceux de plusieurs de nos généraux.» Et surtout:

> C'est un grand gagneur de batailles, mais *hors de là* le moindre général est plus habile que lui (!) Il n'entend rien aux retraites et à la chicane du terrain; il est impatient, incapable d'attendre longtemps un résultat, fruit d'une longue combinaison militaire; il ne sait qu'aller en avant, faire des pointes, courir, remporter des victoires, comme on l'a dit, à coups d'hommes, sacrifier tout pour un succès (*dame!*) sans s'embarrasser d'un revers (?), tuer la moitié de ses soldats par des marches au-dessus des forces humaines. Peu importe, n'a-t-il pas la conscription et la *matière première*? On a cru qu'il avait perfectionné l'art de la guerre et il est certain qu'il l'a fait rétrograder vers l'enfance de l'art.

Ce passage est un peu surprenant, et Chateaubriand sent lui-même le besoin de mettre en note: «Il est vrai pourtant qu'il a perfectionné ce qu'on appelle l'administration des armées et le matériel de la guerre.»

Mais ce qui suit est peut-être propre à faire réfléchir:

> Le chef-d'œuvre de l'art militaire chez les peuples civilisés, c'est de défendre un grand pays avec une petite armée; de laisser reposer plusieurs millions d'hommes derrière soixante ou quatre-vingt mille soldats; de sorte que le laboureur qui cultive en paix son sillon sait à peine qu'on se bat à quelques lieues de sa chaumière. L'empire romain était gardé par cent cinquante mille hommes, et César n'avait que quelques légions à Pharsale.

Tout cela est fort adroit. Les guerres de l'ancien régime apparaissent inoffensives. Il y a peut-être quelque outrance dans une phrase comme celle-ci: «Tibère ne s'est jamais joué à ce point de l'espèce humaine.» Et encore je ne sais pas, car je connais mal Tibère, et je ne sais pas non plus si Napoléon est «de plus grand coupable qui ait jamais paru sur la terre»; car c'est une chose très difficile à savoir. Mais que de remarques excellentes! Sur l'administration impériale et l'excès de centralisation: «L'administration la plus dispendieuse engloutissait une partie des revenus de l'État. Des armées de douaniers et de receveurs dévoraient les impôts qu'ils étaient chargés de lever. Il n'y avait pas si petit chef de bureau qui n'eût sous lui cinq ou six commis, etc.» Lorsque Chateaubriand nous dit: «Bonaparte a fait périr dans les onze années de son règne plus de cinq millions de Français, ce qui surpasse le nombre de ceux que nos guerres civiles ont enlevés pendant trois siècles, sous les règnes de Jean, de Charles V, de Charles VI, de Charles VII, de Henri II, de François II, de Charles IX, de Henri III et de Henri IV...» cela, même soupçonné d'exagération, reste frappant. On peut croire que, par suite des immenses coups de faux du premier Empire à travers les générations jeunes et vigoureuses, la France ressent, aujourd'hui encore, une diminution de force.

Ceci encore ne paraît point négligeable. À propos du blocus continental: «C'était prendre l'engagement de conquérir le monde... Tout cela n'offre que vues fausses, qu'entreprises petites à force d'être gigantesques, défaut de raison et de bon sens, rêves d'un fou et d'un furieux. Quant à ses guerres..., le moindre examen en détruit le prestige. Un homme n'est pas grand par ce qu'il entreprend, mais par ce qu'il exécute. Tout homme peut rêver la conquête du monde.» Et voici qui est fort bon (sur le premier consul): «Les républicains regardaient Buonaparte comme leur ouvrage et comme le chef populaire d'un État libre. Les royalistes croyaient qu'il jouait le rôle de Monck et s'empressaient de le servir. Tout le monde espérait en lui. Des victoires éclatantes dues à la bravoure des Français l'environnaient de gloire.» Et ceci: «L'imagination le domine, et la raison ne le règle point... Il a quelque chose de l'histrion et du comédien; il joue tout, jusqu'aux passions qu'il n'a pas», etc. Et ceci enfin, qui mérite d'être médité:

> ... Il n'est que le fils de notre puissance, et nous l'avons cru le fils de ses œuvres. Sa grandeur n'est venue que des forces immenses que nous lui remîmes entre les mains lors de son élévation. Il héritait de toutes les armées formées par nos plus habiles généraux... Il trouva un peuple nombreux, agrandi par des conquêtes, exalté par des triomphes et par le mouvement que donnent toujours les révolutions; il n'eut qu'à frapper du pied la terre féconde de notre patrie, et elle lui prodigua les trésors et les soldats. Les peuples qu'il attaquait étaient lassés et désunis; il les vainquit tour à tour

en versant sur chacun d'eux séparément les flots de la population de la France, etc.

(Il ne faut pas oublier qu'en effet la France était alors le peuple le plus nombreux d'Europe, la Russie exceptée.)

En dépit de ce qu'il y a de contestable dans ces explications, je vous avoue que j'y trouve quelque chose d'allégeant. Elles nous délivrent un peu de la gêne que donne à la raison l'inexplicable, le miracle... Un génie, oui, mais dont la «part de chance» fut véritablement inouïe, et dont la grandeur eut pour collaborateurs complaisants et, très exactement, pour complices tous les hommes de son temps, et, plus encore, ceux de l'époque suivante. Bref, cet homme singulier, avec qui on ne se sent guère plus en communication qu'avec Tamerlan, Chateaubriand ne nous le montre qu'extraordinaire et démesuré. Dans les *Mémoires* il nous le montrera surnaturel, nous verrons pourquoi.

De Bonaparte, il passe aux Bourbons. Il n'était pas très facile de les faire aimer, comme cela, tout de suite. Le monde des soldats et des fonctionnaires, depuis vingt-cinq ans, devait tout à la Révolution et à l'Empire. La France avait adoré Napoléon avant de le subir, et beaucoup s'en souvenaient. Le comte de Provence, après Napoléon, même déchu, manquait évidemment de prestige. Chateaubriand dit, ici, ce qu'il y a de plus utile et de plus persuasif:

> (Un Français) ne sait ce que c'est qu'un empereur; il ne connaît pas la nature, la forme, la limite du pouvoir attaché à ce titre étranger. Mais il sait ce que c'est qu'un monarque descendant de saint Louis et de Henri IV. C'est un chef dont la puissance paternelle est réglée par des institutions, tempérée par des mœurs, adoucie et rendue excellente par le temps, comme un vin généreux né de la terre.

Il dit encore très bien:

> Louis XVIII est un prince connu par ses lumières, inaccessible aux préjugés, étranger à la vengeance... Les institutions des peuples sont l'ouvrage du temps et de l'expérience; pour régner, il faut surtout de la raison et de l'uniformité. Un prince qui n'aurait dans la tête que deux ou trois idées communes, mais utiles, serait un souverain plus convenable à une nation qu'un aventurier extraordinaire, enfantant sans cesse de nouveaux plans...

Et enfin il tirait obligeamment, de la personne physique de Louis XVIII, tout ce qu'un très grand artiste en pouvait tirer. Ces simples lignes me paraissent prodigieuses:

(Compiègne, avril 1814). Le roi portait un habit bleu, distingué seulement par une plaque et des épaulettes; ses jambes étaient enveloppées de larges guêtres de velours rouge, bordées d'un petit cordon d'or. Il marche difficilement, *mais d'une façon noble et touchante*; sa taille n'a rien d'extraordinaire; sa tête est superbe, son regard est à la fois celui d'un roi et d'un homme de génie. Quand il est assis dans son fauteuil, avec ses guêtres à l'antique, tenant sa canne entre ses genoux, on croirait voir Louis XIV à cinquante ans.

(J'aime moins des passages comme celui-ci: «... Et quel Français pourrait oublier ce qu'il doit au prince régent d'Angleterre, au noble peuple qui a tant contribué à nous affranchir? Les drapeaux d'Élisabeth flottaient dans les armées d'Henri IV: ils reparaissent dans les bataillons qui nous rendent Louis XVIII. Nous sommes trop sensibles à la gloire pour ne pas admirer ce lord Wellington, qui retrace d'une manière si frappante les vertus et les talents de notre Turenne.» (Diable!) Il faut dire que cela est écrit avant Waterloo et que plus tard, dans les *Mémoires*, Chateaubriand aura l'air de dire qu'il ne comptait pas, en 1814 sur l'étranger, et se donnera comme navré de l'entrée des Alliés à Paris. Et il le croira.)

On lit dans les *Mémoires*: «Louis XVIII déclara, je l'ai déjà plusieurs fois mentionné (oh! oui!) que ma brochure lui avait plus profité qu'une armée de cent mille hommes.» Madame de Chateaubriand attribue le propos à Napoléon, ce qui n'est pas tout à fait la même chose. Je ne serais pas étonné qu'en réalité ni Louis XVIII ni Napoléon n'eût dit la phrase.—Sans doute, la France était lasse de l'empereur: mais évidemment beaucoup d'officiers (et de fonctionnaires) ne tenaient pas à s'entendre dire que, pendant quinze ans, ils avaient servi un monstre et un scélérat, d'ailleurs d'un talent médiocre. Bien des choses, dans le pamphlet, risquaient d'offenser l'armée, sur laquelle Louis XVIII aurait dû surtout s'appuyer. Il n'est pas sûr que ces pages aient profité tant que cela à la cause royale.

Après avoir rapporté la phrase, peut-être apocryphe, en tout cas plus complaisante que sincère, de Louis XVIII, Chateaubriand dit encore: «Le roi aurait pu ajouter que ma brochure avait été pour lui un certificat de vie, car on ne savait plus seulement qu'il existait.»

Or Chateaubriand espérait tout d'un roi dont il avait révélé l'existence et dont il avait «stylisé», comme on a vu, le profil lourd, le ventre et les jambes enflées. Il comptait être tout, et immédiatement. Il se croyait l'homme nécessaire. Il s'étonne donc qu'on ne vienne pas à lui ou qu'on y vienne mollement. Mais, qu'il fût un grand écrivain, cela ne touchait pas beaucoup Louis XVIII. Sans compter que le roi n'était pas, lui, de la même école. Il faisait des petits vers, et devait traduire Horace. Il devait être, sur Chateaubriand écrivain, de l'avis des Ginguené et des Morellet. Chateaubriand croit que Louis XVIII est littérairement jaloux de lui. Il est piqué que Monsieur (le comte d'Artois) n'ait jamais rien lu du *Génie du christianisme.*

Bref, la déception de l'écrivain fut cruelle. Il ne la leur pardonnera de sa vie. Il est tellement dégoûté, dès 1814, qu'il songe à se retirer dans la solitude aux bords du lac de Genève. Mais «madame de Duras, qui m'avait pris sous sa protection, dit-il, fut si orageuse, avait un tel courage pour ses amis, qu'on déterra pour moi une ambassade vacante, l'ambassade de Suède. Louis XVIII, *déjà fatigué de mon bruit*, était heureux de faire présent de moi à son beau-frère le roi Bernadotte. Celui-ci ne se figurait-il pas qu'on m'envoyait à Stockolm pour le détrôner?» Et il ajoute, avec un dédain tellement gratuit qu'il en devient comique (car enfin on ne lui offrait nulle couronne): «Eh! bon Dieu, princes de la terre, je ne détrône personne, gardez vos couronnes si vous pouvez, et surtout ne me les donnez pas, car je n'en veux mie.» Vous sentez l'imagination folle.

L'empereur débarque de l'île d'Elbe en mars 1815. «À cette nouvelle, Chateaubriand prétendait que tout serait sauvé si on le nommait ministre de l'intérieur. Mais il n'eut ce ministère qu'à Gand, où il était déjà mis de côté avant qu'on fût rentré à Paris.» (Sainte-Beuve.) L'extraordinaire, le fantastique du retour de Napoléon l'emplit d'autant d'admiration que de colère... «À Sisteron, vingt hommes le peuvent arrêter, et il ne trouve personne... Dans le vide qui se forme autour de son ombre gigantesque, s'il entre quelques soldats, ils sont invinciblement entraînés par l'attraction de ses aigles. Ses ennemis fascinés le cherchent et ne le voient pas; il se cache dans sa gloire comme le lion du Sahara se cache dans les rayons du soleil pour se dérober aux regards des chasseurs éblouis. Enveloppés dans une trombe ardente, les fantômes sanglants d'Arcole, de Marengo, d'Austerlitz, d'Iéna... lui font un cortège avec un million de morts. Du sein de cette colonne de feu et de fumée sortent à l'entrée des villes quelques coups de trompette mêlés aux signaux du labarum tricolore; et les portes des villes tombent.» (Ceci sera écrit après 1830.) L'imagination mise en branle par ce merveilleux, il se représente le vieux roi podagre attendant au milieu de sa capitale l'usurpateur reparu. «Le roi, se défendant dans son château, causera un enthousiasme universel... S'il doit mourir, qu'il meure digne de son rang; que le dernier exploit de Napoléon soit l'égorgement d'un vieillard. Louis XVIII, en sacrifiant sa vie, gagnera la seule bataille qu'il aura livrée; il la gagnera au profit de la liberté du genre humain.»

Mais le vieux roi entendait mal ces paroles sublimes. Il n'était pas séduit, comme Chateaubriand, par la beauté du tableau. Or, on n'aime pas ceux qui nous ont donné des conseils héroïques qu'on n'a pas suivis. À partir de là, Louis XVIII dut exécrer Chateaubriand. Et pourtant, assure celui-ci, «mon plan adopté, les étrangers n'auraient point de nouveau ravagé la France, nos princes ne seraient point revenus avec les armées ennemies; la légitimité eût été sauvée par elle-même...» Oui, si son plan avait réussi: il suppose avec intrépidité ce qui est en question. Et il s'écrie: «Pourquoi suis-je venu à une époque où j'étais si mal placé? Pourquoi ai-je été royaliste contre mon instinct, dans un temps où une véritable race de cour ne pouvait ni m'entendre ni me comprendre? Pourquoi ai-je été jeté dans cette troupe de médiocrités qui me prenaient pour un écervelé quand je parlais courage, pour un révolutionnaire quand je parlais liberté?»

Viennent Waterloo et la seconde Restauration: Chateaubriand est nommé de la Chambre des pairs. Il écrit la *Monarchie selon la Charte*. Il juge ce livre sans défaveur dans ses *Mémoires*: «La *Monarchie selon la Charte* est un catéchisme constitutionnel: c'est là qu'on a puisé la plupart des propositions que l'on avance comme nouvelles aujourd'hui. Ainsi ce principe, que le roi règne et ne gouverne pas, se trouve tout entier dans le chapitre sur la prérogative royale.» Il n'y avait peut-être pas de quoi se vanter.

Mais était-il possible, en 1815, de faire autre chose que la monarchie constitutionnelle? Ne fallait-il pas que l'épreuve en fût tentée? Pouvait-on refaire les provinces, les assemblées provinciales, les corporations? Pouvait-on décentraliser quand la centralisation était si utile au régime rétabli? Pouvait-on éliminer de la monarchie le parlementarisme, dont elle devait mourir? Nous voyons peut-être plus clair aujourd'hui qu'au sortir de la Révolution et de l'Empire sur les conditions d'un bon gouvernement.

Chateaubriand, vous vous en souvenez, avait été pénétré dans sa jeunesse des idées et des préjugés de la Révolution. Il ne les a pas reniés. Puis, il s'est toujours ressenti de son long séjour en Angleterre. Son idéal est la royauté constitutionnelle, et parce qu'il croit à sa bonté, et sans doute aussi parce qu'il compte en être le premier ministre. Ce royaliste juge que la Charte avait l'inconvénient d'être «octroyée»; «c'était ramener, par ce mot bien inutile, la question brûlante de la souveraineté royale ou populaire». Mais pourtant c'était bien la question qui se posait. Il reproche à Louis XVIII d'avoir «daté son bienfait de l'an dix-neuvième de son règne, regardant Bonaparte comme non avenu. Ce langage suranné et ces prétentions des anciennes monarchies n'ajoutaient rien à la légitimité du droit et n'étaient que de puérils anachronismes». Ces anachronismes puérils signifiaient pourtant que le comte de Lille, l'exilé d'Hartwell n'avait d'autre titre, en effet, pour occuper le trône, que d'être le descendant de Louis XIV, le frère de Louis XVI, le successeur de Louis XVII. (Biré.) Chateaubriand ajoute: «À cela près, la Charte remplaçait le despotisme, nous apportait la liberté légale, avait de quoi satisfaire les hommes de conscience.» La liberté? il aura continuellement ce mot sous sa plume: mais jamais il ne le définira. On voit finalement qu'il ne songe qu'à la liberté de la presse, c'est-à-dire à celle dont se soucie le moins l'immense majorité des hommes, mais qui lui importe le plus à lui, Chateaubriand. (On a pourtant l'impression qu'il était facile à la Restauration, venant après le despotisme de l'Empire, de paraître donner assez de liberté.)

Dans la *Monarchie selon la Charte*, autant il est libéral quant aux idées, autant il est intransigeant sur les hommes. On dirait que son rêve est de faire appliquer les idées de la Révolution par un personnel royaliste. Cela souffrait quelques difficultés.

Il est clair que la Restauration ne pouvait vivre qu'en se montrant coulante sur les personnes. La Restauration était nécessaire, mais elle n'avait pas été souhaitée. Nous avons vu qu'on ne connaissait plus guère les Bourbons. Chateaubriand lui-même nous dit: «J'appris à la France ce que c'était que l'ancienne famille royale; je dis combien il existait de membres de cette famille, quels étaient leurs noms et leurs caractères: c'était comme si j'avais fait le dénombrement des enfants de l'empereur de Chine, tant la République et l'Empire avaient envahi le présent et relégué les Bourbons dans le passé.» Les royalistes de la veille étaient une assez petite minorité. On ne pouvait remplacer tous les fonctionnaires, presque tous bonapartistes et presque tous anciens révolutionnaires. Il fallait bien tenir compte de la France des vingt-cinq dernières années. (On le voit bien aujourd'hui: une restauration monarchique serait obligée d'utiliser tout ce qui a servi la République avec talent.) Mais alors, et par la force des choses, la Restauration semblait devenir une entreprise d'anciens impérialistes et d'anciens jacobins. Chateaubriand dit là-dessus fort éloquemment (*Mémoires*, t. III, p. 452.):

> ... Avec qui et chez qui dînait en arrivant le lieutenant-général du royaume (le comte d'Artois)? Chez des royalistes et avec des royalistes? Non: chez l'évêque d'Autun (Talleyrand) avec un Caulaincourt. Où donnait-on des fêtes aux infâmes princes étrangers? Aux châteaux des royalistes? Non, à la Malmaison chez l'impératrice Joséphine. Les plus chers amis de Napoléon, Berthier par exemple, à qui portaient-ils leur ardent dévouement? À la légitimité. Qui passait sa vie chez l'autocrate Alexandre, chez ce brutal Tartare? Les classes de l'Institut, les savants, les gens de lettres, les philosophes philanthropes, théophilanthropes et autres; ils en revenaient charmés, comblés d'éloges et de tabatières. Quant à nous, pauvres diables de légitimistes, nous n'étions admis nulle part; on nous comptait pour rien... Tantôt on nous faisait dire dans la rue d'aller nous coucher; tantôt on nous recommandait de ne pas crier trop haut *Vive le roi!* D'autres s'étaient chargés de ce soin.

Il jugeait ces choses, quoique inévitables, répugnantes. Car il avait l'âme noble. Il ne pouvait contenir ni dissimuler son dégoût. Louis XVIII avait cru indispensable de ménager et même d'employer Fouché et Talleyrand:

> Tout à coup (dit Chateaubriand, *Mémoires*, t. IV, p. 57), une porte s'ouvre: entre silencieusement le vice appuyé sur le bras du crime, M. de Talleyrand marchant soutenu par M. Fouché; la vision infernale passe lentement devant moi, pénètre dans le cabinet du roi et disparaît... Le lendemain, le faubourg Saint-Germain arriva: tout se mêlait de la nomination de Fouché déjà obtenue, la religion comme l'impiété, la vertu comme le vice, le royaliste comme le révolutionnaire, l'étranger comme le Français; on criait de toutes parts: «Sans Fouché point de sûreté pour le roi, sans Fouché point de salut pour la France.»

Il est vrai que ce même Fouché, dont il dit ailleurs: «Ce qu'il y avait de mieux en lui, c'était la mort de Louis XVI: le régicide était son innocence», il l'avait appelé en novembre 1808, dans un billet à madame de Custine, «un homme divin», parce que Fouché facilitait alors la publication des *Martyrs*. Il était d'ailleurs difficile d'être implacable pour l'ancien personnel jacobin et impérialiste, alors que le roi de France ramenait nécessairement avec lui un de ses parents, le duc d'Orléans, fils de régicide.

Mais Chateaubriand exigeait de tous les gouvernants, et même de tous les fonctionnaires, des mains pures. Il disait dans la *Monarchie selon la Charte*:

> Qu'on ne mette plus les honnêtes gens dans la dépendance des hommes qui les ont opprimés, mais qu'on donne les bons pour guides aux méchants. C'est l'ordre de la morale et de la justice. Confiez donc les premières places de l'État aux *véritables* amis de la monarchie légitime... Vous en faut-il un si grand nombre pour sauver la France? Je n'en demande que sept par département: un évêque, un commandant, un préfet, un procureur du roi, un président de la cour prévôtale, un commandant de la gendarmerie et un commandant des gardes nationales. Que ces sept hommes-là soient à Dieu et au roi, je réponds du reste.

Mais s'il avait été chargé de choisir lui-même et s'il avait pu trouver les sept, les sept l'auraient vite dégoûté ou exaspéré. Il reprend:

> Quant à ces hommes capables, mais dont l'esprit est faussé par la Révolution, à ces hommes qui ne peuvent comprendre que le trône de saint Louis a besoin d'être soutenu par l'autel et environné des vieilles mœurs comme

des vieilles traditions de la monarchie, qu'ils aillent cultiver leur champ. La France pourra les rappeler quand leurs talents, lassés d'être inutiles, seront sincèrement convertis à la religion et à la légitimité.

Je crois qu'il eût plus facilement admis leur conversion, même rapide, si le roi l'avait pris pour premier ministre. Mais il avait profondément agacé Louis XVIII dès la première rencontre. Il dut se contenter de sa place de pair et de son titre de ministre d'État. Et c'est pourquoi il se jeta incontinent dans l'opposition de droite. De même qu'il est catholique avec une foi intermittente (c'est lui qui nous l'a dit) et un tempérament épicurien, il est royaliste avec un fond d'indiscipline incurable et tout en restant dans son cœur un individualiste forcené. Par une sorte de dilettantisme, il se montre plus «ultra» que les ultras, qu'il ne peut sentir. Toujours il choisit l'attitude qui plaît le plus à son imagination. Son *criterium*, nécessairement arbitraire, en politique comme en morale, c'est la beauté. Rayé par le duc de Richelieu de la liste des ministres d'État, il est obligé, dit-il, de vendre ses livres et sa maison de la Vallée-aux-Loups. Son opposition s'en fait plus acre. Il fonde le *Conservateur*, journal d'opposition ultra-royaliste. Il triomphe de l'assassinat du duc de Berry et écrit sur Decazes la phrase célèbre: «Les pieds lui ont glissé dans le sang.» Il dit dans les *Mémoires*: «J'étais devenu le maître politique de la France par mes propres forces.» Ce n'est qu'une de ces vanteries dont il est coutumier. Mais un des effets indirects du meurtre du duc de Berry fut de faire envoyer Chateaubriand à Berlin comme ambassadeur.

Il y resta un an à peu près. Il n'avait pas grand'chose à y faire. Toutefois il envoie beaucoup de dépêches diplomatiques, parce qu'il adore ça. Il dit dans les *Mémoires*, d'un ton impayable: «Vers le 13 de janvier (1821) j'ouvris le cours de mes dépêches avec le ministre des affaires étrangères. Mon esprit se plie facilement à ce genre de travail: pourquoi pas? Dante, Arioste et Milton n'ont-ils pas aussi bien réussi en politique qu'en poésie? Je ne suis sans doute ni Dante, ni Arioste, ni Milton: l'Europe et la France ont vu néanmoins, par le congrès de Vérone, ce que je pourrais faire.»

Le 9 janvier 1822, il est nommé ambassadeur à Londres. «Louis XVIII, dit-il, consentait toujours à m'éloigner.» (On le comprend assez.) Cette ambassade de Londres fut une des grandes joies de sa vie. Et, pour comble de bonheur, il y va sans sa femme. «Madame de Chateaubriand, craignant la mer, n'osa passer le détroit, et je partis seul.» Il dit: «La faiblesse humaine me faisait un plaisir de reparaître connu et puissant là où j'avais été ignoré et faible.» Il goûta ce plaisir avec un émerveillement toujours renouvelé.

Ce fut comme ambassadeur de France à Londres qu'il prit part au joyeux congrès de Vérone. Puis il est, enfin! ministre des affaires étrangères, et contribue notablement à la guerre d'Espagne.

Je ne me lasse pas de le citer: «Ma guerre d'Espagne, le grand événement politique de ma vie, était une *gigantesque* entreprise. La légitimité allait pour la première fois brûler de la poudre sous le drapeau blanc... Enjamber d'un pas les Espagnes, réussir sur le même sol où naguère les armées d'un conquérant avaient eu des revers, faire en six mois ce qu'il n'avait pu faire en sept ans, qui aurait pu prétendre à ce prodige? C'est pourtant ce que j'ai fait.» Mon Dieu, oui. En réalité, la Restauration avait justement pour elle, en Espagne, ce que l'empereur avait eu contre lui: le peuple et les moines. Le succès, d'ailleurs, semble dû surtout à l'audace ingénieuse de ce Gil-Blas de financier Ouvrard et à l'habile achat des consciences de presque tous les principaux chefs de la révolution espagnole...

Je comprends mieux aujourd'hui que je ne l'eusse fait il y a quinze ans les raisons de Chateaubriand royaliste: «Deux sentiments, dit-il, nous avaient constamment obsédé depuis la Restauration: l'horreur des traités de Vienne, le désir de donner aux Bourbons une armée capable de défendre le trône et d'émanciper la France. L'Espagne, en nous mettant en danger, à la fois par ses principes et par sa séparation du royaume de Louis XIV, paraissait être le vrai champ de bataille où nous pouvions, avec de grands périls il est vrai, mais avec un grand honneur, restaurer à la fois notre puissance politique et notre force militaire.» (Congrès de Vérone.) Et encore: «La légitimité se mourait faute de victoires après les triomphes de Napoléon.» Ou bien: Il s'agissait de «replacer la France au rang des puissances militaires» et de «réhabiliter la cocarde blanche dans une guerre courte, presque sans danger». (Il parlait tout à l'heure de «grands périls», mais il l'a oublié.)

D'après Chateaubriand lui-même, la guerre d'Espagne—sauf chez les royalistes purs et chez les officiers, qui voulaient «avancer»,—«n'était pas du tout populaire». (J'accorde d'ailleurs que ce n'était pas une raison pour qu'on ne la fît pas.) Elle avait contre elle la plupart des bourgeois et tous les anciens soldats de l'empereur. Presque tous les Français croyaient alors à la bienfaisance des principes de la Révolution. La Terreur, le Directoire paraissaient de monstrueux ou vils accidents, mais des accidents. En somme, la Révolution était récente; on pouvait croire qu'elle n'avait pas eu le temps de produire ses vrais fruits, les fruits naturels de la démocratie et du régime de l'élection politique, et que ces fruits seraient excellents. Maintenant qu'elle les a produits, nous pouvons être moins crédules. Donc, de braves gens,— oh! mon Dieu, nos grands-pères et arrière-grands-pères,—voyaient sans faveur une guerre entreprise pour les moines, croyaient-ils, et pour ce misérable roi Ferdinand VII.

Car ce représentant de la vérité politique était vraiment peu aimable. Et ce n'était là qu'un détail, mais très voyant. Écoutez comment Chateaubriand jugeait ce personnage.

Avant la guerre d'Espagne: «Ferdinand s'était encore rapetissé pour tenir moins de place dans sa prison (à Valençay)...» «Ferdinand entra dans Madrid (en 1814) roi *netto*. Le roi *netto* manqua sur-le-champ à sa parole. Il condamna les conservateurs de son trône à l'exil, au cachot, aux présides, etc...» Quand il jure la Constitution de 1812: «Ainsi fut couronnée la tyrannie par la couardise, le manque de foi par le parjure...» «Le monarque abandonna, comme de coutume, les militaires fidèles.» En 1822, après la révolte de l'armée: «Ferdinand et sa famille se montrent à travers les ténèbres de ce désastre: on y reconnaît la passion du despote et la fureur des femmes... Un tyran craintif pousse à la catastrophe et tremble quand elle est venue.»

Après le succès de la guerre d'Espagne: «Ferdinand s'opposait à toute mesure raisonnable. Qu'espérer d'un prince qui, jadis captif (à Valençay), avait sollicité la main d'une femme de la famille de son geôlier? Il était évident qu'il brûlerait son royaume dans son cigare... Le règne des Camarillas commença quand celui des Cortès finit.»

On ne peut pas dire que Chateaubriand nous surfait son héros. Un de ses goûts les plus marqués est d'exalter certains principes et d'en détester les représentants, de magnifier la royauté et de mépriser les rois, pour se donner à la fois le plaisir de la supériorité intellectuelle et de la supériorité morale. Son instinct et son délice, c'est de détruire à mesure qu'il construit. Sauf dans ses écrits de la période 1814-1816, sauf dans ces *Mémoires sur le duc de Berry* où il «fait» de la sentimentalité royaliste pour ennuyer Decazes, il ne parle guère de la personne même des rois et des princes sans les railler ou les dédaigner, comme s'il se vengeait ainsi des révérences forcées. «Les rois n'ont pas plus d'attrait pour nous que nous n'en avons pour eux; nous les avons servis de notre mieux, mais sans intérêt et sans illusions. Louis XVIII nous détestait; il avait à notre endroit de la jalousie littéraire, etc.» Ceci est extrait du *Congrès de Vérone*, mais les petits morceaux de ce genre sont par centaines dans les *Mémoires*.

Chateaubriand triompha d'une façon extravagante. Il appelait la guerre d'Espagne son *René* en politique. Il dit dans le *Congrès de Vérone*: la fortune m'avait choisi «pour me charger de la puissante aventure qui, sous la Restauration, aurait pu renouveler la face du monde». Il dit ailleurs que le succès de la guerre d'Espagne pouvait donner à la France les frontières du Rhin. Et même il l'explique. Cette guerre est *sa* guerre. Cependant, tout ce qu'on peut dire, c'est qu'il y a assez puissamment contribué. Dans les préparatifs de l'entreprise, son rôle paraît moindre que celui de Mathieu de Montmorency ou que celui du grand ministre Villèle, qui d'abord marcha malgré lui et qui ensuite emporta tout.

Mais Chateaubriand était tellement persuadé que c'était lui, Chateaubriand, qui avait tout fait et il y mettait une telle «vanité d'auteur» (Sainte-Beuve), qu'il fut ulcéré de n'être pas complimenté par le roi avant tous les autres, ministres ou généraux. Il ne se concevait plus que premier ministre ou président du conseil. «On ne peut gouverner avec lui ni sans lui», disait Villèle. On prit pourtant le parti de gouverner sans lui. M. de Chateaubriand fut congédié brusquement et sans égards le 6 juin 1824. (Le prétexte de sa disgrâce fut, dit-il, de n'avoir pas soutenu une loi sur la réduction des rentes proposée par le gouvernement.)

Je ne dis pas, notez-le bien, que le roi n'ait pas été brutal et qu'il n'aurait pas dû ménager davantage un être, après tout, magnifique; je ne dis pas que, si Chateaubriand avait eu le pouvoir un nombre suffisant d'années, il n'aurait pas fait de grandes choses. Il avait peut-être le génie de la politique, comme il le disait. Mais la secrète faiblesse d'âme qu'implique une vanité comme la sienne, fait qu'on n'en est pas sûr.

Il ressentit le coup avec une vivacité extrême. Il dit dans le *Congrès de Vérone*: «Sensible à l'affront, il nous était impossible d'oublier tout à fait que nous étions le restaurateur de la religion» (simplement) «et l'auteur du *Génie du christianisme*.» Et dans les *Mémoires*: «... On avait compté sur ma platitude, sur mes pleurnicheries, sur mon ambition de chien couchant, sur mon empressement à me déclarer moi-même coupable, à faire le pied de grue auprès de ceux qui m'avaient chassé: c'était mal me connaître.» Il enrage ouvertement et candidement. Et il rentre dans l'opposition (pour n'en plus sortir qu'un moment, pendant le ministère Martignac), et dans l'opposition «systématique»; car, explique-t-il, l'opposition surnommée «de conscience» est impuissante. Et là-dessus il a raison.

Il dit dans la préface de la *Monarchie selon la Charte* (édition de 1827): «En me frappant, on n'a frappé qu'un dévoué serviteur du roi, et l'ingratitude est à l'aise avec la fidélité; toutefois il peut y avoir tels hommes moins soumis et telles circonstances dont il ne serait pas bon d'abuser; l'histoire le prouve. Je ne suis ni le prince Eugène, ni Voltaire, ni Mirabeau, et, quand je possèderais leur puissance, j'aurais horreur de les imiter dans leur ressentiment. Mais...»

Mais il fait comme eux. Il se venge. Il a les fureurs de Coriolan. Je pense que, par ses articles des *Débats*, il contribua à la chute de la Restauration plus qu'il n'avait contribué à la guerre d'Espagne. Il assiste au sacre de Charles X avec un dur dédain. Lui qui avait écrit en 1820: «Il s'élève derrière nous une génération impatiente de tous les jougs, ennemie de tous les rois; elle rêve la république et est incapable par ses mœurs des vertus républicaines; elle s'avance, elle nous presse, elle nous pousse...», ce n'est plus qu'à cette génération qu'il cherche à plaire. Il ne cesse de répéter qu'après tout il ne tient pas à la monarchie, ni de faire entendre que son salut au roi n'est qu'un geste généreux, un geste avantageux, un salut de théâtre. Étant illustre, il devient facilement populaire. Il reçoit des lettres de compliments qu'il conserve avec soin et qu'il produit dans ses *Mémoires*. Il y ajoute ce commentaire: «Tous les pusillanimes et les ambitieux qui m'avaient cru perdu commençaient à me voir sortir radieux des tourbillons de poussière de la lice: c'était ma seconde guerre d'Espagne» (il parle de sa campagne aux *Débats*). «Je triomphai de tous les partis intérieurs comme j'avais triomphé au dehors des ennemis de la France.»

Après le départ du ministère Villèle, le roi se délivre de Chateaubriand en l'envoyant à Rome comme ambassadeur. Chateaubriand le comprend très bien: «Il se peut qu'il fût utile à mon pays d'être débarrassé de moi: par le poids dont je me suis, je devine le fardeau que je dois être pour les autres.» À Rome, il a le plaisir d'assister à la mort de Léon XII et au conclave qui élit Pie VIII. Il écrit des phrases comme celle-ci: «Un pape qui entrerait dans l'esprit du siècle et qui se placerait à la tête des générations éclairées pourrait rajeunir la papauté: mais ces idées ne peuvent point pénétrer dans les vieilles têtes du sacré Collège.»

Au moment du ministère Polignac, il donne sans hésiter sa démission d'ambassadeur. C'est une chose qu'il fait très bien. C'est, en politique, celle qu'il fait le mieux. Il y a parfois du mérite. Il nous l'explique lui-même: «Les chutes me sont des ruines, car je ne possède que des dettes, dettes que je contracte dans des places où je ne demeure pas assez de temps pour les payer; de sorte que, toutes les fois que je me retire, je suis réduit à travailler aux gages d'un libraire.» Et voici ce qui augmente son mérite. Il écrit de madame de Chateaubriand: «Elle avait la tête tournée d'être ambassadrice à Rome... Elle aime la représentation, les titres et la fortune; elle déteste la pauvreté et le ménage chétif; elle méprise ces susceptibilités, ces excès de fidélité et d'immolation, qu'elle regarde comme de vraies duperies dont personne ne vous sait gré; elle n'aurait jamais crié vive le roi quand même; mais, quand il s'agit de moi, tout change; elle accepte d'un esprit ferme mes disgrâces, en les maudissant.» Cela veut dire que, lorsqu'il se démettait d'une place lucrative, sa femme lui faisait une vie d'enfer. Lui-même était furieux d'être héroïque, mais il était héroïque. Oui, sa plus grande gloire, après ses livres, c'est d'avoir su donner magnifiquement sa démission.

À ce moment, la politique extérieure est brillante et prospère. Le roi et M. de Polignac se croient assez forts pour faire les «Ordonnances». Qu'est-ce que les ordonnances? Chateaubriand dit dans les *Mémoires*: «... Sans doute la presse tend à subjuguer la souveraineté, à forcer la royauté et les Chambres à lui obéir; sans doute, dans les derniers jours de la Restauration, la presse, n'écoutant que sa passion, a, sans égard aux intérêts et à l'honneur de la France, attaqué l'expédition d'Alger, développé les causes, les moyens, les préparatifs, les chances d'un non-succès; elle a divulgué les secrets de l'armement, instruit l'ennemi de l'état de nos forces, compté nos troupes et nos vaisseaux, indiqué jusqu'au point de débarquement...» Et il ajoute: «Tout cela est vrai et odieux; mais le remède?»—Le remède radical, c'était sans doute la suppression de la liberté de la presse. Et en effet la première ordonnance opérait cette suppression. Une autre dissolvait la Chambre récemment élue. Une autre refaisait la loi d'élection dans un sens restrictif. Tout cela en vertu de l'article 14 de la Charte, entendu, il est vrai, un peu pharisaïquement: «Le roi est le chef suprême de l'État, commande les forces de terre et de mer, déclare la guerre, fait les traités de paix, d'alliance et de commerce, nomme à tous les emplois d'administration publique, *et fait les règlements et ordonnances nécessaires pour l'exécution des lois et la sûreté de l'État.*»

Je n'ai pas à juger ici les ordonnances. Pendant trente ans de ma vie elles m'ont fait horreur. Maintenant je ne sais plus... Mais en tout cas il fallait prévoir, il fallait pouvoir, il fallait réussir... Et ce Polignac ne paraît pas avoir été de force.

Chateaubriand, devenu personnage populaire, chef de la jeunesse, s'indigna des ordonnances: «Dans le cas où elles eussent triomphé, j'étais résolu à ne pas m'y soumettre, à écrire, à parler contre ces mesures inconstitutionnelles.» (Il n'avait pas toujours eu de ces délicatesses. À la Chambre de 1815, il avait, par exemple, demandé la suspension des juges pour une année, «afin de voir qui était royaliste en jugeant et qui ne l'était pas»). Pour la troisième fois la royauté ne sut pas, ne voulut pas se défendre. Chateaubriand se promène dans les rues pour se faire acclamer et porter sur les épaules des jeunes gens et des étudiants. À la Chambre des pairs, il exalte les insurgés; il qualifie le coup d'État des ordonnances de «conspiration de la bêtise et de l'hypocrisie» et y voit «une terreur de château organisée par des eunuques». Toutefois, il ne croit pas encore tout à fait à la République, et soit qu'il ait un bon mouvement, soit qu'il veuille (à quoi il tenait extrêmement) maintenir une apparence d'unité à sa vie politique, il refuse de se rallier au roi électif Louis-Philippe, et reste fidèle au petit duc de Bordeaux, en faveur de qui le roi et le dauphin ont abdiqué. Mais il n'en écrit pas moins des phrases comme celles-ci, qui sont assez pauvres, si je ne m'abuse: «... Je reviens à ma raison et je ne vois plus dans ces choses que l'accomplissement des destins de l'humanité. La cour, triomphante par les armes, eût détruit les libertés publiques; elle n'en aurait pas moins été écrasée un jour, mais elle eût retardé le *développement de la société* pendant quelques années; tout ce qui avait compris la monarchie d'une manière large eût été persécuté par la Congrégation rétablie. En dernier résultat, les événements ont suivi *la pente de la civilisation.*»

Il continuera, sous Louis-Philippe, d'écrire de ces choses, d'affirmer et de saluer la transformation des sociétés, l'ère nouvelle, l'inéluctable progrès de la démocratie. Il fait très bien tout le nécessaire pour entretenir sa popularité. Il affiche la plus vive sympathie pour Armand Carrel, qui, dans la guerre d'Espagne (sa guerre à lui, Chateaubriand) avait combattu comme volontaire républicain contre l'armée française. Il étale la plus grande admiration pour

Béranger. Il l'invite à dîner avec Carrel au Café de Paris, pour bien montrer qu'ils sont ses amis et qu'il a l'esprit libre. Béranger lui rend ses politesses par la chanson:

Chateaubriand, pourquoi fuir ta patrie?

Et Chateaubriand appelle cela une admirable chanson. Et il raconte lui-même: «Un vieux chevalier de Saint-Louis, qui m'est inconnu, m'écrivait du fond de sa tourelle: «Réjouissez-vous, monsieur, d'être loué par celui qui a souffleté votre roi et votre Dieu.» (L'indignation de ce vieux chevalier n'est peut-être pas si ridicule.) Il affecte d'être l'ami de Lamennais, après la révolte de Lamennais, bien entendu. Il écrit même au prince Louis-Napoléon: «Si Dieu, dans ses impénétrables conseils, avait rejeté la race de Saint-Louis, si les mœurs de notre patrie ne lui rendaient pas l'état républicain possible, il n'y a pas de nom qui aille mieux à la gloire de la France que le vôtre.» Ainsi s'exprime l'auteur de la brochure *De Bonaparte et des Bourbons*. Il est au mieux avec tous les plus notoires ennemis de ses rois.

Mais ces rois, oh! qu'il les aime une fois qu'ils sont dehors! Sans doute, tourné vers les libéraux, il dit durement: «C'est une monarchie tombée, il en tombera bien d'autres. Nous ne lui devions que notre fidélité: elle l'a.» (V'lan!) Mais, sur les personnes même de ses princes, maintenant qu'ils n'y sont plus, quels attendrissements! C'est que rien n'est plus avantageux que ce rôle de royaliste incrédule, mais ému. De cette façon il est applaudi et par les royalistes et par les libéraux. «Il a les fanfares des deux camps.» (Sainte-Beuve.) Il s'intéresse à cette romanesque et charmante petite Italienne, la duchesse de Berry. Il a la chance de faire à cause d'elle (pour la phrase: «Madame, votre fils est mon roi.») quelques jours de confortable prison. Il va voir de sa part Charles X au château de Prague, et la duchesse d'Angoulême dans son méchant garni de Carlsbad. Cela l'amuse, et cela lui fait honneur. Et ces visites à des ombres inspirent à l'écrivain des images extraordinaires de mélancolie pittoresque. (Ceci, sur la duchesse d'Angoulême inclinée sur sa broderie: «J'apercevais la princesse de profil, et je fus frappé d'une ressemblance sinistre: Madame a pris l'air de son père; quand je voyais sa tête baissée comme sous le glaive de la douleur, je croyais voir celle de Louis XVI attendant la chute du glaive.»)

Il vient un moment où il est peut-être plus content d'avoir écrit l'*Essai sur les Révolutions* que le *Génie du christianisme*. En 1839, il dit de l'*Essai*: «Ce que l'on rêve aujourd'hui de l'avenir, ce que la génération nouvelle s'imagine avoir découvert d'une société à naître, fondée sur des principes tout différents de ceux de la vieille société, se trouve positivement annoncé dans l'*Essai*.» Il écrit vers le même temps: «En politique, la chaleur de mes opinions n'a jamais excédé la longueur de mon discours et de ma brochure.»

En somme, c'est l'âme de René, l'âme inquiète et visionnaire, violente et triste, tour à tour blessée ou séduite, exaltée ou désespérée, l'âme de désir et de dégoût, que Chateaubriand a promenée dans la politique. C'est toujours le chercheur d'images et d'émotions. Charles Maurras a écrit, il y a quatorze ans, sur Chateaubriand homme politique, quelques pages admirables de pénétration et de couleur... Après avoir montré à quel point et de quel voluptueux amour cet homme aimait les calamités, les désastres et les ruines pour en nourrir sa tristesse, Maurras nous dit: «À ses façons de *craindre* la démagogie, le socialisme, la République européenne, on se rend compte qu'il les appelle de ses vœux. Prévoir certains fléaux, les prévoir en public, de ce ton sarcastique, amer et dégagé, équivaut à les préparer. Assurément, ce noble esprit, si supérieur à l'intelligence des Hugo, des Michelet et des autres romantiques, ne se figurait pas le nouveau régime sans quelque horreur. Mais il aimait l'horreur...» Et encore: «... Le passé, comme passé, et la mort, comme mort, furent ses uniques plaisirs. Loin de rien conserver, il fit au besoin des dégâts, afin de se donner de plus sûrs motifs de regrets. En toutes choses, il ne vit que leur force de l'émouvoir, c'est-à-dire lui-même. À la cour, dans les camps, dans les charges publiques comme dans ses livres, il est lui, et il n'est que lui, ermite de Combourg, solitaire de la Floride. Il se soumettait l'univers...» (*Trois idées politiques.*)

Et, pendant les dix-huit dernières années de sa vie, tout le monde l'admire. Les catholiques ne peuvent oublier le *Génie du christianisme*; les royalistes, même scandalisés de la liberté de sa pensée, disent: «Il a du moins le culte du malheur.» Et les libéraux, et les républicains trouvent aussi cela très beau, très touchant, «puisqu'au fond, songent-ils, il est des nôtres». Le mal de René n'empêche pas René d'être un merveilleux organisateur de sa gloire.

NEUVIÈME CONFÉRENCE

LES MÉMOIRES D'OUTRE-TOMBE

Certes les *Mémoires*, plus ou moins personnels et autobiographiques, plus ou moins mêlés de chronique contemporaine, abondent dans notre littérature. Mais s'il n'y avait pas eu auparavant les *Confessions* de Rousseau, les *Mémoires d'outre-tombe* seraient un monument unique.

Je sais bien les différences, et que les *Confessions* sont vraiment des confessions et que les *Mémoires d'outre-tombe* sont à la fois des confessions et des mémoires. Mais ces deux ouvrages singuliers nous présentent l'expression directe et l'histoire totale des deux plus puissantes et dévorantes sensibilités (peut-être) qui aient paru dans les lettres françaises.

Si Rousseau n'avait pas écrit les *Confessions*, que lirait-on de lui? Car on ne lit plus guère *Émile* ni l'*Héloïse*. Si Chateaubriand n'avait pas écrit les *Mémoires*, que lirait-on de Chateaubriand? Car on lit bien peu le *Génie* et les *Martyrs*. Rousseau et Chateaubriand ne nous seraient même pas connus à moitié, et ce serait dommage. Car ce qui est le plus intéressant en eux, ce ne sont pas leurs idées, ce ne sont point les vérités qu'ils ont cru trouver, ce n'est point ce qu'ils ont pensé du monde, mais ce qu'ils en ont senti: c'est leur sensibilité, c'est leur imagination, c'est leur personne même.

Et, au fond, c'était bien aussi leur avis. Et c'est pourquoi, après s'être exprimés quelque temps à travers des opinions ou des fictions, enfin ils n'ont pu y tenir et se sont exprimés directement, parce que rien au monde ne leur paraissait plus passionnant qu'eux-mêmes. Rousseau, pour être heureux, devait écrire les *Confessions*; Chateaubriand, pour être heureux, devait écrire les *Mémoires*. Et chacun d'eux a consacré à cette tâche délicieuse une très grande partie de son existence, Rousseau quinze ans, Chateaubriand près de quarante ans (avec des interruptions sans doute, mais qui ne les empêchaient point d'y penser toujours). Et c'est leur œuvre principale, leur grande œuvre, et qui nous rend bien pâle et presque indifférent le reste de leurs ouvrages. Et, sans doute, ces confessions et ces mémoires n'ont pas, si vous le voulez, la beauté d'une tragédie de Racine ou d'un sermon de Bossuet; ils constituent de monstrueux exemplaires de la littérature subjective; mais la description de soi-même, chez les malades et les excessifs qui ont du génie, est d'un intérêt qui emporte tout. Et d'ailleurs, pour nous, sinon pour eux, le Rousseau des *Confessions*, le Chateaubriand des *Mémoires* sont des personnages aussi objectifs que ceux des poèmes, des drames ou des romans. Ou plutôt, quel personnage de roman ou de drame a la vie étendue, minutieuse et frémissante du héros des *Confessions* ou du héros des *Mémoires d'outre-tombe*? Rousseau, c'est Saint-Preux total, et Chateaubriand, c'est René tout entier; et c'est donc beaucoup plus et beaucoup mieux que René ou Saint-Preux, ou même qu'Hamlet ou qu'Oreste.

Or, en 1811[3], Chateaubriand, ayant fini d'écrire les ouvrages que lui imposait son rôle public, et de démontrer la vérité du christianisme par sa beauté, et sa beauté d'abord par un traité descriptif, puis par un poème en prose, comprit que ce qu'il avait désormais de mieux à faire, c'était d'écrire ce qui lui faisait le plus de plaisir, c'est-à-dire de se raconter,—à l'imitation de Jean-Jacques, qui avait été la grande admiration de sa jeunesse, et parce qu'il était, à bien des égards, de la même espèce que Jean-Jacques, et qu'on pourrait dire que, spirituellement, Jean-Jacques a eu Chateaubriand d'une jeune aristocrate (comme on pourrait dire, toujours au même sens spirituel, que Jean-Jacques est né de Fénelon et d'une chambrière).

Note 3: (retour)

Il a même commencé en 1803 (*Lettre* à Joubert).

Et Chateaubriand eut deux fois raison, pour lui-même, d'écrire ses *Mémoires*: car il y trouve le genre qui convenait le mieux à son génie, et une source inépuisable de joie.

Ce n'est point, en effet, par la pensée qu'il est éminent et rare. Ce n'est pas non plus par le don de créer et de faire agir des personnages différents de lui, à la façon des grands dramaturges et des grands romanciers. Dans les *Natchez*, dans le *Génie*, dans les *Martyrs*, ce qu'il y a de plus vivant, ce sont les descriptions et les souvenirs de sensations personnelles,—et c'est (avec Atala, Amélie et Velléda, qui sont des sœurs de sa sœur Lucile),—Chactas, René et Eudore, qui ne sont que des images de lui-même. Or, dans les *Mémoires*, il n'aura qu'à se peindre directement, sans nulle fiction interposée entre lui et nous, dans ses rapports avec les choses et les hommes et dans les impressions qu'il en reçoit. Il écrira librement l'histoire de sa sensibilité. Lorsque, à tout bout de champ, il nous énumère les personnages de ses romans, qu'il appelle ses fils et ses filles, nous sommes tentés de les juger assez pâles et convenus: mais les êtres réels, les hommes de son temps, ceux qu'il a rencontrés dans la vie, il les peindra de la façon la plus âpre, la plus passionnée, la plus brutale ou la plus aiguë; et ce médiocre «créateur d'âmes» (à mon avis) fera d'étonnants portraits de ses contemporains. C'est que ceux-là, il les a vus, il a souffert par eux, ou par eux il s'est amusé; il a pu les aimer ou les haïr. En les peignant, il exprime encore une disposition de son esprit. Et, à côté des portraits, il y a les récits des événements auxquels il a assisté, qu'il a vus de ses yeux, qu'il croit souvent avoir dirigés. Il y a ses impressions de voyage. Il y a ses rêveries, ses visions, ses colères, ses rancunes. Lui, toujours lui. Il est clair que, pour exprimer tout cela, son génie propre excelle, et son génie propre suffit. Il a le don des images et la sensibilité la plus voluptueuse et la plus absorbante: et c'est tout justement ce qu'il faut ici. Les *Mémoires* sont précisément le genre où il pouvait avoir tout son génie, et en jouir, et nous en faire jouir nous-mêmes. Et les *Mémoires* sont, en effet, un grand chef-d'œuvre, le plus divertissant et le plus éclatant qui soit, et aussi magnifique que sont douloureuses et poignantes les *Confessions*, l'autre chef-d'œuvre.

Et ces *Mémoires*, Chateaubriand les a conçus, sentis, écrits avec tant de plaisir! Un plaisir qui a duré la moitié de sa vie. Il dit dans l'*Avant-propos* de 1846, deux ans avant de mourir: «Ces *Mémoires* ont été l'objet de ma prédilection. Saint Bonaventure obtint du ciel la permission de continuer les siens après sa mort; je n'espère pas une telle faveur, mais je désirerais ressusciter à l'heure des fantômes pour corriger au moins les épreuves.»

Même quand il était obligé d'en interrompre la rédaction, il y pensait toujours. Ils étaient son délice, sa consolation, son refuge, sa gloire, sa vengeance. Il y façonnait sa propre figure, telle qu'il voulait qu'elle apparût à la postérité. Il ne s'y donnait que des défauts avantageux et fiers. S'il avait eu dans sa vie des déceptions, il les tournait en victoires, ou il les expliquait par sa grandeur d'âme. Si les événements lui donnaient tort, il n'était pas embarrassé de prouver qu'il avait eu raison. Comme la rédaction de ses *Mémoires*, et les corrections, et les retouches, ont duré en réalité une quarantaine d'années, et qu'il racontait sa participation à tel événement dix, vingt, trente ans après l'événement lui-même, il pouvait composer d'après l'intérêt du présent son attitude du passé, et se donner aussi l'air d'avoir tout compris, tout deviné, tout prévu. Sa carrière politique et diplomatique a été, en somme, incomplète et d'un éclat secondaire: un court ministère et trois courtes ambassades, c'est à peu près tout. Mais comme cela s'amplifiera dans ses *Mémoires*! Là, il sera le grand homme d'État qu'il a rêvé d'être; et ce que sa carrière a eu de borné s'expliquera par sa supériorité même, par ses dédains, par l'ombrage que donnait son génie. S'il méprisait l'argent (et il le méprisait); s'il a été généreux (et il l'a été); s'il a eu de beaux mouvements désintéressés (et il en a eu), il est sûr au moins qu'on le saura, car il le rappellera plutôt dix fois qu'une. Imperceptiblement il s'accommodera aux goûts et aux idées des générations nouvelles, et il s'arrangera pour qu'on croie qu'il les a devancées, alors que souvent il les suit. Il tiendra beaucoup à ce qu'on sache qu'il a joué, par magnanimité pure, un rôle de fidélité monarchique; qu'il a l'esprit le plus libre; qu'il n'eut jamais d'illusion ni sur les Bourbons, ni sur leur avenir; et il prendra délicieusement, dans ses *Mémoires*, sa revanche de sa fidélité. Il aura le plaisir de se montrer encore supérieur à sa destinée et, en même temps, de paraître détaché de lui-même par l'idée de la mort et d'étaler partout une sublime tristesse. Il aura le plaisir de dire continuellement qu'il méprise les hommes et qu'il ne croit à rien, «la religion exceptée», et goûtera ainsi, tout en se disant chrétien, les délices antichrétiennes de l'orgueil et du plus voluptueux pessimisme. Et, comme sa gloire augmente avec son âge, et que l'on sait qu'il écrit ses souvenirs, et qu'en 1836 une société lui en offre 250.000 francs, lui paye ses dettes, et lui garantit une rente viagère de 12.000 francs, et qu'en 1844 Émile de Girardin lui paye 96.000 francs le droit de publier ses *Mémoires* après sa mort dans le journal *La Presse*, il en résulte cette situation unique, que le plus grand plaisir qu'il puisse goûter, le plaisir de se peindre lui-même selon son gré et pour sa plus grande gloire, ce plaisir, littéralement, le fait vivre, le nourrit et l'habille; qu'il est payé d'avance pour écrire son propre panégyrique en autant de volumes qu'il voudra et comme il le voudra, et que la France s'y intéresse, et l'attend. Oh! oui, il a dû jouir de ces *Mémoires d'outre-tombe*!

Les *Mémoires d'outre-tombe*! Ce titre à effet est assez singulier quand on y songe. Littéralement, cela voudrait dire: mémoires des choses arrivées par delà la tombe, ce qui serait absurde. Et, en réalité, cela signifie: mémoires des choses qui, publiées après la mort, nous parviennent à travers le tombeau. Mais cette expression impropre présente une image vague et magnifique. Et les Mémoires de Chateaubriand ne pouvaient pas s'appeler simplement *Mémoires*. *Mémoires d'outre-tombe*, ce titre les agrandit en y mêlant l'idée de la mort, leur donne quelque chose de mystérieux et de solennel.

Qu'un écrivain soit vaniteux, cela est la règle. Mais il apparaît dès le titre, et dès la *Préface testamentaire*, et dès l'*Avant-propos*, et dès les premières pages, et ensuite à chaque page, ou peu s'en faut, que Chateaubriand, comme il est, je crois, le plus grand trouveur d'images, est l'écrivain le plus vaniteux de la littérature française, et probablement de toutes les littératures. Il est impossible de n'en être pas agacé, et finalement chagriné. Et il est peut-être impossible de ne pas compatir à une si énorme et naïve faiblesse.

La vanité de Chateaubriand est unique et par le degré, et par le besoin continuel de l'exprimer. Rabelais, Montaigne, ont trop d'esprit et de philosophie pour être vaniteux. Ronsard n'est qu'orgueilleux, et ne l'est que par accès. Le bonhomme Corneille pareillement. Si bonne opinion qu'ils aient d'eux-mêmes, les grands écrivains du dix-septième siècle sont sauvés, sinon de la vanité, au moins du ridicule de l'étaler publiquement, soit par le sentiment chrétien, soit par le «goût», soit par leurs habitudes d'honnêtes gens. Molière, Boileau (sauf deux ou trois exceptions), Racine, La Bruyère, ne se louent eux-mêmes qu'indirectement et par leur façon de critiquer et de railler les autres. Montesquieu donne pour épigraphe à l'*Esprit des lois*: *Prolem sine matre creatam*. Mais c'est ce qu'il se permet de plus fort contre la modestie, et encore est-ce en latin. Certes, ni Montesquieu, ni Buffon, ni Diderot, ni surtout Voltaire n'étaient modestes, mais ils étaient contenus par la politesse du temps. Puis, comme ils étaient les combattants d'une cause, qu'ils tenaient beaucoup à faire triompher leurs idées, cela les détournait sans doute de la contemplation et de l'admiration d'eux-mêmes. Il y a bien le cas de J.-J. Rousseau. Celui-là ne manque ni d'orgueil délirant, ni de vanité, et il ne se fait pas faute de les manifester. Mais non pas continuement, il s'en faut. Même, dans ses dernières années, il lui arrive de montrer presque de l'humilité. On se souvient surtout de son cri: «Être éternel, rassemble autour de moi l'innombrable foule de mes semblables; qu'ils écoutent mes confessions, qu'ils gémissent de mes indignités, qu'ils rougissent de mes misères... Puis, qu'un seul te dise, s'il l'ose: je fus *meilleur* que cet homme-là.» Mais cela est une bravade; puis cela revient à dire, en somme, que les autres ne valent pas mieux que lui. Et enfin, je ne sais pourquoi, c'est une vanité moins choquante de se vanter de son cœur que de se vanter de son intelligence, et de dire: je suis bon, que de dire: j'ai du génie.

Mais Chateaubriand ne cesse de nous rappeler, à propos de tout et sous toutes les formes, qu'il a du génie; qu'il a renouvelé la littérature; qu'il a inventé une langue politique; qu'il a été plus fort que Canning et Metternich; qu'il a fait de grandes choses, qu'il en eût fait de plus grandes encore si on ne l'en eût empêché; qu'il a créé des figures immortelles et inoubliables; que tout le monde l'a imité; qu'il a, à lui seul, restauré la religion; qu'il a eu une vie extraordinaire et inimaginable; qu'il a foulé les quatre continents et visité l'univers; qu'il a rempli de grandes places et qu'il a été ministre et ambassadeur; que tout ce qui lui arrive n'arrive qu'à lui; qu'il a senti ce que personne n'avait jamais senti, pensé ce que personne n'avait jamais pensé; qu'il a été partout sublime de dédain, de générosité, de désintéressement; que, pouvant tout posséder, il a tout méprisé; qu'il a toujours été fort au-dessus des croyances qu'il paraissait avoir et qu'il défendait; qu'il est vraiment unique de son espèce, comme Napoléon; qu'avec tout cela rien n'est important à ses yeux, et qu'il n'aspire qu'à la mort, et que, jusqu'à quatre-vingts ans, il n'a pas fait autre chose... Et cela est souvent de l'orgueil, si l'orgueil consiste à se glorifier des choses qui en valent la peine: mais c'est bien souvent aussi vanité, et qu'on n'ose pas qualifier comme elle le mériterait.

Plus encore que J.-J. Rousseau, il a la manie de s'ébahir de sa propre destinée. Il est assez naturel, n'est-ce pas? qu'un jeune gentilhomme breton ait navigué, qu'il ait émigré, qu'il ait, pendant la Révolution, connu des jours de détresse... Il est assez naturel qu'ayant un grand talent, il ait écrit des livres qui ont eu du succès, et que, après la Restauration, il ait occupé quelques grandes places. À cela se réduit, en effet, la destinée de Chateaubriand. Il y a des vies bien autrement pleines d'imprévu, vies d'aventuriers ou de matelots, ou simplement vies de pauvres diables... Or, qu'il ait été pauvre, à Londres, dans sa jeunesse, et qu'il y retourne, dans son âge mûr, comme ambassadeur, Chateaubriand n'en revient pas. Écoutez ce début du livre VI de la première partie:

> Trente et un ans après m'être embarqué, simple sous-lieutenant, pour l'Amérique, je m'embarquai pour Londres avec un passe-port conçu en ces termes: «Laissez passer Sa Seigneurie le vicomte de Chateaubriand, pair de France, ambassadeur du roi près de Sa Majesté Britannique, etc...»

Point de signalement; ma grandeur devait faire connaître mon visage en tous lieux. Un bateau à vapeur, nolisé pour moi seul, me porte de Calais à Douvres. En mettant le pied sur le sol anglais, le 5 avril 1822, je suis salué par le canon du port. Un officier vient, de la part du commandant, m'offrir une garde d'honneur. Descendu à Shipwright-Inn, le maître et les garçons de l'auberge me reçoivent bras pendants et tête nue. Madame la mairesse m'invite à une soirée, au nom des plus belles dames de la ville. M. Billing, attaché à mon ambassade, m'attendait. Un dîner d'énormes poissons et de monstrueux quartiers de bœuf restaure Monsieur l'ambassadeur, qui n'a point d'appétit et qui n'était pas du tout fatigué..., etc.

Et encore:

Ma place politique met à l'ombre ma renommée littéraire; il n'y a pas un sot dans les trois royaumes qui ne préfère l'ambassadeur de Louis XVIII à l'auteur du *Génie du christianisme*. Je verrai comment la chose tournera après ma mort, ou quand j'aurai cessé de remplacer M. le duc Decazes auprès de Georges IV, succession aussi bizarre que le reste de ma vie.

(Mais non, mais non, pas tant que cela.) Puis il se rappelle le temps où il errait dans les faubourgs de Londres... et, alors, vient ce morceau:

Quand je rentrai en 1822, au lieu d'être reçu par un ami tremblant de froid, qui m'ouvre la porte de notre grenier en me tutoyant... qui se couche sur son grabat auprès du mien, en se recouvrant de son mince habit et ayant pour lampe le clair de lune,—je passe à la lueur des flambeaux entre deux files de laquais qui vont aboutir à cinq ou six respectueux secrétaires. J'arrive, tout criblé sur ma route des mots: *Monseigneur, mylord, Votre Excellence, monsieur l'ambassadeur*, à un salon tapissé d'or et de soie.—Je vous en supplie, messieurs, laissez-moi! Trêve de ces *mylords*! Que voulez-vous que je fasse de vous? Allez rire à la chancellerie comme si je n'étais pas là. Prétendez-vous me faire prendre au sérieux cette mascarade? Pensez-vous que je sois assez bête pour me croire changé de nature parce que j'ai changé d'habit?

Non; mais qu'il éprouve le besoin de le dire, c'est cela qui est fâcheux. (C'est tout à fait Jean-Jacques à Montmorency: «J'interpelle, dit Jean-Jacques, tous ceux qui m'ont vu durant cette époque, s'ils se sont jamais aperçus que cet état m'ait un instant ébloui,... s'ils m'ont vu moins uni dans mon maintien, moins simple dans mes manières», etc...) Chateaubriand continue intrépidement:

> Le marquis de Londonderry va venir, dites-vous; le duc de Wellington m'a demandé; M. Canning me cherche; lady Jersey m'attend à dîner avec M. Brougham; lady Gwydir m'espère, à dix heures, dans sa loge à l'Opéra; lady Mansfield à minuit, à Almack's. Miséricorde! où me fourrer? Qui m'arrachera à ces persécutions?...

Et ce ton se poursuit durant plusieurs pages, et c'est tout à fait affligeant. Car, est-ce que je me trompe? Est-ce qu'il n'y a pas, au fond de cela, une véritable niaiserie? (Disons: une surprenante candeur.) Jamais bourgeois n'a été à ce point ébloui d'être ambassadeur ou ministre. Et pourtant ce n'était pas une si grande affaire, même en ce temps-là. Beaucoup le sont ou l'ont été, et nous voyons tous les jours qu'on peut l'être sans génie. Mais Chateaubriand est au moins aussi fier de l'avoir été que d'avoir écrit *Atala*. Une de ses plus grandes joies est d'être appelé *Votre Excellence*.

Pareillement, une de ses plaies, c'est que, étant grand poète, on ne consent pas qu'il puisse être en même temps grand politique ou grand diplomate. Les nombreux passages où il se révolte contre cette prévention ne sont pas sans quelque inconsciente bouffonnerie. Notez que, pour ma part, j'admets sans hésiter que Chateaubriand fut aussi intelligent, même des choses de la diplomatie, qu'un Talleyrand, un Metternich ou un Canning; qu'il fut même capable de vues plus profondes et plus étendues, et qu'il écrivit de plus belles dépêches. Ce qui a pu lui manquer pour être un grand diplomate ou un grand politique autrement que par ses vues, ce sont peut-être, ce sont sûrement des qualités dont lui-même faisait peu de cas: la souplesse, l'art de feindre et de tromper, de se servir des vices des autres, l'art d'attendre, la faculté de s'attacher très longtemps à un même dessein et de ne se laisser rebuter ni par les insuccès ni par les avanies. C'est par là (et par les occasions), non par l'intelligence, qu'un Talleyrand a pu l'emporter, comme diplomate, sur l'auteur d'*Atala*. Chateaubriand devrait donc s'en consoler: mais il ne s'en console pas, parce qu'il voudrait avoir été tout et qu'il désire toutes les formes de la gloire.

Cette vanité monstrueuse semble bien marquer, chez un homme qui a tant rêvé, un manque étrange de vie intérieure, de réflexion sur soi. C'est que la rêverie n'est point la réflexion ni la méditation. Chateaubriand est un grand inventeur de sensations et d'images; mais aussi il est en proie aux images et aux sensations. Il est à remarquer que ceux qui ont trouvé beaucoup d'images s'en savent meilleur gré, cèdent plus facilement à la vanité, que ceux qui ont trouvé beaucoup de pensées. Ceux-ci (les hommes du type de Descartes, si vous voulez) ou sont assez aisément modestes, ou bien ont l'orgueil farouchement silencieux. Ceux-là, au contraire, ne concevant la gloire que présente, tangible, concrète, sont séduits par elle comme par une image plus belle que les autres, et à laquelle ils s'attachent violemment. C'est un grand écueil pour la modestie et pour le bon sens que d'être celui qui a le don de faire plus de métaphores que ses contemporains.

C'est égal, il est vraiment désobligeant de voir un homme d'un si grand génie si constamment préoccupé de ce qu'il paraît aux yeux des autres hommes, si entêté d'être toujours le plus beau, le plus original, le plus fort, le plus élu par le destin. Certes, on l'aime quand même: mais, sans cette vanité qui ne se repose jamais, on l'aimerait mieux; les *Mémoires* feraient encore plus de plaisir; on n'aurait point contre lui de mauvaises humeurs; il serait plus grand, à quoi il aurait dû songer quand sa vanité le démangeait. De si nombreuses marques de faiblesse d'esprit nous font pour lui un vrai chagrin. Nous plaignons ce grand homme d'être, à certains égards, plus naïf et plus dupe que nous, de nous donner avantage sur lui, de nous prodiguer les occasions de le considérer avec un sourire. C'est un scandale dont nous rougissons nous-mêmes. Et alors nous nous demandons si cette vanité incoercible, qui lui fait à chaque minute emplir l'univers de son moi, n'est pas quelque chose de proprement morbide chez ce fils et frère de neurasthéniques. (Des médecins ont cru démontrer récemment l'hystérie et la demi-folie de Chateaubriand. Quand les médecins s'y mettent...) Et enfin parmi tout cela, nous sentons en lui une sorte d'innocence, et nous osons prendre en pitié ce grand homme de n'avoir pas su ménager sa gloire au lieu de la dévorer ainsi; nous nous souvenons que la vanité contient une souffrance; et nous ne voulons plus nous rappeler que la magie de sa phrase.

Si je me suis étendu sur ce cas de Chateaubriand, c'est que je crois bien qu'il reste unique. Car sans doute il a légué aux romantiques son immodestie, mais non point une immodestie égale. La principale vanité de Lamartine consiste à dire, comme Mascarille, que tout ce qu'il fait lui vient naturellement, qu'il improvise tout et que les vers ne sont pour lui qu'un divertissement. Je ne pense pas que Victor Hugo, dans son fond, ait été plus modeste que Chateaubriand: mais, en somme, il a plus de politesse. Il ne manque jamais d'employer les anciennes formules de modestie des hommes bien élevés (ce que Chateaubriand fait d'ailleurs aussi *quelquefois*). Dans ses préfaces, Hugo paraît plutôt orgueilleux que vaniteux; il ne dit pas: «je», mais «on», «nous», «l'auteur», «le poète». Il est surtout solennel et sibyllin. Sa principale vanité, c'est de se donner l'air d'un profond penseur; c'est de dire, par exemple, dans la préface de la *Légende des siècles*: «... L'auteur, du reste, pour compléter ce qu'il a dit plus haut, ne voit aucune difficulté à faire entrevoir, dès à présent, qu'il a esquissé dans la solitude une sorte de poème d'une certaine étendue où se réverbère le problème unique, l'Être, sous sa triple face: l'Humanité, le Mal, l'Infini; le progressif, le relatif, l'absolu; en ce qu'on pourrait appeler trois chants: la *Légende des siècles*, la *Fin de Satan, Dieu*.» Voyez aussi les préfaces lourdement insensées de presque tous ses drames. Et nous savons bien que lui aussi est plein et débordant de lui-même: mais il se tient encore assez convenablement. Dans l'expression de son orgueil ou de sa vanité, Hugo reste plus «vieille France» que Chateaubriand.

La vanité de Chateaubriand a souvent pour complice son imagination de Celte... Je n'irai pas si loin que le Celte Charles Le Goffic, qui (dans la deuxième série de l'*Âme bretonne*), comparant le mirage armoricain au mirage méridional, dit que, du moins, les Méridionaux «mesurent le mirage»; ce que les Celtes ne font pas, «parce que la pluie et la brume n'offrent point les mêmes facilités de vérification que le soleil et ne sauraient servir comme lui à contrôler l'illusion qu'elles ont créée». Il assure que les Celtes croient aisément à leurs inventions, que «l'auto-suggestion est fréquente chez eux». Mais ici il faut distinguer. Chateaubriand sait très bien s'il a vu, ou non, Washington et s'il a bu, ou non, de l'eau du Mississipi (il n'y a même que lui qui le sache). Là, je ne crois pas du tout à l'auto-suggestion. Mais, sur le détail des événements, oui, il peut lui arriver de s'abuser lui-même. Ayant oublié le vrai à force d'y rêver, et parce que ce qu'il raconte est souvent très loin dans le temps, il nous donne, à la place, ce qui lui paraît le plus beau ou le plus avantageux. Il ne travestit pas la vérité avec préméditation: mais, comme il ne la sait plus très bien, il la reconstitue, il comble les lacunes de sa mémoire par le travail de son imagination, toujours subordonné au désir de paraître tel qu'il voudrait avoir été. C'est là, chez lui, je crois, la part du mirage celtique. La vérité lui est moins chère que la beauté. Très souvent, il compose ses *Mémoires* comme un poème.

Avec tout cela, les *Mémoires d'outre-tombe* sont un des monuments les plus éclatants et les plus vastes de notre littérature. C'est fait d'autobiographie, de souvenirs personnels, de confessions, d'anecdotes, de portraits, de lettres, de morceaux d'histoire, de descriptions, d'impressions de voyage, de rêveries. La composition en est large et libre, mais cependant attentive et savante. Il a eu tout le loisir de la surveiller. Il commence ses *Mémoires*, dit-il, en octobre 1811, au lendemain de la publication de l'*Itinéraire*, à quarante-trois ans. De 1811 à 1814, il écrit les premiers livres, son enfance, sa jeunesse, jusqu'au départ pour l'Amérique. Il est interrompu par son rôle politique sous la Restauration. Mais, en 1821 et 1822, à Berlin et à Londres, il raconte les commencements de la Révolution, le voyage en Amérique, l'armée des princes, l'exil à Londres, la rentrée en France. Il reprend la plume en 1828, écrit son ambassade de Rome, la fin du règne de Charles X, la Révolution de Juillet, le voyage à Prague et à Venise. Et enfin, de 1836 à 1839, revenant en arrière, il dit ce qu'il a fait et ce qu'il a vu de 1800 à 1828, c'est-à-dire presque toute sa carrière littéraire et presque toute sa carrière politique.

Ces dates de la composition des *Mémoires* ont leur intérêt et expliquent diverses choses. Il est jeune encore (quarante-trois ans) quand il raconte son enfance et sa jeunesse. Il a passé la soixantaine lorsqu'il nous raconte ses derniers voyages avec un charme si puissant de mélancolie. Et il est tout à fait vieux (de soixante-huit à soixante et onze ans) lorsqu'il nous raconte sa vie politique et l'histoire de l'Empereur, qu'il voit déjà avec un notable recul. Il ne faut pas oublier que chaque époque de sa vie (sauf la dernière) est remémorée et, si l'on peut dire, *ressentie* par lui vingt, trente, quarante ans après, et par conséquent enrichie et transformée. Cela nous promet peu d'exactitude, je ne dis pas quant aux souvenirs des faits (car il a des notes abondantes), mais quant au souvenir des sentiments éprouvés jadis. En revanche, c'est une condition excellente pour la poésie. Il l'a lui-même merveilleusement expliqué dans sa *Préface testamentaire*:

> Les *Mémoires*, divisés en livres et en parties, sont écrits à différentes dates et en différents lieux: ces sections amènent naturellement des espèces de prologues qui rappellent les accidents survenus depuis les dernières dates et peignent les lieux où je reprends le fil de ma narration. Les événements variés et les formes changeantes de ma vie entrent ainsi les uns dans les autres: il arrive que, dans les instants de mes prospérités, j'ai à parler du temps de mes misères, et que, dans mes jours de tribulation, je retrace mes jours de bonheur. Les divers sentiments de mes âges divers, ma jeunesse pénétrant dans ma vieillesse, la gravité de mes années d'expérience attristant mes années légères, les rayons de mon soleil, depuis son aurore jusqu'à son couchant, se croisant et se confondant comme des reflets épars de mon existence, donnent une sorte d'unité indéfinissable à mon travail: mon berceau a de ma tombe, ma tombe a de mon berceau; mes souffrances deviennent du plaisir, mes plaisirs des douleurs, et l'on ne sait si ces *Mémoires* sont l'ouvrage d'une tête brune ou chenue.

Quatre grandes divisions: Première partie: Années de jeunesse; le soldat et le voyageur (1768-1800).—Deuxième partie: Carrière littéraire (1800-1814).— Troisième partie: Carrière politique (1814-1830).—Quatrième partie: Les dernières années.—Et tout cela forme douze volumes dans l'édition originale et six volumes de cinq à six cents pages dans l'édition Edmond Biré.

De ces quatre parties, il est difficile de dire quelle est la plus belle. Il ne me semble pas qu'au cours de ces trois mille pages il y ait des défaillances sérieuses ni même des moments de sommeil. L'intérêt se maintient parce que, au fond, l'intérêt qu'il prend aux choses, c'est toujours l'intérêt qu'il prend à lui-même. Le style, presque tout en sensations et en images, ne faiblit point.

Cette façon d'écrire, qui est comme une gageure, se soutient jusqu'au bout, ou même, en avançant, paraît plus surprenante. Peut-être y a-t-il, dans la partie qui a été la dernière écrite et qui est celle du milieu, plus d'audace et plus de raccourci dans l'expression et, si vous le voulez, plus de mauvais goût, mais un mauvais goût plus éclatant. Il n'a achevé ses *Mémoires*, je vous l'ai dit, qu'à soixante-treize ans (et n'a cessé d'ailleurs de les retoucher jusqu'à sa mort). Mais il a su prendre, ou contre les atteintes de la vieillesse, ou pour que ces atteintes ne paraissent pas, une bien ingénieuse précaution. Il a écrit la quatrième partie, l'histoire de ses dernières années, avant d'écrire celle de sa carrière littéraire et politique... Pourquoi? Il pensait que, de cette manière, il y avait plus de chances que les derniers livres des *Mémoires*, écrits avant la vieillesse et, à la différence des autres, sur des faits encore récents, laissassent le lecteur sur une impression de force et de vie. Si, plus tard, l'âge le trahissait dans la narration de la période médiane de son existence, cela se sentirait moins dans le courant de l'immense récit; et, si la mort le venait prendre au milieu de sa tâche, l'œuvre du moins aurait le beau *finale* et les conclusions qu'il voulait. Et, puisqu'il est mort à quatre-vingts ans, il n'avait pas besoin de faire ces calculs: mais je suis persuadé qu'il les a faits, et que les *Mémoires* y ont gagné.

Maintenant, encore que les *Mémoires* soient presque partout délicieux ou magnifiques, les premiers livres ont gardé, je crois, un charme particulier. Ce coin de Bretagne, ces vieilles gens, ces vieilles mœurs, ce château de Combourg, cette enfance rêveuse et passionnée, il n'y a rien au-dessus de cela. Ces souvenirs lointains, c'est en même temps ce que l'auteur a peut-être le plus profondément senti et sans doute le plus «romancé». Ce Chateaubriand adolescent, le voilà, le vrai «René», bien supérieur à celui de la Nouvelle. Il n'y a de comparable à cela que les premiers livres des *Confessions* de Jean-Jacques. Jean-Jacques parle déjà comme René: «J'étais inquiet, distrait, rêveur; je pleurais, je soupirais, je désirais un bonheur dont je n'avais pas l'idée, et dont je sentais pourtant la privation.» C'est le même mal charmant. Seulement la grâce des choses est plus familière autour du jeune Jean-Jacques qu'autour du jeune René; et, d'autre part, l'enfant souillé de l'horloger de Genève fait plus de pitié, serre plus le cœur que le petit gentilhomme de Combourg. Mais les tableaux de l'adolescence de celui-ci sont d'une poésie somptueuse et sont un délice pour l'imagination. Et il faut lire tour à tour les récits de Jean-Jacques et les récits de René, selon qu'on veut être douloureusement triste, ou triste avec volupté.

Puis, c'est le tableau des commencements de la Révolution. Cela est d'une couleur intense, quoiqu'il écrive ces pages après 1830, alors qu'autour de lui on commençait à pallier les crimes de la Révolution et à transfigurer les criminels. Chateaubriand se souvient avec intégrité. Il voit la plupart des révolutionnaires comme les verront Taine et Renan, c'est-à-dire stupides autant que scélérats. C'est le voyage en Amérique, un nouvel et définitif arrangement de ce voyage où, ne voulant perdre aucune de ses descriptions, pas même celles des choses qu'il ne peut avoir vues, il a soin de rester un peu vague sur les dates, sur les distances et sur les procédés de locomotion. C'est l'armée des princes, et c'est le séjour à Londres, où je ne dis point qu'il exagère ses souffrances, mais où l'on sent bien qu'il ne les atténue pas. C'est le *Génie du christianisme* et la gloire... et c'est Napoléon.

Napoléon est l'homme qui l'a le plus hanté; c'est le seul en qui il reconnaisse un égal. J'ai déjà parlé de l'émulation que la fortune de Napoléon avait suscitée chez les plus forts de ses contemporains. Ce sentiment d'émulation, Chateaubriand en Angleterre, inconnu et pauvre, sans autre bien que la conscience de son génie, ce sentiment d'envie et de rivalité personnelle, Chateaubriand l'éprouve déjà. Écoutez ces aveux:

> Je comptais mes abattements et mes obscurités à Londres sur les élévations et l'éclat de Napoléon; le bruit de ses pas se mêlait au silence des miens dans mes promenades solitaires; son nom me poursuivait jusque dans les réduits où se rencontraient les tristes indigences de mes compagnons d'infortunes et les joyeuses détresses de Peltier. Napoléon était de mon âge: partis tous les deux du sein de l'armée, il avait gagné cent batailles que je languissais encore dans l'ombre de ces émigrations qui furent le piédestal de sa fortune. *Resté si loin derrière lui, le pouvais-je jamais rejoindre?* Et, néanmoins, quand il dictait des lois aux monarques, quand il les écrasait de ses armées et faisait jaillir leur sang sous ses pieds, quand, le drapeau à la main, il traversait les ponts d'Arcole et de Lodi, quand il triomphait aux Pyramides, aurais-je donné pour toutes ces victoires une seule de ces heures oubliées qui s'écoulaient en Angleterre, dans une petite ville inconnue?

Il est bien clair qu'il l'aurait donnée. Mais écoutez encore:

> Je quittai l'Angleterre quelques mois après que Napoléon eut quitté l'Égypte; nous revînmes en France presque en même temps, lui de Memphis, moi de Londres; il avait saisi des villes et des royaumes, ses mains étaient pleines de puissantes réalités: je n'avais encore que des chimères.

L'histoire des sentiments de Chateaubriand pour Napoléon est intéressante. Nous en avons déjà vu quelque chose. Il commence par être, avec presque toute la France, ardent pour le premier Consul. Il accepte, nous l'avons vu, d'être secrétaire d'ambassade à Rome, puis ministre dans le Valais, mais donne sa démission à l'occasion du meurtre du duc d'Enghien, beaucoup par une très noble indignation, un peu parce qu'il ne tenait guère à rester petit agent diplomatique de l'homme dont il s'estimait l'égal (n'était-il pas, lui, par le *Génie du christianisme*, le vrai restaurateur de la religion?) Pendant l'Empire, deux fois il libère sa conscience: par l'article du *Mercure*, et par son discours de réception à l'Académie; manifestations généreuses, mais sans grand danger: madame de Chateaubriand est impérialiste, l'empereur le sait; le meilleur ami de Chateaubriand est Fontanes, qui sait le défendre à l'occasion; plusieurs de ses autres amis, Joubert, Clausel de Coussergues, Pasquier, Rémusat, Guéneau, sont fonctionnaires de l'empereur. Au surplus, Napoléon aime la prose de Chateaubriand et ne déteste point l'homme. Et Chateaubriand admire dans Napoléon le seul égal qu'il se reconnaisse ici-bas. Mais, vers les dernières années, l'empereur devient décidément insupportable. En même temps, son étoile pâlit. Après Moscou, après l'Espagne, après Leipsick, Chateaubriand entrevoit la possibilité d'une restauration où il croit qu'il serait tout et connaîtrait à son tour la puissance matérielle et les grandeurs de chair. Et c'est pourquoi il écrit *De Buonaparte et des Bourbons*, où il sait bien lui-même qu'il rabaisse l'empereur à l'excès et le défigure. C'est qu'il lui faut abattre son «rival», et c'est qu'il veut que la Restauration soit son œuvre. Mais après 1830, Napoléon est mort depuis dix ans. Sa légende s'est faite. Chateaubriand n'oserait plus parler de lui comme en 1814. «Le train du jour, écrit-il, est de magnifier les victoires de Bonaparte.» Il proteste pour sa part: «C'est que, dit-il, les patients ont disparu; on n'entend plus les imprécations, les cris de douleur et de détresse des victimes; on ne voit plus la France épuisée, labourant son sol avec des femmes... On oublie que tout le monde se lamentait des triomphes... On oublie que le peuple, la cour, les généraux, les ministres, les proches de Napoléon étaient las de son oppression et de ses conquêtes, las de cette partie toujours gagnée et jouée toujours, de cette existence remise en question chaque matin par l'impossibilité du repos.» Lui, Chateaubriand, s'en souvient sans doute: mais, depuis que l'autre n'est plus là, il sait qu'il est, lui, le seul grand homme vivant. Il est, aux yeux de la France, le patriarche des lettres. Il jouit de sa gloire désencombrée de Napoléon, et cela lui conseille, à l'égard de son rival mort, la magnanimité.

L'histoire de Napoléon par Chateaubriand est splendide. Et elle est quelquefois profonde. Sur les commencements de Bonaparte: «Il a pris croissance dans notre chair; il a brisé nos os. C'est une chose déplorable, mais il faut le reconnaître, si l'on ne veut ignorer les mystères de la nature humaine et le caractère des temps: une partie de la puissance de Napoléon vient d'avoir trempé dans la Terreur. La Révolution est à l'aise pour servir ceux qui ont passé à travers ses crimes: une origine innocente est un obstacle.»

Sans doute, il fait de Bonaparte un monstre en morale. Il croit aux cruautés qu'on lui prête, et par exemple à l'empoisonnement des pestiférés de Jaffa; il relève les folies et les crimes, mais en même temps il ne se lasse pas de glorifier, dans le monstre, un prodige de génie. Il a vu que la faculté dominante de Bonaparte était l'imagination et comment il subissait l'attrait du gigantesque, et le rêve de l'Orient et de l'aventure d'Alexandre. Il reconnaît en lui un frère de rêve qui a mal tourné:

> ... À peine a-t-il mis l'Italie sous ses pieds qu'il paraît en Égypte; épisode romanesque dont il agrandit sa vie réelle. Comme Charlemagne, il attache une épopée à son histoire. Dans la bibliothèque qu'il emporta se trouvaient: *Ossian*, *Werther*, la *Nouvelle Héloïse* et le *Vieux Testament*: indication du chaos de la tête de Napoléon. Il mêlait les idées positives et les sentiments romanesques, les systèmes et les chimères, les études sérieuses et les emportements de l'imagination, la sagesse et la folie. De ces productions incohérentes du siècle, il tira l'Empire; songe immense, mais rapide comme la nuit désordonnée qui l'avait enfanté.

Et encore:

> Durant la traversée, Bonaparte se plaisait à réunir les savants et provoquait leurs disputes; il se rangeait ordinairement à l'avis du plus absurde ou du plus audacieux; il s'enquérait si les planètes étaient habitées, quand elles seraient détruites par l'eau ou par le feu, comme s'il eût été chargé de l'inspection de l'armée céleste.

En somme, Chateaubriand doit à Napoléon ses plus belles phrases et ses images les plus surprenantes. Et il était si heureux de les trouver, et de les entasser, et d'en trouver encore, que cela lui devenait égal de paraître attribuer à son ennemi, tout en le maudissant, une grandeur surnaturelle. Rien de plus magnifique, ni qui soit d'une plus merveilleuse virtuosité, que le récit de la campagne de Russie (qu'il n'a pas vue). Laissez-moi citer un peu, pour le plaisir:

> ... Si l'inique invasion de l'Espagne souleva contre Bonaparte le monde politique, l'injuste occupation de Rome lui rendit contraire le monde moral: sans la moindre utilité, il s'aliéna comme à plaisir les peuples et les autels, l'homme et Dieu. Entre les deux précipices qu'il avait creusés aux deux bords de sa vie, il alla, par une étroite chaussée, chercher sa destruction au fond de l'Europe, comme sur ce pont que la mort, aidée du mal, avait jeté à travers le chaos.

> ... Il ne restait d'autre ressource que... de rentrer à Smolensk par les vieux sentiers de nos malheurs: on le pouvait: les

oiseaux du ciel n'avaient pas encore achevé de manger ce que nous avions semé pour retrouver nos traces.

... De vastes boucheries se présentaient, étalant quarante mille cadavres diversement consumés. Des files de carcasses alignées semblaient garder encore la discipline militaire; les squelettes détachés en avant, sur quelques mamelons écrêtés, indiquaient les commandants et dominaient la mêlée des morts.

... L'effrayant remords de la gloire se traînait vers Napoléon. Napoléon ne l'attendit pas.

... Tout disparaît sous la blancheur universelle. Les soldats sans chaussures sentent leurs pieds mourir; leurs doigts violâtres et roidis laissent échapper le mousquet dont le toucher les brûle... leurs méchants habits deviennent une casaque de verglas. Ils tombent, la neige les couvre; ils forment sur le sol de petits sillons de tombeaux... Des corbeaux et des meutes de chiens blancs sans maîtres suivent à distance cette retraite de cadavres.

... Quelques soldats dont il ne restait de vivant que les têtes finirent par se manger les uns les autres sous des hangars de branches de pins... Les Russes n'avaient plus le courage de tirer, dans des régions de glace, sur les ombres gelées que Bonaparte laissait vagabonder après lui... La bande à la face violette et dont les cils figés forçaient les yeux à se tenir ouverts, marchait en silence sur le pont ou rampait de glaçons en glaçons jusqu'à la rive polonaise. Arrivés dans des habitations échauffées par des poêles, les malheureux expirèrent: leur vie se fondit avec la neige dont ils étaient enveloppés.

Sur Napoléon à Sainte-Hélène:

Aucun homme de bruit universel n'a eu une fin pareille à celle de Napoléon. On ne le proclama point, comme à sa première chute, autocrate de quelques carrières de fer et de marbre, les unes pour lui fournir une épée, les autres une statue; aigle, on lui donna un rocher à la pointe duquel il est demeuré au soleil jusqu'à sa mort, et d'où il était vu de toute la terre.

... Vivant, il a manqué le monde; mort, il le possède.

Sur l'île de Sainte-Hélène:

... Les vagues sont éclairées la nuit de ce qu'on appelle la lumière de la mer, lumière produite par des myriades d'insectes dont les amours, électrisées par les tempêtes, allument à la surface de l'abîme les illuminations d'une noce universelle. L'ombre de l'île, obscure et fixe, repose au milieu d'une plaine mobile de diamants.

Quand il a trouvé, sur l'Empereur ou à son occasion, quelques centaines de phrases comme cela, il ne lui en veut plus guère. Et quand il apprend que Napoléon à Sainte-Hélène a dit: «Si le duc de Richelieu et Chateaubriand avaient eu la direction des affaires, la France serait sortie puissante et redoutée de ces deux grandes crises nationales (1814 et 1815). Chateaubriand a reçu de la nature le feu sacré. Son style est celui des prophètes», oh! alors, il ne lui en veut plus du tout. «Pourquoi ne conviendrais-je pas que ce jugement *chatouille de mon cœur l'orgueilleuse faiblesse*?» Alors il accorde tout ce qu'on veut; il reconnaît que Napoléon fut un reconstructeur, et ne lui reproche plus,—sévèrement, mais sans grande amertume,—que d'avoir peu respecté la liberté.

Le récit des deux Restaurations, de la stupidité des vieux royalistes, de la conversion subite et gloutonne des anciens jacobins, ce récit où il fut aidé par la malice de madame de Chateaubriand (le *Cahier rouge*) est d'une singulière fureur de style, et de la plus brûlante âcreté dans les tableaux et dans les portraits. Mais, je l'avoue, j'ai un faible pour la dernière partie des *Mémoires*, pour les voyages à travers l'Allemagne et la Bohême. Il y a là, tout à la fois, une immense lassitude, une immense tristesse, un immense plaisir à vivre; partout l'idée de l'amour et de la mort et la plus sensuelle poésie; les plus souples passages de la familiarité au lyrisme; un style qui est aussi, par lui-même, une volupté...

Oh! le vieux René n'a pas changé; il se demande en passant «ce que le monde aurait pu devenir» si la carrière de Chateaubriand «n'avait pas été traversée par une misérable jalousie» (sans doute celle du roi Louis XVIII), et il se fait rappeler par une hirondelle qu'il a été ministre des Affaires étrangères. Mais il se détend, semble-t-il, et s'abandonne, plus qu'il n'a jamais fait, à son naturel. Il rapporte les compliments qu'on lui fait sur sa jeunesse, et les étonnements sur ses cheveux noirs, et cela signifie qu'il a soixante-cinq ans, et que cela l'ennuie bien, et qu'il ne veut pas vieillir. Il dit à un endroit: «Pardonnez, je parle de moi, je m'en aperçois trop tard», et cela est d'un effet vraiment comique. D'autant plus que, cinq lignes après, exactement, il nous dit que le bibliothécaire de la ville de Bamberg le vint saluer à cause de sa renommée, «la première du monde, selon lui, *ce qui réjouissait la moelle de mes os*». Bref, il se laisse aller. Il est troublé par tous les jupons qui passent: la servante saxonne, la petite vierge de Waldmünchen, la grande fille rousse d'Egra, la voyageuse de Weissenstadt («Elle avait bien l'air de ce que probablement elle était: joie, courte fortune d'amour, puis l'hôpital et la fosse commune. Plaisir errant, que le ciel ne soit pas trop sévère à tes tréteaux!»), la petite hotteuse («Sa jolie tête échevelée se collait contre sa hotte... on voyait que, sous ses épaules chargées, son jeune sein n'avait encore senti que le poids de la dépouille des vergers»), ailleurs la Louisianaise Célestine, et la jeune Occitanienne (*vulgo* Languedocienne), la «charmante étrangère de seize ans», à qui il conseille si tristement de ne pas l'aimer. (Vogüé nous apprend, dans *«Une Inconnue» de Chateaubriand,* que l'étrangère de seize ans en avait cinquante et qu'elle s'appelait madame de Vichet); et enfin, dans trois des pages les plus miraculeuses de la littérature française, il évoque sa Sylphide, qu'il nomme cette fois Cynthie, et sur la route de Carlsbad il se rappelle la molle Italie et la campagne romaine sous la lune. «... Mais, Cynthie, il n'y a de vrai que le bonheur dont tu peux jouir... Jeune Italienne, le temps fuit. Sur ces tapis de fleurs, tes compagnes ont déjà passé.» Et Lucile, toujours Lucile: «À la nuit tombante, j'entrai dans des bois. Des corneilles criaient en l'air... Voilà que je retournai à ma première jeunesse: je revis les corneilles du mail de Combourg... Ô souvenirs, vous traversez le cœur comme un glaive! Ô ma Lucile, bien des années nous ont séparés! Maintenant la foule de mes jours a passé, et, en se dissipant, me laisse mieux voir ton visage.»

Ainsi rêve l'harmonieux vieillard, inconsolable, mais toujours consolé. Et la conclusion des *Mémoires,*—après une dernière glorification de sa vie et de son œuvre, et un dernier glas sonné sur la France et l'Europe, c'est un acte de foi glacé dans une sorte de christianisme social,—et cette phrase: «Il ne me reste qu'à m'asseoir au bord de ma fosse; après quoi, je descendrai hardiment, le crucifix à la main, dans l'éternité.» Et, comme c'est une fort belle manière d'y descendre, il est très certainement sincère. Et le crucifix le sauvera, sans l'avoir autrement gêné.

DIXIÈME CONFÉRENCE

DERNIÈRES ANNÉES.—CONCLUSIONS

Tel qu'il était, il fut extrêmement aimé. Il eut des amis fervents et constants. Il eut des amies amoureuses et dévouées. Il fut aimé, non seulement à cause de ses livres, à cause de sa gloire, et parce qu'il avait le plus séduisant des génies, mais parce qu'il était aimable. Sa vanité nous choque dans ses *Mémoires*, où elle s'étale sans pudeur et presque sans interruption: mais, dans la réalité, elle admettait des trêves. La passion de la solitude le prenait de temps en temps, et le plus grand de ses plaisirs paraît avoir été de voyager seul. Presque jusqu'à la fin de sa vie, il a couru les routes,—sans madame de Chateaubriand.—Mais, avec ses amis, surtout chez les Joubert, à Villeneuve-sur-Yonne, il était tout à fait «bon garçon». (Seulement, dit Joubert, quand il s'apercevait qu'il était bon garçon, il continuait en «faisant» le bon garçon.) Volontiers solennel et un peu tendu dans ses livres, il était facilement, dans la conversation, libre, familier, et même, à l'occasion, assez vert. Il avait ses vertus, nous le savons: bonté, désintéressement, mépris de l'argent, sentiment jaloux de l'honneur. Mais la conscience qu'il avait de ses vertus le rendait fort indulgent pour lui-même et peu attentif à ses propres sottises.

Son ami Joubert a très bien vu cela dans une lettre célèbre, que j'ai déjà citée à propos de Jean-Jacques Rousseau, à qui elle s'applique aussi parfaitement. (Je n'oublie point que Jean-Jacques est une âme beaucoup plus souillée que Chateaubriand: mais l'illusion définie par Joubert est bien la même chez l'un et chez l'autre.) «Il y a, dit Joubert, dans le fond de ce cœur, une sorte de bonté et de pureté qui ne permettra jamais à ce pauvre garçon, j'en ai bien peur, de connaître et de condamner les sottises qu'il aura faites, parce qu'à la conscience de sa conduite, qui exigerait des réflexions, il opposera toujours le sentiment de son essence, qui est fort bonne.» Que cela est admirablement dit! et que cela explique de choses, non seulement chez Jean-Jacques ou *René*, mais chez la plupart des hommes!

Ce Joubert fut assurément le plus distingué des amis de Chateaubriand, qui a fait de lui un portrait amusant et tendre. Cet inspecteur général de l'Université, grand, sec, avec un nez pointu, était un vieil «original», plein de tics délicats et de manies angéliques. Il avait connu d'Alembert, Diderot, les Encyclopédistes, et les avait trouvés d'une vulgarité choquante. Pendant la Révolution, il se tapit à Villeneuve-sur-Yonne, où il recueillit madame de Beaumont fugitive. Mais le bruit et le spectacle, quoique lointain, de la Terreur, achevèrent de détacher Joubert de ce brutal monde des corps.

Il se maria sur le tard. Il épousa par admiration une vieille fille très pieuse, très malheureuse, très dévouée, consommée en mérites, d'ailleurs très intelligente et que Chateaubriand appréciait beaucoup. Il était grand amateur d'âmes féminines: mesdames de Beaumont, de Gontaut, de Lévis, de Duras, de Vintimille... Souvent malade, il aimait presque à l'être: il sentait que la maladie lui faisait l'âme plus subtile. Il déchirait, dans les livres du dix-huitième siècle, les pages qui l'offensaient, et n'en gardait que les pages innocentes dans leurs reliures à demi vidées. Il aimait les parfums, les fruits et les fleurs. Il avait des façons à lui de voir et de recommander la religion catholique. «Les cérémonies du catholicisme, écrit-il, plient à la politesse.» Il ne tenait pas à la vérité: il y préférait la beauté; ou plutôt, il les confondait avec une astuce séraphique. Renan eût contresigné cette pensée: «Tâchez de raisonner largement. Il n'est pas nécessaire que la vérité se trouve exactement dans tous les mots, pourvu qu'elle soit dans la pensée et dans la phrase. Il est bon, en effet, qu'un raisonnement ait de la grâce: or, la grâce est incompatible avec une trop rigide précision.»

Joubert avait le goût à la fois très fin et hardi. Les nouveautés de Chateaubriand ne l'étonnèrent point. Il lui fut un très clairvoyant conseiller. Au moment où Chateaubriand, écrivant le *Génie du Christianisme*, s'appliquait à y mettre de l'érudition, Joubert écrivait à madame de Beaumont: «Dites-lui qu'il en fait trop; que le public se souciera fort peu de ses citations, mais beaucoup de ses pensées; que c'est plus de son génie que de son savoir qu'on est curieux; que c'est de la beauté, et non pas de la vérité, qu'on cherchera dans son ouvrage; que son esprit seul, et non pas sa doctrine, en pourra faire la fortune.» Ceci n'est point timide, et Joubert ajoutait: «Qu'il fasse son métier; qu'il nous enchante. Il rompt trop souvent les cercles tracés par sa magie; il y laisse entrer des voix qui n'ont rien de surhumain, et qui ne sont bonnes qu'à rompre le charme et à mettre en fuite les prestiges. Les in-folio me font trembler.» Joubert avait pour Chateaubriand une admiration amusée et une indulgence presque paternelle malgré le peu de différence des âges (treize ans). Il connaissait Chateaubriand beaucoup mieux que celui-ci ne se connaissait lui-même; et, tout en le jugeant et sans être jamais sa dupe, il l'aimait avec une vraie tendresse. Et Chateaubriand aimait Joubert, parce qu'il se savait totalement compris de ce pénétrant ami, et qu'il le sentait plus purement intelligent que lui-même, mais, au reste, simple amateur très élégant et qui ne pouvait lui porter ombrage; et enfin parce que Joubert était une singulière et délicieuse créature.

L'autre grand ami, c'est Fontanes. Chateaubriand l'avait connu à Paris, puis retrouvé à Londres dans l'exil, quand ils étaient jeunes tous deux. La constance de leur amitié fut belle. Chateaubriand lui pardonna d'être très tôt rallié à l'Empire, président du Conseil législatif en 1804, grand maître de l'Université en 1808, et sénateur en 1810. Il l'aimait assez pour lui demander continuellement des services (dès 1799), et il consentit toujours à être son obligé, parce que c'était lui. Deux traits me font assez goûter Fontanes. Ce parfait fonctionnaire, cet orateur officiel de l'Empire était un homme d'un tempérament dru, d'une conversation aussi riche et déchaînée que ses écrits étaient polis et mesurés; il avait dans l'intimité «quelque chose de brusque, d'impétueux et d'athlétique» (Sainte-Beuve) qui l'avait fait comparer par ses amis, dans leurs promenades au jardin des Tuileries, au sanglier d'Érymanthe («goinfre et gouailleur», l'appelle Peltier). Cet homme si habile se revanchait ainsi de ses prudences et souplesses publiques. Et, pareillement, ce poète un peu timide, ce prosateur tempéré, «classique», eut l'esprit d'applaudir, tout de suite et sans aucune hésitation, aux nouveautés des *Natchez* et qu'il connut manuscrits.

Puis il y a Chênedollé. Chênedollé mérite un souvenir: 1° parce que son nom est charmant; 2° pour les belles *interviews* (comme nous dirions aujourd'hui) qu'il prit à Rivarol; 3° pour avoir été mélancolique à ce point que ses amis l'appelaient le Corbeau; 4° pour avoir profondément aimé Lucile et pour avoir voulu l'épouser; 5° parce que ses vers paraissaient «d'argent» à Joubert et «lui donnaient la sensation d'un clair de lune»; 6° parce qu'il a été le plus distingué des poètes qui ont failli être Lamartine avant Lamartine.

Il y a le *rêveur* Ballanche. L'épithète ne convient à personne aussi totalement qu'à ce Lyonnais qui fit des mélanges à la fois surprenants et pâles de christianisme, d'humanitarisme et d'hellénisme. Et il y en a beaucoup d'autres...

Et puis, il y a les amies. Elles sont assez nombreuses. Mais il est vrai qu'il vécut quatre-vingts ans. Quelques personnes ont affecté de croire au platonisme de ces amours: M. l'abbé Pailhès par bonté, d'autres par malice... On lit dans les *Mémoires* de Philarète Chasles cette phrase sur Chateaubriand: «... Pauvre sans avilissement, riche sans qu'il y parût, tout puissant sans influence, chef de secte littéraire sans doctrine sérieuse, *amoureux sans danger pour la vertu*, en lui tout était magnificence extérieure.» «Amoureux sans danger pour la vertu...» j'allais dire: Ceci est une calomnie. Il est à remarquer que les hommes les plus célèbres par leurs succès auprès des femmes sont facilement accusés par leurs contemporains d'être incapables de leur faire le moindre mal.

Je ne rappellerai que les principales amies. Il y a madame de Beaumont, la plus touchante, dont nous avons déjà parlé. Il y a madame de Custine, qui paraît avoir été la plus passionnée. Elle succéda à Pauline de Beaumont, et même du vivant de celle-ci. Cette échappée des massacres de septembre et qui avait vu guillotiner son mari, son beau-père, son amant, était d'une éclatante beauté. Boufflers lui disait en la quittant: «Adieu, reine des roses.» Chateaubriand dit: «La marquise de Custine, héritière des longs cheveux de Marguerite de Provence...» Elle était fort jalouse. Peut-être est-elle celle qui a le plus aimé Chateaubriand. Ses lettres à Chênedollé sont navrantes. Presque toutes sont sur ce thème: «Je suis plus folle que jamais; je l'aime plus que jamais, et je suis plus malheureuse que je ne puis dire.» Un jour, faisant visiter à un ami son château de Fervacques: «Voilà, dit-elle, le cabinet où je le recevais.—C'est ici, dit l'ami, qu'il était à vos genoux?—C'était peut-être moi qui étais aux siens.» répondit-elle avec simplicité.

Il y a madame de Duras, qui fut pour Chateaubriand la plus serviable des amies. Chateaubriand dit qu'elle ressemblait un peu à madame de Staël, en quoi elle avait tort. C'est sans doute à cause de cela qu'il l'appelait «ma sœur». Dans son âge mûr, elle écrivit des petits romans: *Ourika*, *Édouard*. Ourika est une jolie petite négresse qui, élevée à Paris dans une noble famille, y devient amoureuse du fils de la maison et se réfugie au couvent, où elle meurt. Édouard est un jeune bourgeois qui aime une jeune veuve d'un très grand nom, qui est aimé d'elle, mais qui, ne voulant ni la compromettre, ni la diminuer en devenant son mari, va se faire tuer dans la guerre d'Amérique. Ce sont des romans très délicats, très purs, et surtout d'un parfait et même d'un terrible «bon ton», avec un fond d'idées libérales. Il ne paraît pas que Chateaubriand ait beaucoup déteint littérairement sur son amie, si ce n'est que la négresse Ourika a pu être suggérée par la Peau-Rouge Atala, et que l'enfance d'Édouard ressemble un peu à l'enfance de René.

Il y a madame de Noailles, «la belle Nathalie». C'est elle qui attendit Chateaubriand en Espagne après son voyage en Palestine. Quand il la retrouva, il eut à la consoler. Car, comme l'explique madame de Boigne (I, 303) «pendant l'absence de Chateaubriand, elle avait laissé tromper ses inquiétudes par les soins assidus du colonel L... Tandis qu'elle attendait le pèlerin de Jérusalem à Grenade, elle y apprit la mort du colonel. De sorte que, lorsque M. de Chateaubriand arriva, préparant des excuses pour son retard et des hymnes pour l'exactitude de sa bien-aimée, il trouva une femme en longs habits de deuil et pleurant avec un extrême désespoir la mort d'un rival heureux en son absence.» Madame de Boigne, un peu plus loin, prête à madame de Noailles cette confession: «Je suis bien malheureuse; aussitôt que j'en aime un, il s'en trouve un autre qui me plaît davantage.» Madame de Noailles était un peu chouanne et conspiratrice. Ce fut elle (d'après M. Albert Cassagne) qui attisa, chez Chateaubriand, les sentiments d'où sortit le fameux article du *Mercure*. Elle devint madame de Mouchy (en 1816, par la mort de son beau-père). Elle eut la raison égarée pendant les dernières années de sa vie. Madame de Duras, écrivant à madame Swetchine, semble mettre un peu la démence de madame de Mouchy sur le compte de Chateaubriand: «Je vous ai montré des lettres de ma pauvre amie; vous avez admiré avec moi... cette délicatesse, cette fierté blessée qui depuis longtemps empoisonnait sa vie, car il n'y a pas de situation plus cruelle, selon moi, que de valoir mieux que sa conduite... Il faut joindre à cela des sentiments blessés ou point compris... Tout l'ensemble de cette situation a produit ce que cela devait produire: sa tête s'est égarée...» Madame de Duras parle ailleurs des «chagrins dont on devrait mourir et dont on ne meurt pas». Enfin, on n'en meurt pas. Et on n'en devient pas nécessairement fou. Chateaubriand ne saurait être responsable de toutes les souffrances de ses amies. D'abord, elles étaient trop. Et puis elles savaient d'avance ce qu'il était, ce qu'il ne pouvait pas ne pas être.

Enfin, il y a madame Récamier. La liaison de Juliette et de Chateaubriand me paraît un chef-d'œuvre de convenance: il était juste et décent que la plus grande beauté et le plus grand génie du temps se rencontrassent, et fussent épris l'un de l'autre, et que cela durât, et que cela devînt en quelque sorte officiel et fût, pour ainsi dire, consacré par l'approbation publique. Et la rencontre eut lieu juste au moment qu'il fallait, et dans les conditions les plus propres à la sauver de la banalité, à la préserver de la honte d'être éphémère et à la rendre pathétique. Et je crois que tous deux, très experts dans la mise en scène de leur gloire, en eurent conscience, vaguement d'abord, puis nettement, et qu'ils se regardèrent vieillir inséparablement, pour l'histoire.

Elle avait quarante et un ans, il en avait cinquante, quand ils se connurent au lit de mort de madame de Staël. La destinée avait retardé leur réunion, pour qu'elle fût plus sérieuse, et pour qu'elle eût de la mélancolie. Il est vraisemblable (vous verrez pourquoi dans les *Souvenirs* de madame Lenormant et dans le livre de M. Herriot) que Chateaubriand reçut Juliette encore intacte; et il est possible qu'elle le soit demeurée, mais cela est beaucoup moins vraisemblable, je suis forcé de l'avouer. Chateaubriand la fit souffrir, parce qu'il ne pouvait faire autrement. Après trois ou quatre ans d'un bonheur si mélangé qu'elle l'expiait à mesure, elle s'enfuit, elle se réfugia à Rome. Quand elle revient, elle n'est plus qu'une amie; et, à partir de là, elle laisse faire le temps, elle lui abandonne sa beauté. (Mais je vous ai raconté ces choses il y a trois ans.)

La douceur et la bonté de Juliette deviennent angéliques. Elle est pieuse maintenant. Son confesseur, le Père Morcel, disait d'elle qu'elle était sainte à force de tendresse. Elle ne vit plus que pour son ami. Elle est la servante de son génie, et la servante aussi de ses caprices, de ses douleurs, de ses infirmités, de sa vieillesse.

Mais de vieillesse, il n'en est pas question encore. Il restait jeune à soixante ans: toutes ses dents, les cheveux obstinément noirs. Il aima très tard, aussi tard qu'il put. Sa situation d'idole chez madame Récamier ne l'empêchait point de prendre des distractions. Sainte-Beuve a une bien jolie page sur les journées d'arrière-automne de Chateaubriand:

> Tant qu'il put marcher et sortir la badine à la main, la fleur
> à sa boutonnière, il allait, il errait mystérieusement. Sa
> journée avait ses heures et ses stations marquées comme les

signes où se pose le soleil. De une à deux heures,—de deux à trois heures,—à tel endroit, chez telle personne;—de trois à quatre, ailleurs;—puis arrivait l'heure de sa représentation officielle hors de chez lui; on le rencontrait en lieu connu et comme dans son cadre avant le dîner. Puis le soir (n'allant jamais dans le monde), il rentrait au logis en puissance de madame de Chateaubriand, laquelle alors avait son tour, et qui le faisait dîner avec de vieux royalistes, avec des prédicateurs, des évêques et des archevêques; il redevenait l'auteur du *Génie du christianisme* jusqu'à nouvel ordre, c'est-à-dire jusqu'au lendemain matin. Le soleil se levait plus beau; il remettait la fleur à sa boutonnière, sortait par la porte de derrière de son enclos, et retrouvait joie, liberté, insouciance, coquetterie, désir de conquête, certitude de vaincre de une heure jusqu'à six heures du soir. Ainsi, dans les années du déclin, il passait sa vie, et trompa tant qu'il put la vieillesse.

Une de celles qui l'y aidèrent le mieux fut Hortense Allard (en 1843 madame de Méritens), l'auteur des *Enchantements de Prudence*, où elle raconte en effet ses «enchantements», qui sont ses amours. La bonne George Sand y mit en 1873, pour une édition nouvelle, une préface admirative. C'est qu'Hortense Allard est, comme elle l'écrit elle-même, une femme qui «suit en liberté son cœur, et qui place dans sa destinée l'amour et l'indépendance au-dessus de tout.» George Sand la loue de ceci: «Elle ne s'accuse ni ne se vante d'avoir cédé aux passions. Elle les regarde comme une inévitable fatalité dont il faut subir les douleurs et dont on doit apprécier les bienfaits.» Autrement dit, c'était une femme fort galante. Intelligente d'ailleurs et très agréable; très écriveuse aussi, et qui avait la rage d'être la maîtresse ou l'amie des hommes célèbres; idéaliste, humanitaire, et, vers la fin, saint-simonienne; qui dut être délicieuse tant qu'elle fut à peu près jeune, et probablement intolérable ensuite. (Lisez sur elle André Beaunier dans *Trois amies de Chateaubriand.*)

Chateaubriand la connut à Rome, en 1829 (il avait soixante et un ans). Voici ce qu'elle raconte (et vous en croirez ce que vous voudrez): «Je lui écrivis un petit mot, auquel il répondit tout de suite, et j'allai chez lui le lendemain. Il me reçut avec coquetterie et se montra charmant et charmé.» Quelques jours plus tard: «... Il me rapporta mon manuscrit en me disant que j'avais du génie, que c'était admirable. Que ne dit-il point?... Je savais déjà qu'un homme trouve du génie à la femme dont il est amoureux. Je crois le voir encore dans ce salon... Ce fut pourtant rapide et ridicule. Pouvait-il s'éprendre si vite? Et moi, devais-je le croire sincère? Pourquoi si peu de réflexion de mon côté?... M. de Chateaubriand, avec moi, jouait un peu la comédie, et je m'en apercevais bien. Il avait d'ailleurs un entraînement véritable» (qu'entend-elle par là?) «car il aimait beaucoup les femmes. Il venait chez moi une fleur à la boutonnière, très élégamment mis, d'un soin exquis dans sa personne; son sourire était charmant, ses dents étaient éblouissantes, il était léger, semblait heureux: déjà on parlait dans Rome de sa gaieté nouvelle».

Hortense lui reproche sa guerre d'Espagne. Il s'explique gentiment. «Il avait, dit Hortense, un esprit si vaste, si tolérant... qu'excepté sur la religion catholique on pouvait toujours s'entendre avec lui.» Il rentre à Paris, elle l'y rejoint. Il la voit tous les jours. «Chateaubriand restait chez moi tous les jours deux ou trois heures de suite; il disait des choses tendres, aimables, souvent mélancoliques... Il parlait noblement de son âge, se disait trop imprudent, trop séduit.» «Un jour il vint chez moi tout chargé de ses ordres et sortant d'un dîner chez M. Pozzo di Borgo. Je m'amusais à le voir avec la Toison d'or et tant de décorations si bien portées.» «René, de plus en plus épris, me disait qu'il n'avait jamais été aimé d'une femme si tendre, mais il se plaignait en moi de sens glacés, d'une complète ignorance de ce qu'il cherchait, de ce qu'il désirait. Je ne savais ce qu'il voulait dire.» Cela m'étonne bien.

Ils faisaient tous deux des promenades au Champ de Mars, qui était alors un grand espace inculte. Ils dînaient ensemble, très souvent, dans un petit restaurant près du Jardin des Plantes. Il était «heureux comme un enfant, doux et tendre... Il avait de l'appétit, et tout l'amusait». Il demandait du champagne, et elle lui chantait des chansons de Béranger: *Mon âme*, la *Bonne vieille*, le *Dieu des bonnes gens*. «Il écoutait ravi», et reprenait les refrains. Mais Hortense, de temps en temps, aimait à élever la conversation. Elle fit connaître à son ami la *Symbolique* de Creuzer. Une fois, il dicta à Hortense un passage de ses *Études historiques*: «La Croix sépare deux mondes...»

La liaison de Chateaubriand avec Hortense Allard, ou du moins leur correspondance, dura jusqu'en avril 1847, c'est-à-dire bien près de sa fin. Il lui écrivait en août 1832: «Ma vie n'est qu'un accident; je sens que je ne devais pas naître. Acceptez de cet accident la passion, la rapidité et le malheur: *je vous donnerai plus dans un jour qu'un autre dans de longues années.*» Une autre fois: «Je suis toujours triste, parce que je suis vieux... Restez jeune, il n'y a que cela de bon».

Ainsi parlait l'auteur du *Génie du christianisme*. Il parlait comme l'Ecclésiaste; il parlait comme Anacréon ou Mimnerme; et il pensait et agissait comme eux. Longtemps il avait cherché dans l'amour, comme dit Sainte-Beuve, «d'occasion du trouble et du rêve». À la fin, il n'y cherche plus... oh! mon Dieu, que ce que Sainte-Beuve lui-même y cherchait au même âge. Est-il triste, ou est-il amusant, de découvrir ce Chateaubriand de guinguette et d'amours simplifiées derrière le Chateaubriand officiel, le chantre et le restaurateur de la religion?... À quoi songeait-il, rentré à l'Infirmerie Sainte-Thérèse ou à l'Abbaye-au-Bois? Hortense dit drôlement: «Sa vie était ordonnée d'une façon qui me répondait de lui; son âge et sa dignité naturelle m'étaient déjà une garantie: mais outre cela, il était tenu chez lui et dans le monde par des liens tyranniques; deux femmes âgées dont je n'étais pas jalouse (la sienne et une autre) le gardaient comme pour moi seule.»

L'«autre» femme âgée, c'est madame Récamier. C'est elle que Chateaubriand retrouvait après les promenades et les petits dîners avec Hortense; mais, sur celle-là du moins, Hortense se trompe: ses «liens» n'avaient rien de «tyrannique». Et ils devinrent très doux à mesure que Chateaubriand vieillissait.—Très doux, mais, peu à peu, d'une douceur si triste!—Le 16 août 1846, en voulant descendre de voiture, le pied lui manqua et il se cassa la clavicule... Dès lors, il ne put plus marcher. Lorsqu'il venait à l'Abbaye-au-Bois, son valet de chambre et celui de madame Récamier le portaient de sa voiture jusqu'au salon de son amie, ce salon dont il était le dieu immobile et muet. Tous les jours il écrit à son amie de petits billets désespérés et tendres: «... Voici mon heure qui approche, et j'irai vous voir à deux heures et demie. À vous... Combien y a-t-il de temps que mes billets finissent ainsi?»—«Je vais vous revoir. Mon bonheur va revenir.»—«Je vous en supplie, ne venez pas, le temps est mauvais, vous attraperiez du mal. Demain, je vous reporterai ma triste personne.»—«Priez pour moi et me restez toujours attachée, c'est le moyen de me guérir.»—«Toujours à vous, je ne vous donne pas grand'chose.»—«Que je vous remercie! Il faut, pour achever votre générosité, que vous vous portiez bien. Faites-vous le bien que vous me faites. Tâchez de me lire; vous aurez mon dernier mot, comme ma dernière parole est à vous. À votre heure, à l'Abbaye... Aimez-moi un peu pour tout ce que je vous aime.»

Et madame de Chateaubriand? Elle vivait toujours. On peut dire que celle-là «en avait supporté». Il avait commencé par l'abandonner pendant douze ans (de 1792 à 1804), et on ne sait ce qu'elle était devenue pendant ce temps-là (sinon qu'elle fut emprisonnée à Rennes avec Lucile, à cause de l'émigration de son mari, jusqu'au 9 thermidor, et qu'elle vécut en Bretagne). Quand il l'a reprise, il reste le moins possible auprès d'elle. Il va sans elle en Grèce et en Palestine; il est, sans elle, ambassadeur à Berlin, puis à Londres; il voyage continuellement sans elle. Il semble qu'il n'ait pas voulu lui donner d'enfant: «Je n'ai jamais désiré me survivre.» Et encore: «Madame de Chateaubriand n'a point trouvé dans les joies naturelles le contrepoids de ses chagrins. Privée d'enfants qu'elle aurait eus peut-être dans une autre union...» Et enfin: «Après le malheur de naître, je n'en connais pas de plus grand que de donner le jour à un homme.» Pendant un de ses voyages, aux Pâquis, près Genève, le 15 septembre 1831, il a cette effusion de bile:

> Oh! argent que j'ai tant méprisé et que je ne puis aimer quoi
> que je fasse, je suis forcé d'avouer pourtant ton mérite;
> source de la liberté, tu arranges mille choses dans notre

existence, où tout est difficile sans toi. Excepté la gloire, que ne peux-tu pas procurer?... Quand on n'a point d'argent, on est dans la dépendance de toutes choses et de tout le monde. Deux créatures qui ne se conviennent pas pourraient aller chacune de son côté; eh bien! faute de quelques pistoles, il faut qu'elles restent là en face l'une de l'autre à se bouder, à se maugréer, à s'aigrir l'humeur, à s'avaler la langue d'ennui, à se manger l'âme et le blanc des yeux, à se faire, en enrageant, le sacrifice mutuel de leurs goûts, de leurs penchants, de leurs façons naturelles de vivre: la misère les serre l'une contre l'autre, et, dans ces liens de gueux, au lieu de s'embrasser elles se mordent, mais non pas comme Flora mordait Pompée. Sans argent, nul moyen de fuite; on ne peut aller chercher un autre soleil, et, avec une âme fière, on porte incessamment des chaînes. Heureux juifs, marchands de crucifix, qui gouvernez aujourd'hui la chrétienté, qui décidez de la paix ou de la guerre, qui mangez du cochon après avoir vendu de vieux chapeaux, qui êtes les favoris des rois et des belles, tout laids et tout sales que vous êtes, ah! si vous vouliez changer de peau avec moi!...

Est-ce clair? Et il a voulu que l'on sût cela après sa mort! Il est vrai qu'il ne pensait peut-être pas toujours ainsi. Une fois que sa femme était malade, il la soigna si bien, qu'elle écrivait à madame Joubert: «Mon mari est un ange; j'ai peur de le voir s'envoler vers le ciel; il est trop parfait pour cette mauvaise terre.» Mais, d'autre part, elle était bonapartiste. Puis, Chateaubriand nous dit qu'elle n'avait pas lu une ligne de ses livres. Et sans doute c'est une façon de parler: mais cela indique, pour le moins, une certaine indifférence à l'œuvre de son mari, sinon à sa gloire. Elle l'aimait toutefois, cela ne paraît pas douteux; elle lui était dévouée; elle l'aida à conserver, parmi ses gaietés et ses irrégularités secrètes, un *decorum* extérieur; elle sut lui ménager un abri honorable et mélancoliquement pittoresque, à l'ombre de cette Infirmerie Marie-Thérèse qu'elle avait fondée pour y retirer de vieux prêtres et de pauvres vieilles femmes. Et elle supporta avec résignation madame Récamier et les stations quotidiennes à l'Abbaye-au-Bois. Mais j'imagine qu'elle devait le lui faire payer doucement dans le détail; car elle avait plus d'esprit que son mari. Même, si j'en crois sa façon d'écrire, à elle, je pense qu'elle avait plus d'admiration que de goût pour sa façon d'écrire, à lui. Les dernières années, elle eut sa revanche. Sainte-Beuve écrit en 1847: «Chateaubriand ne peut plus sortir de sa chambre. Madame Récamier l'y va voir tous les jours, mais elle ne le voit que sous le feu des regards de madame de Chateaubriand, qui se venge enfin de cinquante années de délaissement. Elle a le dernier mot sur le sublime volage, et sur tant de beautés qui l'ont tour à tour ravi. Cette femme est spirituelle, dévote et ironique; moyennant toutes ses vertus, elle se passe tous ses défauts.»

Madame de Chateaubriand mourut le 9 février 1847. Il restait seul avec sa vieille amie, infirmes tous deux. À la fin, il ne pouvait plus parler ni entendre, et elle ne pouvait plus voir. Et ils étaient là, l'un en face de l'autre, elle qui avait été la plus grande beauté, lui qui avait été le plus beau génie, tous deux se souvenant, tous deux se sentant déjà à demi morts. Cela faisait certes un émouvant tableau; et lui, le savait, et que la postérité le verrait s'éteignant ainsi, dans des conditions sublimes de tristesse.

Le ciel lui fit la grâce de mourir avant madame Récamier (4 juillet 1848). Elle était venue s'installer chez madame Mohl pour être à portée de son ami mourant. «Chaque fois, dit madame Le Normant, que madame Récamier, suffoquée de douleur, quittait la chambre, il la suivait des yeux sans la rappeler, mais avec une angoisse où se peignait l'effroi de ne plus la revoir.» Le 10 juillet 1848, J.-J. Ampère écrivait à Bacante: «Vous pouvez juger dans quel état se trouvait madame Récamier, brisée corps et âme: depuis quelque temps, rien n'était plus douloureux que les soins rendus par elle avec un inaltérable dévouement à son illustre ami. Il ne parlait presque pas et il voyait à peine si on était près de lui; elle en était doublement séparée. Cet état d'anxiété perpétuelle et pareille à celle qu'on éprouve loin de ce qu'on aime, elle le ressentait à ses côtés. Elle était là quand il a cessé de vivre. *Elle ne l'a pas vu mourir.*»

Le 2 juillet, il avait reçu le viatique. Le 3 juillet, il avait dicté ces lignes à son neveu: «Je déclare devant Dieu rétracter tout ce qu'il peut y avoir dans mes écrits de contraire à la foi, aux mœurs, et généralement aux principes conservateurs du bien.» Les années précédentes, il observait autant qu'il pouvait les lois de l'Église sur l'abstinence et le jeûne. En 1842 et 1843 tout au moins, il avait un confesseur: l'abbé Seguin, prêtre de Saint-Sulpice.

Sismondi, qui rencontra Chateaubriand chez madame de Duras en 1813, rapporte dans son journal: «... Il observait la décadence universelle des religions tant en Europe qu'en Asie, et il comparait ces symptômes de dissolution à ceux du polythéisme au temps de Julien... Il en concluait la chute absolue des nations de l'Europe avec celle des religions qu'elles professent. J'ai été étonné de lui trouver l'esprit si libre.»—«25 mars 1813. Chateaubriand a parlé de religion chez madame de Duras; il la ramène sans cesse, et ce qu'il y a d'assez étrange, c'est le point de vue sous lequel il la considère: il en croit une nécessaire au soutien de l'État... Il croit nécessaire aux autres et à lui-même de croire; il s'en fait une loi, et il n'obéit pas.» (Il était donc revenu, peu s'en faut, à l'esprit de l'*Essai sur les révolutions*.) Une trentaine d'années plus tard, vers 1840, un peu avant l'abbé Seguin, chez madame Récamier, Chateaubriand, d'après Sainte-Beuve, dit ceci: «Je crois en Dieu aussi fermement qu'en ma propre existence; je crois au christianisme, comme grande vérité toujours, comme religion divine tant que je puis. J'y crois vingt-quatre heures; puis le diable vient qui me replonge dans un grand doute que je suis tout occupé à débrouiller.»

Néanmoins, il semble bien que, dans ses dernières années, sa foi devint plus continue et plus paisible. Dans une lettre du 10 octobre 1848 adressée à madame de Marigny, Louis de Chateaubriand, neveu du grand écrivain, dit que son oncle avait été «fidèle toute sa vie (?) à la confession annuelle et presque toujours à la communion pascale» et qu'il avait même, «dans ses dernières années, communié assez fréquemment aux époques de certaines fêtes». Et Chateaubriand, vieux, nous dit lui-même: «Ma conviction religieuse, en grandissant, a dévoré mes autres convictions; il n'est ici-bas chrétien plus croyant et homme plus incrédule que moi.»

Oui, telle devait être sa foi, fondée sur son nihilisme même. Mais assurément, il mourut dans la foi. La foi est, au fond, acte de volonté. Et, outre la volonté de croire, il avait celle de bien composer sa vie. Il l'a si bien composée, que nous en connaissons seulement l'image qu'il a voulu nous en donner: mais il est vrai aussi que, d'avoir passé sa vie à en composer l'image, cela même est ce qui nous fait le mieux connaître cet être d'orgueil, de tristesse et de désir sans fin.

Après sa vie, il compose son attitude d'«outre-tombe». Au cours de plusieurs années, il négocie avec le maire de Saint-Malo et le ministère la cession d'un rocher pour y placer son tombeau: une simple dalle, avec une croix, sans un nom, parmi les flots. Cette affectation de n'y pas mettre son nom est admirable! Ah! le pauvre être préoccupé d'étonner, même quand il ne le saura plus. Il est si facile pourtant d'être détaché de soi après la mort! Lui non. Il a même le squelette vaniteux. Cela couronne cette vie splendide et vaine, vaine au jugement du chrétien qu'il croyait être, si ce «restaurateur du christianisme» ne nous a légué que des nuances nouvelles de mélancolie et de volupté, en somme, de quoi être un peu plus païens.

Louis Veuillot écrit rudement (*Çà et là*, II):

> Chateaubriand a tenu et mérité une grande place, mais ce n'est pas mon homme. Ce n'est ni le chrétien, ni le gentilhomme, ni l'écrivain tels que je les aime; c'est presque l'homme de lettres tel que je le hais. L'homme de pose, l'homme de phrase, toujours affairé de sa pose et de sa phrase, qui pose pour phraser, qui phrase pour poser, qu'on ne voit jamais sans pose, qui ne parle jamais sans phrase... Il est de ceux qui ne savent écarter aucune pensée capable de revêtir une belle couleur et de rendre un beau son.

Atala est ridicule, *René* odieux; le *Génie du christianisme* manque de foi; les écrits politiques manquent de sincérité; les *Mémoires* sont écrits pour faire admirer le personnage; mais ce *moi*, toujours vain et parfois haïssable, jette une ombre fâcheuse sur la beauté littéraire, souvent éclatante...

J'ai vu à Saint-Malo le tombeau de Chateaubriand sur un rocher qui apparaît de loin. L'emphase de ce tombeau peint l'homme et ses écrits et leur commune destinée. Chateaubriand a exploité sa mort comme un talent, il a pris dans son tombeau une dernière pose, il a fait de ce tombeau une dernière phrase; une phrase qui se pût entendre au milieu de la mer; une pose qui se pût voir encore dans la brume et dans la postérité. Mais ce calcul sera trompé. N'ayant toute sa vie songé qu'à lui-même et rien fait que pour lui-même, Chateaubriand a péri tout entier. Sa gloire, placée en viager, est venue s'éteindre dans cette mer, dont il a voulu suborner le murmure pour le transformer en applaudissement éternel.

Un catholique comme Veuillot pouvait parler ainsi. Mais nous hésitons beaucoup à nous approprier de si dures conclusions.

Une chose qu'il ne faut pas oublier, c'est sa candeur, ce «fonds d'enfance et d'innocence» que signale Joubert dans l'admirable lettre à Molé. «Il ne parle point, il ne s'écoute guère, il ne s'interroge jamais.» C'est, par suite, l'incapacité de se sentir et de se concevoir ridicule. Cela est (avec leur génie, bien entendu) une très grande force chez beaucoup d'hommes de génie.

Il y a de la candeur dans son excessive et constante préoccupation de la gloire et de l'immortalité. Car quelle chose incertaine et courte, même en mettant tout au mieux, doit être la gloire pour un écrivain d'aujourd'hui, même très grand! Il y a de la candeur dans son goût pour l'emphase. Même sa correspondance étonne souvent par le manque de simplicité. Presque jamais elle n'est familière, pas même avec madame Récamier vieillie. Il y a de la candeur dans son respect superstitieux pour certaines formes particulièrement solennelles de la littérature, dans le sentiment qui lui fait écrire deux épopées en prose, et finalement une tragédie sacrée.

Car, après l'*Itinéraire*, en pleine maturité de son talent, ce rénovateur de notre prose s'avise de composer une tragédie en vers: *Moïse*, par où il renoue, non pas précisément avec Racine, mais bien avec Coras et Duché. Et ce ne fut point un caprice ou un divertissement d'un jour. Il y apporte une extrême conviction et une extrême ténacité. Il écrit pour la préface de l'édition de 1836: «Cette tragédie en cinq actes, avec des chœurs, m'a coûté un long travail; je n'ai cessé de la revoir et de la corriger depuis une vingtaine d'années.» Il dit encore que Talma lui avait donné d'excellents conseils. *Moïse*, lu au comité du Théâtre-Français, en 1821, fut reçu à l'unanimité. Heureusement pour lui, ses amis s'alarmèrent. «Les uns avaient la bonté de me croire un trop grand personnage pour m'exposer aux sifflets; les autres pensaient que j'allais gâter ma vie politique, et interrompre en même temps la carrière de tous les hommes qui marchaient avec moi.» Comment? je ne le vois pas bien; mais enfin il retira sa pièce.

Il fit bien. (Cependant *Moïse* fut joué cinq fois en 1834 au théâtre de Versailles, dans des conditions assez misérables, à ce qu'il semble. L'auteur n'assistait pas à la représentation.—Voir *Chateaubriand poète*, par M. Charles Comte.) Mais pourquoi un *Moïse*? Toujours la tyrannie du rôle. L'auteur du *Génie du christianisme*, s'il écrivait une tragédie, ne pouvait écrire qu'une tragédie sacrée. «Le sujet, dit-il, est la première idolâtrie des Hébreux; idolâtrie qui compromettait les destinées de ce peuple et du monde.» Pendant que Moïse s'entretient avec Dieu sur le Sinaï, son neveu Nadab s'est épris d'une captive amalécite, Arzane. Le bruit ayant couru que Moïse est mort, Nadab se déclare à la belle captive, lui propose de l'épouser et de la couronner reine d'Amalec: Arzane, qui hait Israël, exige qu'en outre il adore Baal, Moloch et Phogor. Mais *Moïse* redescend de la montagne avec les tables de la loi. Nadab résiste à ses anathèmes; il résiste aux larmes de son père Aaron; il suit la séductrice, il s'apprête à sacrifier à Baal... Sur quoi *Moïse* fait lapider Arzane par les lévites et le peuple, pendant que Nadab est frappé de la foudre.

Dans les deux ou trois dernières années de sa vie, le vieux Bossuet, ne pouvant plus rien faire, faisait des vers, parce que cela lui paraissait plus facile qu'autre chose. Il en faisait chaque jour par centaines. Il mettait en vers le *Cantique des cantiques*, parce que la méditation du *Cantique des cantiques*, c'est la volupté permise aux saints. Il mettait en vers l'histoire des *Trois amantes*, qui sont la pécheresse de saint Luc, Marie, sœur de Lazare, et Marie-Madeleine. Il mettait leur histoire en vers, parce qu'une pécheresse, c'est une femme. Et ces vers ne sont pas précisément mauvais; mais ils sont d'une facilité effroyable. Il est étrange que de la même main soient partis une prose de tant de muscles et des vers de tant de lymphe.

(Je crois que les meilleurs vers de Bossuet sont ces deux-ci, adressés à la pécheresse à propos de Jésus:

Jamais une plus belle proie

Ne fut prise dans tes cheveux.)

Les vers de Chateaubriand ne sont pas mauvais non plus. Seulement, autant sa prose est colorée et hardie, autant ses vers sont timides et pâles. Et quand il veut y mettre de la couleur, je crois que c'est pire:

Pour appui du dattier empruntant un rameau,

Le jour j'aurais guidé ton paisible chameau.

On sent qu'il est à la gêne. C'est Jéhovah, Moïse et Aaron, qui devaient avoir le beau rôle et dire les choses les plus belles; et il ne les a pas trouvées. Dans le fond, le trouble et la passion de Nadab, l'impureté et la perfidie d'Arzane, et le culte voluptueux d'Adonis font bien mieux son affaire. Son imagination est donc avec Amalec et l'idolâtrie. Or, cela ne lui sert de rien. Nadab essaye bien de rappeler les fureurs du René des *Natchez*:

Laisse-moi m'enchanter d'innocence et de crime,

Connaître mes devoirs sans te manquer de foi,

Apercevoir l'abîme et m'y jeter pour toi!

Et encore:

Ma souffrance est ma joie, et je veux à jamais

Conserver la douceur du mal que tu me fais.

Mais que le «Chant de la Courtisane» est peu enivrant!

      Viens que je sois ta bien-aimée,

J'ai suspendu ma couche en souvenir de toi;

      D'aloès je l'ai parfumée;

Sur un riche tapis je recevrai mon roi;

Dans l'albâtre éclatant la lampe est allumée;

Un bain voluptueux est préparé pour moi.

Dire que ces vers sont de la même plume, et peut-être de la même époque que l'invocation à Cynthie dans la quatrième partie des *Mémoires*!

Au deuxième acte, Nadab prend congé d'Arzane en ces termes:

De Moïse en ces lieux je viendrai vous apprendre

Le destin. *Quel parti qu'alors* vous vouliez prendre,

Contre tout ennemi prompt à vous secourir,

Arzane, je saurai vous sauver ou mourir.

C'est horrible, et c'est déconcertant. Car celui qui a eu la candeur d'écrire ces choses entre 1815 et 1835 et de les publier en 1836 est le même qui a su tirer de notre langue des effets dont la hardiesse ou la langueur n'a pas été dépassée et le même enfin qui, à soixante-quinze ans, écrivit la *Vie de Rancé* (parue en 1844).

C'était son directeur, l'abbé Seguin, qui lui avait conseillé d'écrire cette histoire, et Chateaubriand s'y mit très volontiers: car, dans la vie de ce Rancé qui eut une jeunesse orgueilleuse et déréglée, puis qui se convertit rudement et tragiquement, et dont la pénitence, comme les erreurs, eut l'allure excessive et héroïque, Chateaubriand (quoique beaucoup plus tempéré dans sa conversion) trouvait quelque chose de lui-même, croyait-il, et des tableaux où se complaire. Ce roman de la pénitence farouche prêtait au mépris des hommes et de la vie; et les péchés de Rancé étaient de ceux qu'il y a plaisir à rappeler et déplorer.

Le livre est d'ailleurs un bric-à-brac inouï; l'auteur accueille tout ce qui lui remonte à la mémoire ou au cœur et tout ce qui lui passe par la tête. Il nous entretient de lui-même autant que de Rancé; et ce sont de continuelles digressions. À propos des amours de Rancé et de la duchesse de Montbazon, il nous parle abondamment de l'Hôtel de Rambouillet. Il nous parle de Ninon, que pourtant Rancé ne connut pas; parce que Rancé alla à Chambord, il nous parle de Chambord, puis de Paul-Louis Courier, de François Ier, de Londres et de Henri V, du duc de Guise et de la belle Marcelle de Castellane, de Retz, de Mazarin, etc... C'est ainsi tout le temps. La biographie de Rancé n'occupe pas le quart de l'ouvrage. Nul souci de composition; souvent, nul lien saisissable entre les phrases d'un même paragraphe; des impressions juxtaposées; des raccourcis surprenants, surtout des images, des images quand même, des images à tout prix.

Déjà il les forçait volontiers dans les *Mémoires*. (Exemple: «Le maréchal Lannes fut blessé mortellement; Bonaparte lui dit un mot et puis l'oublia; l'attachement des hommes se refroidit aussi vite que le boulet qui les frappe.» Ou bien: «Les chimères sont comme la torture; ça fait toujours passer une heure ou deux. J'ai souvent mené en main, avec une bride d'or, de vieilles rosses de souvenirs qui ne pouvaient se tenir debout, et que je prenais pour de jeunes et fringantes espérances.») Mais, dans la *Vie de Rancé*, cela est constant. Il lui faut plus d'images, pour se divertir ou se consoler, à mesure que la force du sang décline en lui, et que ses sensations ne sont plus que des souvenirs. Une imagination torturée, outrée, difficile et brusque, est la dernière muse de ce vieillard.

«Que fais-je dans le monde? Il n'est pas bon d'y demeurer lorsque les cheveux ne descendent plus assez bas pour essuyer les larmes qui tombent des yeux.»—«Dans l'année 1648, s'ouvrit la Fronde, tranchée dans laquelle sauta la France pour escalader la liberté.» Sur Corneille influencé par le goût d'outre-monts: «Mais son génie résista: dépouillé de sa calotte italienne, il ne lui resta que cette tête chauve qui plane au-dessus de tout.» Ceci, très beau: «Ninon, dévorée du temps, n'avait plus que quelques os entrelacés.» Sur le vieux duc de Montbazon qui, devenu amoureux d'une joueuse de luth, se prit de querelle avec elle et la voulut jeter par la fenêtre: «La force manqua à sa vengeance: il retomba sur son lit près du volage fardeau que ne put soulever ni son bras ni sa conscience.» Sur Henri V: «Il se cachait derrière moi, comme le soleil derrière les ruines.» Sur le château de Chambord: «De loin, l'édifice est une arabesque; il se présente comme une femme, dont le vent aurait soufflé en l'air la chevelure; de près, cette femme s'incorpore dans la maçonnerie et se change en tours; c'est alors Clorinde appuyée sur des ruines.»—«Dom Bernard fut administré. À peine eut-il reçu le corps de Notre-Seigneur qu'il eut un pressant besoin de cracher: il se retint et mourut étouffé par le pain des anges.»—«... Cette plainte, qui sort du cœur de Rancé, comme ces boîtes harmonieuses faites dans les montagnes qui répètent le même son.» Le cœur de Rancé, une boîte à musique? Mon Dieu, oui! Il lui faut des images. Beaucoup des images de la *Vie de Rancé* sont d'un goût inquiétant, ou même d'un mauvais goût délicieux: c'est donc le comble de la volupté littéraire. Et puis, ce rythme, cette harmonie; et, d'autres fois, ce mystérieux, cet inachevé... À propos d'Abélard: «Tout a changé en Bretagne, hors les vagues qui changent toujours...» Et quand Rancé entre dans la ville des saints apôtres: «Ô Rome, te voilà donc encore! Est-ce ta dernière apparition? Malheur à l'âge pour qui la nature a perdu ses félicités! Des pays enchantés où rien ne nous attend plus sont arides: quelles aimables ombres verrai-je dans les temps à venir? Fi! des nuages qui volent sur une tête blanchie!» À propos de *Lélia* (car il parle de George Sand dans la *Vie de Rancé*). «L'insulte à la rectitude de la vie ne saurait aller plus loin, il est vrai: mais madame Sand fait descendre sur l'abîme son talent, comme j'ai vu la rosée tomber sur la mer Morte.» Dans la *Vie de Rancé*, Chateaubriand dépasse sa manière; il est son propre décadent; il devance même ses ultimes disciples.

C'est l'image à tout prix. Et, presque toujours, c'est l'image voluptueuse. «Chateaubriand, dit Maurras, communique au langage, aux mots, une couleur de sensualité, un goût de chair.» Maurras analyse et justifie très fortement et subtilement cette impression. Il ajoute: «Chateaubriand tient moins à ce qu'il dit qu'à l'enveloppe émouvante, sonore et pittoresque de ce qu'il dit.» Je vous renvoie à ces pages (*Trois Idées politiques*), et vous prie de lire aussi vingt pages fort belles de Pierre Lasserre sur la sensibilité de Chateaubriand. (*Le Romantisme français*.)

Mais vous sentez bien que je retarde le plus possible le moment de conclure. Car, que vous dirais-je que vous ne sachiez?

Vous rappellerai-je son influence sur tout le dix-neuvième siècle? Sans doute il a lui-même profité de tout le dix-huitième; même en amour, dans sa façon d'aimer et dans sa préoccupation de l'effet qu'il produit, il a souvent été comme un Valmont sublime; il a subi profondément l'influence de Rousseau (et je crois, celle de la poésie anglaise, dans une mesure qu'il m'est difficile de déterminer): mais presque toute la littérature du dix-neuvième siècle a subi l'influence de Chateaubriand. Faguet, vous vous en souvenez, dit qu'il a renouvelé notre imagination. Gautier l'appelait le sachem du romantisme. Tout dernièrement, M. Victor Giraud, dans l'Introduction aux *Pages choisies* de Chateaubriand, a montré, avec une brièveté précise, et qui, je crois, n'oublie rien d'essentiel, ce que lui doivent Lamartine, Hugo, Vigny, Musset, Sand, Balzac, Thierry, Michelet, Lamennais, Montalembert, Lacordaire, même Villemain et Cousin, même Auguste Comte (quand il développe le génie social du catholicisme), et aussi Baudelaire, Leconte de Lisle, même Taine, même Renan, qui ne l'aime point. J'indique encore Vogüé, et m'arrête là, ne voulant pas nommer les vivants.

J'ajoute ceci: Chateaubriand, mort en 1848, a connu une très grande partie des œuvres de Lamartine, Hugo, Musset, Sand, Sainte-Beuve, et les six premiers volumes de l'*Histoire de France* de Michelet (1833-43). Évidemment s'il a tant agi sur les romantiques, quelques romantiques ont réagi sur lui, et peut-être (à mon avis) particulièrement Michelet. La prose de Chateaubriand est plus hardie de tours, plus surprenante de raccourcis, d'images ramassées et soudaines à mesure qu'on avance dans les *Mémoires d'outre-tombe*. Tout le romantisme, qui paraît né de lui, a ajouté, par répercussion, à sa virtuosité d'écrivain. Il a voulu n'être vaincu, en sortilège verbal, par aucun de ses fils ou petits-fils.

Il doit être content dans son immortalité, puisqu'il a sur toutes choses aimé la gloire.

Il a eu l'une des plus belles vies, et des plus pleines, et des plus variées, et des plus émouvantes qu'on puisse avoir. Autant que Tamerlan ou que Napoléon, il a considéré et traité l'univers comme une proie. Il a eu «une joie d'oiseau sauvage à se saisir de tout pour s'évader de tout» (Lasserre). Ce qu'il n'a pas eu, la grande action politique (et encore a-t-il cru qu'il l'avait), n'ajouterait rien à sa renommée. Il a été aimé de beaucoup de femmes, et des plus distinguées de son temps, et des plus belles. Sa vie a été noble; il a eu quelques gestes vraiment beaux et qui ont été connus. Il a vu tout un siècle de littérature commencer à sortir de lui, et qui l'avouait. Il a eu à peu près autant de gloire qu'un homme en peut avoir, et il l'a savourée très longtemps. Et il a eu, en outre, l'illusion d'être supérieur à sa gloire et de croire qu'il la méprisait; car personne n'a été ni plus vaniteux, ni plus persuadé de la vanité des choses: double jouissance.

Oui, il doit être content. Il a dû avoir, toutefois, quelques déceptions posthumes.

Il a écrit incroyablement. Il a écrit très jeune, il a écrit très vieux; il a écrit presque autant que Bossuet; il a écrit beaucoup de choses dont je n'ai pu vous parler: des *Études historiques*, des lettres de voyage, une histoire de la littérature anglaise, et combien d'articles politiques et de brochures, et combien de vastes dépêches diplomatiques! Il a eu la rage d'écrire, ce qui ne l'empêche ni d'avoir été un éternel voyageur, ni d'avoir été dévoré du désir d'être un grand politique; car, c'est bien simple, toute sa vie il a voulu être tout et posséder tout. Mais enfin sa fureur dominante a été celle d'écrire, et il a été surtout un étonnant homme de lettres, et au point de dépasser d'avance en immodestie tous les hommes de lettres du dix-neuvième siècle, qui pourtant... Et, de toutes les œuvres qu'il a publiées de son vivant, on ne lit presque rien. On ne lit réellement que ses *Mémoires*, qui sont un roman splendide à cent actes divers, et qui ont toutes les beautés, excepté le charme déchirant et le tragique intime des *Confessions* de Jean-Jacques.

Ces *Mémoires* même nous révèlent trop ce qu'il n'aurait probablement pas voulu que nous sachions: le désaccord entre son rôle et sa nature, entre son rôle de défenseur de la religion et de la royauté et son tempérament de révolté et d'homme de désir, de nihiliste par impossibilité d'être assouvi. Dans ces *Mémoires*, qui sont des confessions autrement qu'il ne croyait, pour y avoir trop «composé» sa vie, et trop visiblement, et pour y avoir étalé l'adoration de soi aussi naïvement qu'un enfant ou une femme, cet homme d'un si grand génie nous donne à tous, si peu de chose que nous soyons, le droit de sourire; et, s'il le sait, c'est son châtiment, ou du moins une part de son purgatoire.

Mais il est aimable. S'il était ici, nous l'adorerions. Je l'aime surtout vieillissant, comme j'ai aimé Racine et Fénelon, comme j'ai fini par aimer le pauvre Jean-Jacques,—parce que, à force de vivre avec les gens, on les comprend mieux, ou bien on s'habitue à leurs défauts, et aussi parce que, si dévorante et si illusionnée qu'ait été l'âme d'un homme, elle devient forcément, dans la vieillesse, un peu plus sincère et un peu plus détachée.

Que dire encore?

Le *Génie* et les *Martyrs* ne sont plus guère que d'illustres dates. Mais Chateaubriand a laissé plus et moins que de grands livres. Outre que nous lui devons, ou que nous pouvons nourrir en lui certains sentiments allégeants, tels que la piété sans beaucoup de foi, la fantaisie de juger les choses vraies dans la mesure où elles sont belles, et une sorte de mélancolie qui est une défense enchantée contre la douleur: sentiments peu sociaux, dont il ne faut pas vivre, mais qu'il est bon de connaître; outre tout cela, Chateaubriand est, depuis les écrivains du seizième et du dix-septième siècle, l'homme qui a le plus agi sur la langue et sur le style; il est l'homme qui a su y introduire le plus de musique, le plus d'images, le plus de parfums, le plus de contacts suaves, si j'ose dire, et le plus de délices, et qui a écrit les plus enivrantes phrases sur la volupté et sur la mort. Et cela est inestimable.

Je disais en commençant:

«Chateaubriand! Quelles images fait surgir aussitôt ce nom sonore? Une magnifique série d'attitudes... Un enfant rêveur, dans les bruyères, autour d'un vieux château... Un jeune officier français chez les Peaux-Rouges, parmi des sauvagesses charmantes, dans la forêt vierge... Un livre qui fait rouvrir les églises et sortir les processions... Le clair de lune, la cime indéterminée des forêts, l'odeur d'ambre des crocodiles... Un écrivain jaloux de la gloire de Napoléon... Un royaliste qui sert le roi avec la plus dédaigneuse fidélité... Un vieillard sourd près d'une vieille dame, belle et aveugle... Un tombeau dans les rochers sur la mer.

«... Il su exprimer avec des mots plus de sensations qu'on n'avait fait avant lui... Et il est l'inventeur d'une nouvelle façon d'être triste.»

Qu'ai-je ajouté à cela par ces dix conférences? Pas grand'chose, en somme, ou des choses que plusieurs auraient préféré ne pas entendre. Ce n'était donc pas la peine... Ainsi le chemin fut plus intéressant (pour moi) que l'arrivée: aventure commune ici-bas.

FIN

Milton Keynes UK
Ingram Content Group UK Ltd.
UKHW011058250424
441751UK00004B/227